四川省社会科学高水平研究团队"农村教育的历史发展与当代改革研究团队"、四川乡村教育发展研究中心阶段性研究成果

2024年四川省高校思想政治工作精品项目"党建引领乡土青春——乡村振兴后备人才'育苗班'的探索与实践"阶段性研究成果

2024—2026年四川省高等教育人才培养质量和教学改革重点项目"地方师范院校'爱农兴农'人才培养模式创新实践——以乡村振兴'育苗班'为例"（项目编号：JG2024-1036）阶段性研究成果

2024—2026年四川省高等教育人才培养质量和教学改革项目"基于融合发展视域的文旅经济专业共同体建设探索与实践"（项目编号：JG2024-1038）阶段性研究成果

四川省第三批"三全育人"综合改革试点院（系）"旅游与地理科学学院"建设阶段性研究成果

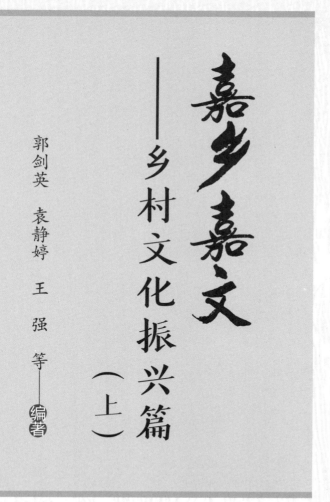

嘉乡嘉文
——乡村文化振兴篇（上）

郭剑英　袁静婷　王强　等　编著

西南财经大学出版社

中国·成都

图书在版编目（CIP）数据

嘉乡嘉文：乡村文化振兴篇.上 /郭剑英等编著.
成都：西南财经大学出版社,2025.1. --ISBN 978-7-5504-6561-9

Ⅰ. G127.713

中国国家版本馆 CIP 数据核字第 2025U6F192 号

嘉乡嘉文——乡村文化振兴篇（上）

JIAXIANG JIAWEN——XIANGCUN WENHUA ZHENXING PIAN(SHANG)

郭剑英　袁静婷　王　强　等 编著

策划编辑:王青杰
责任编辑:王　利
责任校对:廖术涵
封面设计:墨创文化
责任印制:朱曼丽

出版发行	西南财经大学出版社（四川省成都市光华村街 55 号）
网　　址	http://cbs. swufe. edu. cn
电子邮件	bookcj@ swufe. edu. cn
邮政编码	610074
电　　话	028-87353785
照　　排	四川胜翔数码印务设计有限公司
印　　刷	四川五洲彩印有限责任公司
成品尺寸	170 mm×240 mm
印　　张	14.5
字　　数	244 千字
版　　次	2025 年 4 月第 1 版
印　　次	2025 年 4 月第 1 次印刷
书　　号	ISBN 978-7-5504-6561-9
定　　价	88.00 元

总　序

实施乡村振兴战略，是党的十九大作出的重大决策部署，是实现全面建成社会主义现代化强国的重要途径，旨在推动农村地区的全面发展和进步。习近平总书记指出，"乡村振兴是包括产业振兴、人才振兴、文化振兴、生态振兴、组织振兴的全面振兴"①，而"人才振兴"是乡村振兴的关键因素，它具有基础性、战略性的支撑作用。2021年，中共中央办公厅与国务院办公厅印发《关于加快推进乡村人才振兴的意见》，提出把乡村人力资源开发放在首要位置，大力培养本土人才，为全面推进乡村振兴、加快农业农村现代化提供有力的人才支撑②。2025年1月，中共中央、国务院发布《关于进一步深化农村改革 扎实推进乡村全面振兴的意见》，明确要求健全乡村人才培育和发展机制，作出深入实施"乡村振兴人才支持计划""乡村振兴青春建功行动""'三支一扶'计划等基层服务项目"的具体部署③。

为了贯彻落实党中央决策部署和习近平总书记关于推动乡村人才振兴的重要指示精神，加快乡村振兴人才队伍建设，引导和激励一大批优秀大学生投身乡村基层干事创业、成长成才，2022年，乐山师范学院党委与中共乐山市委组织部联合开办"乡村振兴后备人才育苗班"，通过"选苗""墩苗""定苗"三阶段递进培养，为广大农村培养具有乡村建设情怀、掌握乡村工作方法、扎根乡村振兴一线的高素质基层人才。但是在实践探索

---

① 习近平. 习近平谈治国理政：第3卷［M］. 北京：外文出版社，2020：259.

② 中共中央办公厅 国务院办公厅印发《关于加快推进乡村人才振兴的意见》［EB/OL］.（2021-02-23）［2024-04-26］.https://www.gov.cn/zhengce/2021/02/23/content_5588496.htm.

③ 中共中央 国务院关于进一步深化农村改革 扎实推进乡村全面振兴的意见［EB/OL］.（2025-01-02）［2025-03-02］.https://www.gov.cn/gongbao/2025/issue_11906/202503/content 7011166. html.

中，我们发现"育苗班"学生到乡村跟岗实践的意愿并不强烈，在乡村振兴第一线有效开展工作时还存在能力素质短板，特别是对地方乡村情况与发展概况不熟悉不了解，迫切需要我们编写一套乐山市乡村振兴人才培养丛书来对其进行指导。

"知之深"才能"行之远"。只有对乡村社会、乡村文化、乡村经济、乡村地理、乡村生态、乡村教育、乡村治理、乡村居民等有全面、深入、透彻的了解，才能帮助青年大学生认识乡村工作价值，厚植乡村情怀，增强投身乡村建设的自觉性、主动性。为此，乐山师范学院秉承80余年服务乡邦的办学情怀，发挥四川省社会科学高水平研究团队"农村教育的历史发展与当代改革研究团队"、四川乡村教育研究中心等研究队伍的智力优势，在中共乐山市委组织部以及乐山市教育局、农业农村局、文化广播电视和旅游局、自然资源和规划局、生态环境局等的大力支持下，组织校内专家、学者聚焦乐山市乡村产业、农村教育、文化旅游、生态环境、基层治理等领域，撰写了这套具有浓烈的嘉州乡土气息的"'嘉乡嘉土'乡村振兴人才培养丛书"，旨在展现乐山乡村产业兴旺、生态宜居、乡风文明、治理有效、生活富裕的阶段性成就，帮助"育苗班"学生了解乐山乡村振兴的发展概况与实践知识，掌握乐山乡村振兴发展规划与政策文件，立体感知乐山乡村振兴的实施路径与特色亮点，进一步涵养热爱乐山、扎根乡村、服务人民的情怀，增强服务乐山乡村振兴的能力和本领，矢志在广阔的乡村振兴大舞台上实现人生理想。

"'嘉乡嘉土'乡村振兴人才培养丛书"是一套融学术性、教育性与实践性于一体的著作，旨在为乐山乡村振兴提供坚实的人才支撑和智力支持。本丛书以乡村产业、人才、文化、生态、组织"五个振兴"为核心，包括《嘉乡嘉产——乡村产业振兴篇》《嘉乡嘉人——乡村人才振兴篇》《嘉乡嘉文——乡村文化振兴篇（上）》《嘉乡嘉文——乡村文化振兴篇（下）》《嘉乡嘉美——乡村生态振兴篇》《嘉乡嘉理——乡村组织振兴篇》五个系列共6册，系统阐述乡村振兴的理论与实践路径。

在学术性上，本丛书坚持以习近平新时代中国特色社会主义思想为指导，深入贯彻党的二十大精神，将乡村振兴战略置于国家发展全局的高度进行系统研究。在理论阐释方面，本丛书深入探讨了乡村振兴的理论基础，如城乡融合发展理论、乡村区域系统理论等，为乡村振兴提供了坚实的理论支撑。同时,本丛书还结合国内外乡村振兴的实践经验,分析了不同地区的乡村振兴模式及其适用性,为乐山乡村振兴提供了有益的借鉴。

在教育性上,本丛书强调立德树人,将社会主义核心价值观贯穿人才培养全过程。通过深入挖掘乡村文化中的优秀传统文化,如乡愁文化、红色文化等,激发青年学生、乡村工作者对乡村文化的认同感和自豪感。此外,本丛书还注重培养青年学生、乡村工作者的主体意识,强调青年学生、乡村工作者在乡村振兴中的主体地位,倡导通过利益机制和自治机制,激发青年学生、乡村工作者参与乡村振兴的积极性和创造性。

在实践性上,本丛书紧密结合乐山乡村振兴发展战略,具有很强的现实指导意义。在产业振兴方面,本丛书提出了发展特色产业、推动产业升级的路径,为乐山乡村经济发展提供了具体方案。在人才振兴方面,本丛书强调吸引和培养高素质人才,为乡村振兴提供智力支持。在文化振兴方面,本丛书倡导保护和传承乡村优秀传统文化,增强乡村文化软实力。在生态振兴方面,本丛书倡导积极践行绿色发展、生态宜居理念,助力乐山乡村生态环境建设。在组织振兴方面,本丛书探讨了加强基层党组织建设、提升乡村治理水平的策略,为乡村治理现代化提供了理论支持。

在编写体例上,本丛书采用理论阐释、总体情况、案例分析的逻辑路径,通过点评解读、知识拓展、实践操作等,提升本丛书的理论性、知识性、可读性与趣味性。这种编写方式不仅有助于读者系统理解乡村振兴的理论与实践,还能激发读者的学习兴趣,增强本丛书的实用性。

"'嘉乡嘉土'乡村振兴人才培养丛书"是2024—2026年四川省高等教育人才培养质量和教学改革重点项目"地方师范院校'爱农兴农'人才培养模式创新实践——以乡村振兴'育苗班'为例"(项目编号:JG2024-1036)、2024年四川省高校思想政治工作精品项目"党建引领乡土青春——乡村振兴后备人才'育苗班'的探索与实践"、乐山师范学院2024年校级教育教学改革研究项目"地方师范院校'爱农兴农'人才培养模式创新实践——以乡村振兴'育苗班'为例"(项目编号:JG2024-5)、乐山师范学院2024年高质量教材培育项目育苗班专项教材以及四川省社会科学高水平研究团队"农村教育的历史发展与当代改革研究团队"、四川乡村教育发展研究中心的阶段性研究成果,并得到上述项目的出版经费资助,在此一并表示感谢。

乡村兴旺繁荣，不仅是中国式现代化进程中不可或缺的一环，更是乡村发展美好图景的生动呈现。人才，尤其是具有创新精神和实践能力的人才，构成了推动乡村振兴、实现乡村现代化的关键动力。"'嘉乡嘉土'乡村振兴人才培养丛书"集中反映了乐山师范学院服务地方发展的创新成果，全面展示了乐山师范学院培养乡村振兴人才的生动实践，充分体现了乐山师范学院专家、学者对乡村发展的深切关怀、责任意识以及勇于担当的精神。2023 年 5 月，习近平总书记在给中国农业大学科技小院同学们的回信中说，要把课堂学习和乡村实践紧密结合起来，厚植爱农情怀，练就兴农本领①。我们期待，青年学生、乡村工作者真心喜欢、学好用好本丛书，并以本丛书为阶梯，扎根泥土，奋跃而上，在乡村振兴的大舞台上实现人生理想，共同书写乡村兴旺繁荣发展的绚丽篇章。

　　是为序。

佘万斌

于乐山师范学院弘毅楼

2025 年 3 月

---

　　① 习近平给中国农业大学科技小院的同学们的回信[EB/OL].（2023-05-03）[2024-04-26].
https://www.gov.cn/yaowen/2023-05/03/content_5754012.htm.

前　言

　　习近平总书记在党的二十大报告中强调："加快建设农业强国，扎实推动乡村产业、人才、文化、生态、组织振兴。"[①] 新时代乡村文化振兴是乡村振兴的重要方面，是解决中国城乡文化发展不平衡不充分的关键环节，也是实现人民对美好生活向往的重要举措。乡村兴国家兴，农民富国家富。

　　根据党中央的战略规划，实现乡村振兴战略目标分三步走，逐步实现最终目标。第一步，到 2020 年，乡村振兴取得重要进展，基本构建起相应的制度框架和政策体系；第二步，到 2035 年，乡村振兴取得决定性进展，农业农村的现代化大致完成；第三步，到 2050 年，乡村实现全面振兴，农业强、农村美、农民富的愿景全面达成。国家和地方先后出台了诸如《中共中央 国务院关于实施乡村振兴战略的意见》《中华人民共和国乡村振兴促进法》等政策法规，为乡村振兴保驾护航。

　　乡村振兴在全国范围内如火如荼地开展，先后涌现出以福建靴岭尾村为代表的多种乡村文化振兴模式，其核心都是围绕文化传承与创新、产业发展与社区参与展开的。这些乡村文化振兴模式各有千秋，所产生的效益也是多方面的，不仅带动了乡村经济发展，还促进了社会进步和文化传承。

　　乡村文化振兴的理论基础有哪些？乡村振兴政策法规对乡村文化振兴的促进作用是什么？全国典型的乡村文化振兴案例对其他乡村有何借鉴意

[①]　习近平. 高举中国特色社会主义伟大旗帜 为全面建设社会主义现代化国家而团结奋斗：在中国共产党第二十次全国代表大会上的报告［EB/OL］.（2022－10－25）［2025－04－12］. https://www.gov.cn/xinwen/2022－10/25/content_5721685. htm.

义？乐山的乡村文化振兴实践有哪些成就？

带着对上述问题的思考，结合对乐山乡村文化资源的掌握情况和参与乡村文化振兴实践的经历，我们编著了《嘉乡嘉文——乡村文化振兴篇（上）》一书。编著本书的主要目的是梳理乡村文化振兴的理论基础和实践经验，为乐山师范学院乡村振兴"育苗班"提供专项教材，也为从事乡村文化振兴工作的基层干部提供读物和指南。郭剑英设计了本书的结构体系，具体写作分工如下：郭剑英撰写了第一章、第四章、第五章、第七章、第九章、第十章，王强撰写了第六章、第八章，袁静婷撰写了第三章，郭剑英、王强共同撰写了第二章。郭剑英负责全书的统稿、校对和修改。

在本书的写作过程中，我们参阅、借鉴和吸收了国内外学术界相关的著作和文章，特别是乐山市文化广播电视和旅游局提供的《乐山市文化和旅游资源普查报告》（内部资料，未公开出版）。这些文献，丰富了本书的内容，也为本书的观点提供了强有力的支撑。在此，谨向原始文献的各位作者致以诚挚的谢意。书中不足之处在所难免，希望读者提出宝贵意见。

本书是 2024—2026 年四川省高等教育人才培养质量和教学改革项目"基于融合发展视域的文旅经济专业共同体建设探索与实践"（项目编号：JG2024-1038）阶段性研究成果；四川省第三批"三全育人"综合改革试点院（系）"旅游与地理科学学院"建设阶段性研究成果；四川省高校思政工作精品项目"党建引领乡土青春——乡村振兴后备人才'育苗班'的探索与实践"阶段性研究成果。

本书的写作得到了乐山师范学院党委组织部的指导，出版得到了乐山师范学院教学部经费资助，资助项目为"嘉乡嘉文·乡村文化振兴：乐山乡村文旅资源与典型案例选（上）"，在此表示衷心感谢。

郭剑英

2025 年 3 月

目　录

上篇　基础理论篇

下篇　实践篇

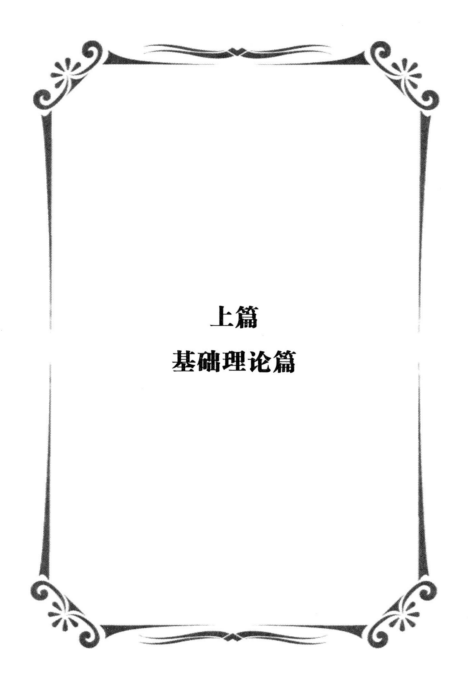

上篇

基础理论篇

第一章　乡村文化振兴基础理论

习近平总书记在党的二十大报告中强调："加快建设农业强国，扎实推动乡村产业、人才、文化、生态、组织振兴。"[①] 新时代乡村文化振兴是乡村振兴的重要方面，是解决中国城乡文化发展不平衡不充分的关键环节，也是实现人民对美好生活向往的重要举措。

第一节　乡村振兴理论

乡村为人类的生存发展提供食物来源、居住和活动场所，为人类社会工业化活动、现代化提供原材料、人力、市场和扩展腹地。随着城市化、工业化进程的加快，城乡差距越来越大，乡村振兴的重要性日益凸显。乡村兴国家兴，农民富国家富。

一、乡村振兴理论概述

（一）乡村振兴理论的提出

2017 年 10 月 18 日，党的十九大胜利召开。在本次大会的报告中，习近平总书记第一次郑重地提出了"实施乡村振兴战略"的重大决策。他不仅指明了乡村的未来发展方向，还描绘了乡村振兴的未来蓝图："产业兴旺、生态宜居、乡风文明、治理有效、生活富裕。"这一战略愿景，不仅体现了国家对乡村未来发展的深切关怀，也寄托了亿万农民对美好生活的热切期盼。

[①] 习近平. 高举中国特色社会主义伟大旗帜 为全面建设社会主义现代化国家而团结奋斗：在中国共产党第二十次全国代表大会上的报告［EB/OL］.（2022－10－25）［2025－04－12］. https://www.gov.cn/xinwen/2022－10/25/content_5721685. htm.

（二）乡村振兴理论的发展历程

中国历来重视乡村地区发展，不同历史阶段乡村振兴的战略与理论基础有所不同。

在农业社会，中国传统的乡村发展理念是"以民为本"。孔子主张通过开垦土地创造财富，且人尽其才是社会的理想状态，提出"有德此有人，有人此有土，有土此有财，有财此有用"①。孟子主张保证老百姓有田种、按时农耕、衣食无忧、有学上、懂礼仪，安居乐业。荀子还提出要以农业为根本，则国富矣②。

在工业社会，乡村的持续进步依然深深植根于农业的基础之上，催生了诸如农业区位理论、农业地域分工理论、农业产业结构理论等一系列重要理论。特别是农业区位理论，它的萌芽可追溯至 19 世纪 20 至 30 年代，其诞生的标志性事件是德国农业经济学者杜能所著《孤立国》一书的问世。该理论的核心观点是围绕城市这一中心，农业产业按照由内至外的同心圆模式布局，旨在最大化乡村地区的经济收益。该理论深入剖析了市场距离如何影响农业生产的集约程度和土地利用模式，同时揭示了土地利用方式应当遵循区位理论客观规律，并且优势区位具有相对性。农业区域分工理论则强调，各地区应依托自身独特条件，发展特色鲜明的农业生产，并通过地区间的商品交换实现互补，这实际上是农业生产社会分工在地理空间上的具体展现，诸如"一乡一品""一村一业"等乡村发展模式便是其生动实践。农业产业结构理论是指乡村中农业产业部门之间的比例关系和相互关系，以及农业与相关产业的相互关系，该理论要求农业产业部门之间达到协调和最优的结构组合，并实现动态调整和逐步升级。这三个理论在今天仍然具有一定实用性。

乡村发展是一个历史的、渐进的过程。新中国成立后，中国乡村发展基本上是每 15 年一个节点，2005 年进行新农村建设之前，总体上是一个历史乡村转型过程。1978—1984 年，乡村发展的战略是农村制度改革，重点研究农业布局评价；1985—1998 年实施乡镇企业振兴（战略），研究农村产业模式；1999—2003 年实施农业结构调整战略，重点研究农业功能类型；2004—2012 年实施农业农村建设战略，重点治理"空心村"；2013—

---

① 礼记·大学 [EB/OL].参见：https://m.gushiwen.cn/guwen/bookv_a32e509dee6c.aspx.
② 尹凤茗. 共同富裕目标下乡村振兴理论与实践研究：以四川民族地区三州为例 [D]. 成都：西南民族大学，2023.

2017 年实施美丽乡村建设（战略），重点研究乡村病及其根治措施；2017—2025 年实施乡村振兴战略，重点研究乡村地域格局。

乡村与城市是两种不同地域，不能抛开城市谈乡村的发展。改革开放以来，我国城镇化快速发展，2011 年我国的城镇化率首次超过 50%，即城镇人口超过乡村人口总数。2017 年我国城镇化率达到 58.5%，并且仍以每年 1% 的速度上升。按照发达国家城镇化发展水平，我国城镇化率将在 2025 年前后达到 70% 水平，基本实现城镇化。随着城镇化的发展，乡村将成为稀缺资源，乡村振兴也成为必然选择。

（三）乡村振兴理论的内涵

乡村振兴理论的核心要义可概括为"产业兴旺、生态宜居、乡风文明、治理有效、生活富裕"这 20 个字。其中，"产业振兴"是乡村振兴的经济基础，旨在通过推动农业现代化进程，促进一、二、三产业深度融合与发展；"生态宜居"则是乡村振兴的生态基石，强调保护乡村的自然景观与人文环境，把乡村建设成为城乡居民向往的乡居环境；"乡风文明"是乡村振兴的文化基础，特别重视乡土文化挖掘、展示、传承与创新利用；"治理有效"是乡村振兴的社会基础，包括创新治理模式和治理机制；"生活富裕"是乡村振兴的民生目标，目的是缩小城乡居民收入差距和生活质量差距。

二、乡村文化振兴理论

（一）乡村文化的概念

乡村文化是指受区域自然地理环境和社会经济条件约束形成的乡村生产方式、民风民俗、宗教信仰、劳动创造、知识技能等文化整体①。乡村文化是农村发展历史的缩影，是中华文化的底色，汇聚乡村居民的理想信念、价值追求、思维方式和日常生活等诸多内容②。

（二）乡村文化振兴理论内涵

目前，学术界关于乡村文化振兴的内涵存在多种维度的解释。一种观点是"精神驱动力理论"：乡村文化的振兴被视为乡村振兴的精髓与内在驱动力，在新时代背景下，旨在打造转变乡村居民精神面貌、保护和传承

---

① 龚灿. 国家现代化进程中的乡村文化振兴 [D]. 昆明：云南大学，2022.

② 梁爱强，卢怡好. 乡村文化振兴：价值意蕴、现实困境与实践进路 [J]. 河南科技大学学报（社会科学版），2024，42（4）：1-5.

乡村文化、促进乡村产业蓬勃发展的综合性和灵魂塑造工程。另一种观点是"振兴战略论"：乡村文化振兴被视为新时代背景下重新构建农村文化历史脉络，全方位推动乡村在物质、精神、制度和行为层面文化同步振兴的战略方针与活力源泉。还有一种观点是"智慧源泉说"：乡村文化的振兴是对农耕生产文化、农业技术文化与乡村节日文化的滋养与培育，它展现了乡村文化与乡村经济相互融合、传统文化与现代文化和谐共生的景象，是乡村文化持续发展与传承的智慧源泉①。

三、乡村振兴的实现路径

（一）以农业为基础，促进农村一、二、三产业融合发展

农业是乡村发展的根本，其首要目的是确保粮食和重要农产品的有效供给，保障国家粮食安全。乡村发展产业是根本，要找准产业，建设高效、生态、智慧农业。依托农业资源，结合市场需求，发展乡村旅游、农村电商、农产品深加工、养老、教育等新兴产业和业态。要通过产业联动、产业集聚、技术渗透、体制创新等途径，将农业生产、农产品加工与农产品市场服务业有机地整合到一起，实现农村一、二、三产业的融合发展。

（二）注重乡村性，复兴乡土文化

在推动乡村振兴的伟大进程中，必须深刻认识到保护传统村落文化的紧迫性和重要性。一方面要悉心维护那些承载着历史记忆与地域特色的村落原始风貌和生态肌理，另一方面要保留和传承乡村中那份独特的社会价值体系和集体情感记忆。为了深入挖掘乡村背后那些动人的故事和丰富的文化基因，应当综合运用现代科技手段，如数字化记录、文化创意设计等，打造既充满乡土气息又健康宜居、休闲舒适的乡村环境，同时融入历史文化元素，让乡村成为人们寄托乡愁、回望过去的重要场所。只有这样，乡村才能真正焕发新的活力与生机，成为连接过去展望未来的桥梁。

（三）创新乡村治理体系，激活乡村力量

在党的十九大报告中，明确指出要强化农村基层基础工作，培养一批批懂农业、爱农村、护农民的"三农"工作队。这支队伍是乡村振兴的核心人才支撑。报告还特别指出了加强农村基层领导人员培养的重要性，旨

---

① 张天浩. 十九大以来关于乡村文化振兴研究综述 ［J］. 山东农业大学学报（社会科学版），2021（4）：84-92.

在借助基层党组织的带头作用，发挥村集体与农民的主动性，携手打造一种既具有乡村特色又吸纳现代理念的新型乡村治理体系。此外，要鼓励并引导社会资金和技术力量积极参与到乡村振兴的伟大事业中来，通过吸引和汇聚土地、资本、科技、人才、信息等关键现代要素，进一步激发乡村内部的自我发展能力，为乡村振兴注入源源不断的活力与动能。

第二节　共同富裕理论

从古到今，人类都在探索共同富裕的标准和实现路径，不断追求共同富裕。受时代限制，不同时代的人们对共同富裕的阐释也不同。党的二十大以来，共同富裕成为学术界研究的热点。

一、共同富裕理论的内涵

共同富裕既是经济学术语，也是政治术语。"共同"强调公平、正义、平等，在分配上体现共享；"富裕"是指人们的物质生活和精神生活得到极大满足，人类得到个性发展和全面发展。有学者构建了共同富裕评价指标体系，包含 3 个维度——发展、共享、可持续性，17 项具体指标，并对我国当前共同富裕现状进行评价①。

二、共同富裕理论的发展历程

（一）中国传统的共同富裕观

历史上，无数圣贤追求共同富裕，其中典型代表人物有孔子、孟子、荀子等。孔子的理想社会是"大同世界"。在《礼记·礼运》这部典籍中，描绘了一个孔子心中的理想社会的图景②：当大道得以施行时，天下成为公众共享的乐园。国家选拔贤能之士，人民注重诚信与和睦。因此，人们不仅仅把自家人当成亲人，不仅仅关爱抚养自家子女，而是让全社会所有的老年人能够安享晚年，中青年人能够为国家发展效力，婴幼儿能够健康

---

①　秦艳，蒋海勇. 共同富裕指数测度、时空演变特征与驱动因子识别［J］. 决策与统计，2024（13）：5-10.

②　礼记·礼运［EB/OL］. 参见：https://baike. baidu. com/item/% E7% A4% BC% E8% BF% 90/5913242？fromModule＝search-result_lemma.

快乐成长，鳏寡孤独以及残疾人都能得到社会的赡养和关爱。男性有明确的职责，女性有安稳的归宿。对于财物，人们没有占有的欲望，而是摒弃厌恶它；每个人都愿意为公共事业竭尽全力，而不一定要为自己谋私利。因此，社会不会出现阴谋诡计、偷盗作乱和害人的事情，家家户户都夜不闭户。这就是理想社会的景象。孟子主张实施仁政，认为在仁政的治理下，百姓能够富裕，百姓富裕了，国家也就强大了。他提出的富民思想的最高境界是"至足"，即让每家每户都能过上衣食无忧的生活。荀子则提出了实现共同富裕的路径，他认为"兼足天下之道在明分"[1]。他认为，开垦荒地，整治农田，除草种谷，多用粪肥来改良土壤，这是普通百姓应该做的事；而遵守农时，督促百姓按时劳作，发展农业生产，提高劳动效率，协调老百姓之间的邻里关系，使人们不偷懒，这是将领和官吏的职责……这些事情都是圣明的君主和贤能的宰相应该做的事情。

（二）马克思、恩格斯的共同富裕观

恩格斯在《共产主义原理》中清晰阐述了共同富裕的观点[2]：建立一个由全体社会公民构成的联合体，该联合体有计划地组织、调配和利用好生产力，推动生产健康发展，生产足够多的物品来满足所有公民的需求；消除以牺牲一部分人的利益为代价来满足另一部分人需求的情况；全面废除阶级及阶级对立；通过废止旧的分工体系，开展生产劳动教育、工作轮流替换、共享集体创造的社会福利，促进城乡融合发展，使全体公民得到自由、全面的发展。根据马克思与恩格斯的假设，共产主义社会将彻底消除阶级、城乡、脑力劳动与体力劳动之间的对立与差异，实行各尽所能、按需分配的原则，真正达成社会资源的共建共享，确保每一个人都能实现自由发展、全面发展。

（三）习近平总书记关于共同富裕的重要论述

针对中国共同富裕的实现要求，习近平总书记提出了一系列创新性的理念、观点和论断，深刻阐释了新时代推进共同富裕的必要性、目标特征和实现路径，为这一伟大事业提供了坚实的理论指导。

共同富裕，作为中国特色社会主义的根本原则，是一个总体性的发展目标，其核心在于满足人民对美好生活的向往，最终体现为人民群众高度

---

① 荀子·富国［EB/OL］.参见：https://baike.baidu.com/item/%E8%8D%80%E5%AD%90%C2%B7%E5%AF%8C%E5%9B%BD/4441558.

② 马克思，恩格斯.马克思恩格斯选集：第1卷［M］.北京：人民出版社，1972：223-224.

的获得感、幸福感和安全感。这一目标是长远的，需要经历一个逐步实现的过程，它并不意味着所有人或所有地区能够同时达到富裕的标准。共同富裕的实现，依赖于全国人民的共同努力，首先要通过大家的奋斗把社会财富这个"蛋糕"做大做好，然后，借助合理的制度设计，妥善处理好经济增长与收入分配之间的关系，确保"蛋糕"能够公平合理地分配给每一个人①。

三、共同富裕的实现路径

习近平总书记多维度创新了共同富裕的实现路径：一是倡导勤劳致富的理念。要深刻认识到，幸福美满的生活绝非凭空而来，而是需要每个人通过不懈的奋斗和辛勤的劳动去创造和争取。在追求共同富裕的道路上，劳动是不可或缺的基石，只有通过诚实劳动和勤勉工作，才能够逐步积累财富，提升生活质量，最终实现共同富裕的目标。二是始终维护和完善我国的基本经济制度。现有制度以公有制为主体，同时鼓励集体经济、个体经济等多种所有制经济共同发展，形成了优势互补、协同发展的良好格局。公有制经济应当充分发挥其在促进共同富裕中的积极主导作用，累积足够的社会财富，为全体人民共享发展成果提供坚实的物质基础。三是注重区域协调发展。通过优化资源配置、加强区域合作、精准扶贫、乡村振兴战略等方式，建立共同富裕示范区，实现先富带后富以及其他区域协调发展战略，都是为了缩小地区差异、城乡差异。四是优化收入分配制度，促进社会公平正义。建立一套完整科学的收入分配体系，涵盖初次分配、再分配以及三次分配各环节。通过增强税收、社会保障及转移支付等调节工具的作用，更有效地调控高收入群体的收入水平，同时积极拓展中等收入群体的规模，并利用多种渠道增加低收入群体的经济收入。五是积极推动基本公共服务的均等化发展，确保广大人民群众在文化生活方面能够得到充分的满足与提升。

① 中共中央党史和文献研究院，中央学习贯彻习近平新时代中国特色社会主义思想主题教育领导小组办公室. 习近平新时代中国特色社会主义思想专题摘编［M］. 北京：中央文献出版社，2023：126-134.

第三节　乡土文化资源的概念、分类及保护与开发理论

对乡土文化资源进行分类有利于把握不同类型资源的形成规律和本质特征，进行普查有利于摸清家底，而保护与开发理论则为制定保护与开发时序、投入资金等提供了科学依据。

一、乡土文化资源的概念

（一）文化资源

不同历史阶段、不同区域对文化资源的认识和界定有所不同。国际上普遍认为文化资源就是文化遗产。联合国教科文组织在其发布的《保护世界文化和自然遗产公约》中，对文化遗产进行了界定。该定义是目前国际公认的、最权威的定义。根据该公约，文化遗产包含三个类别：古迹、建筑群和遗址。其中，古迹是指从历史、艺术或科学角度看具备显著普遍价值的建筑物、雕塑与碑刻、书画，具备考古性质的成分或构造、铭文、洞窟以及景观组合；建筑群是指在建筑风格、空间布局或与环境景观融合方面，从历史、艺术或科学角度展现出显著普遍价值的独立或相连的建筑群；遗址则是指从历史、审美、人种学或人类学角度看具有显著普遍价值的人类工程或自然与人类联合工程，以及包含考古遗址的区域[1]。文化资源（cultural resource）是具有中国特色的专业术语，当前对其的定义从文化人类学、文化生产劳动和文化经济三个视角来界定，存在三种典型的观点：第一种观点认为，文化资源就是历史文化资源，是指具备人类社会进步活动痕迹和文化特征的，蕴藏着人文与传统价值的资源。这类资源往往与历史的沉淀和积累紧密相关[2]。第二种观点则主张，文化资源不应局限于历史文化资源。陈少峰等人便是持这种观点的代表性学者。他们认为，文化资源是文化产业发展所必需的资源和条件，包括经济条件、文化事业资源、文化元素、文化创意能力、技术表现、人力资源等方面，也包括创新能力等要素[3]。此外，还有学者如吕庆华等，则综合了前两种观点，他

---

① 李伟.文化财产争议国际仲裁的法律问题研究［D］.武汉：武汉大学，2018.
② 冯子标，焦斌龙.文化产业运行论［M］.北京：社会科学文献出版社，2010：63-139.
③ 陈少峰，张立波.文化产业商业模式［M］.北京：北京大学出版社，2014：14-22.

们认为文化资源是通过人类劳动所创造的所有物质成果及其转化运用，包括历史文化资源和当代社会中所形成的各种新型文化资源①。

（二）乡土文化资源

邱珍发认为乡土文化资源就是指反映某一地方的历史文化、经济、社会发展，并承载地方人民主流社会价值观与伦理道德的人文资源②。梁静认为乡土文化资源是当地居民在自己长期的生活中所创造的共同的精神财富，它们体现着本土人民的价值观，象征着本土人民的智慧③。赵丹丹认为乡土文化资源是指乡村地区所特有的历史遗迹、民俗风情、传统手工艺、民间文学艺术等资源，是乡村独特的文化遗产④。本书更认可赵丹丹的观点。乡土文化资源与乡村振兴之间存在密切的关系，乡土文化资源的保护与发掘不仅是传承乡村文化的需要，还是实施乡村振兴战略的重要组成部分。

二、乡土文化资源的分类

根据文化和旅游部关于文化资源普查的分类，乡土文化资源包括古籍、传统器乐乐种、美术馆藏品、地方戏曲剧种、非物质文化遗产、文物六大类。

（一）古籍

古籍，即未采用现代印刷技术制作的书籍。其中，极其珍贵且俗称为"善本"的古籍，通常具有极高的史料价值和艺术价值。古籍是中华民族智慧与文明成果的重要体现。中华文明能够历经数千年而不衰，在世界文明史上堪称奇迹，这一奇迹与我国历史上对文化典籍编纂与传承的高度重视密不可分。据统计，现今存世的古籍数量超过 3 000 万册（件），它们大多被精心保存在图书馆、博物馆以及文物保护单位之中。

（二）传统器乐乐种

各地区、各民族的传统器乐乐种包括纯器乐乐种，以及作为其他艺术形式伴奏（如声乐、舞蹈、曲艺、杂技、武术等）的乐种样式。四川省传

---

① 吕庆华. 文化资源的产业开发［M］. 北京：经济日报出版社，2006：31-53.

② 邱珍发. 盘活乡土文化资源，助益文化生活教学：以浦城乡土文化资源开发为例［J］. 福建教育学院学报，2017（6）：63-64.

③ 梁静. 乡土文化资源在高中历史教学中家国情怀培养的运用研究［D］. 杭州：杭州师范大学，2019.

④ 赵丹丹. 乡土文化资源的开发与利用［J］. 文化产业，2023（36）：31-33.

统器乐乐种的认定标准是：第一，要有直接五代以上（上百年）的师徒传承关系；第二，要有本乐种特有的、内部认同的传统曲目；第三，要有独特的演奏风格特点，乐器配置有不同于其他乐种组合的特征；第四，有广泛的当地群众基础。

（三）美术馆藏品

美术馆藏品承载着深厚历史文化、科学智慧与艺术价值。这些藏品以独特的方式反映了自然界生生不息的发展规律与人类科学文化不断进步的辉煌历程。美术馆藏品涵盖了绘画的斑斓世界、书法篆刻的笔墨韵味、雕塑的立体之美、工艺美术的精湛技艺、设计艺术的创新思维、民间美术的淳朴风情、摄影的定格瞬间、现代装置的前卫探索、数字艺术的科技魅力、综合艺术的跨界融合、其他各类艺术形式的独特表达，还有那些难以归类的其他珍贵藏品。

（四）地方戏曲剧种

地方戏曲剧种是指流行于某一地区，具有地方特色的戏曲剧种。在全国范围内广泛流传着众多富含地方特色的戏曲剧种，总数达到了 300 多种。这些地方戏曲不仅是传统文化的生动展现，更是深深植根于特定地域的民风民俗之中，深受当地民众的喜爱与推崇。相较于那些风靡全国的剧种如京剧，地方戏曲更加注重凸显其独特的地域色彩与文化底蕴，它们以各自的方式讲述着这片土地上的故事，传递着这片土地上人民的情感与智慧。因此，地方戏曲剧种不仅是中华民族文化多样性的生动体现，更是中华文化宝库中不可或缺的重要组成部分，共同绘就了中华文化绚烂多彩的壮丽画卷。

（五）非物质文化遗产

根据联合国教科文组织《保护非物质文化遗产公约》，非物质文化遗产是指被社会群体、团体或者个人视为其文化遗产的各种实践、表演、表现形式、知识体系和技能及有关的工具、实物、工艺品和文化场所[①]。依据《中华人民共和国非物质文化遗产法》，非物质文化遗产是指中国各民族代代相传，被视为自身文化遗产重要组成部分的各类传统文化表现形式，以及与之相关联的实物遗存和活动场所。

从类别来看，国家层面将非物质文化遗产资源划分成十类：民间文

---

① 联合国教科文组织. 保护非物质文化遗产公约［EB/OL］.（2003-10-17）［2025-03-13］. https://baike.baidu.com/item/保护非物质文化遗产公约/5149800.

学、传统音乐、传统舞蹈、传统戏剧、曲艺、传统体育游艺与杂技、传统美术、传统技艺、传统医药和民俗。该分类体系自 2008 年起沿用至今。

（六）文物

根据《中国大百科全书：文物·博物馆》，文物是人类发展历史中遗留下来的宝贵财富，包括诸多具有较高历史、艺术和科学价值的遗物、遗址与遗迹，其类型包含但不限于：古文化遗址、古墓葬、古建筑、石窟寺及石刻、壁画等；与重大历史事件、革命运动或著名人物紧密相连，具有显著纪念意义、教育意义或史料价值的近现代重要史迹、实物及代表性建筑；历史上各朝代珍贵的艺术品、工艺美术品，以及重要的文献资料、手稿和图书资料等。文物记录了人类社会的发展与变迁，展现了不同时期的艺术成就和科学技术水平。那些反映历史上各时代、各民族社会制度、社会生产、社会生活的代表性实物也都属于文物的范畴。

文物可分为两大类型：不可移动文物与可移动文物。不可移动文物可进一步细分为六大类：古遗址、古墓葬、古建筑、石窟寺及石刻、近现代重要史迹及代表性建筑、其他。而可移动文物，即馆藏文物（或称可收藏文物），则涵盖了历史上各个朝代的重要实物、艺术品、文献、手稿、图书资料及代表性实物等。

三、乡土文化资源保护与开发理论

（一）社区参与理论

社区参与理论的起源可追溯至 1955 年联合国社会局发布的《通过社区发展促进社会进步的报告》。此报告中的社区发展定义来自法林顿，即社区发展是由社区内部居民主导，主动参与规划、建设，充分发挥创造力，实施社区自治，旨在推动社区经济与社会全面进步。随着时间的推移，社区发展的概念逐渐演化为社区参与，这一理念在全球范围内得到了广泛应用，无论是发展中国家还是发达国家均不例外。社区参与理论不仅限于农村，也扩展到了城市社区。

社区参与理论的核心在于民主自治，强调社区居民作为社区治理的主体，积极参与社区建设和管理。这种参与不限于简单的参与活动，还包括决策、管理、运作等各个方面。通过引导居民积极参与，可以优化社会资源配置，最大化公共利益，推动社区建设的健康发展。

乡村文化资源承载着丰富的历史记忆和社区认同。社区居民的参与能够确保这些文化资源得到有效保护和传承，从而增强社区的文化凝聚力，促进社会和谐稳定；社区居民参与乡村文化资源保护与开发，不仅能够促进居民就业，还能增加居民的收入来源。

（二）原真性与完整性理论

乡土文化资源保护与开发利用遵循原真性和完整性原则。原真性原则强调在保护与开发利用乡土文化资源时，应尽可能保持其原始状态、真实性和历史价值。这一原则的核心在于"真实性"，即要求保护对象在形态、材料、工艺、环境等方面与原初状态保持一致，避免过度干预和改造导致失真。真实性具有多重面向。完整性原则在保护与开发利用乡土文化资源的过程中起着至关重要的作用。它强调在保护工作中必须注重文化资源的整体性和系统性，确保文化资源的每一个组成部分以及与之相关的环境因素都能得到全面而周到的保护。具体而言，无论是古建筑、古村落，还是工程或考古遗址等文化遗产资源，都应尽可能地保持其原有的组成结构和完整性，不能随意拆分或破坏。同时，这些文化遗产资源与其所处的自然环境、人文环境之间应保持和谐统一，共同构成一个完整且不可分割的文化生态体系。只有这样，才能真正实现乡土文化资源的可持续保护和利用，为后代留下宝贵的文化遗产。

（三）产品生命周期理论

产品生命周期理论（product life cycle theory，PLC）是一个描述产品从进入市场到最终被市场淘汰的整个过程的理论框架。它被广泛应用于市场营销、产品管理、战略规划等领域，以帮助企业理解产品在市场中的演变趋势，从而制定更加合理的市场策略和产品策略。产品生命周期划分为四个阶段：引入期（introduction stage）、成长期（growth stage）、成熟期（maturity stage）和衰退期（decline stage）。每个阶段都有其独有的特征、机遇和挑战。

乡村振兴必然涉及产业振兴，产业振兴涉及企业和产品。产品生命周期理论与乡村文化振兴之间存在一定的关联，尽管它们直接涉及的领域不同（一个是市场营销和产品管理的理论，另一个是乡村发展的战略），但两者在推动乡村可持续发展、促进文化传承与创新方面有着共同的目标和相互作用机制。产品生命周期理论对乡村文化振兴的启示：一是对传统文化的传承与创新。在产品生命周期的不同阶段，乡村需要注重文化产品的文化内涵和独特性，通过创新设计、提升品质等方式来保持产品的市场竞争力。二是长期发展和市场适应性。在乡村文化振兴过程中，需要注重文化产品的可持续发展，通过加强品牌建设、拓展销售渠道、提升服务质量等方式来保持产品的市场活力和竞争力。三是以市场需求为导向。在乡村文化振兴过程中，需要密切关注市场需求的变化和消费者偏好的变化，及时调整产品策略和市场策略以适应市场需求的变化。

（四）可持续发展理论

1972 年，联合国在斯德哥尔摩召开了首次人类环境大会，会上曝光了环境污染和生态损害的问题，本次会议被认为是可持续发展理念的发轫标志。1980 年，国际自然保护同盟在其《世界自然资源保护大纲》中首次指出，为确保全球可持续发展，必须深入探究世界范围内的自然、社会、生态、经济与自然资源利用之间的空间关系、社会联系与耦合关系。1987年，以挪威首相布伦特兰夫人为首的世界环境与发展委员会（WCED）发布了名为《我们共同的未来》的报告，该报告将可持续发展正式定义为"既能满足当代人的需要，又不对后代人满足其需要的能力构成危害的发展"，这一定义至今仍被国际社会广泛采纳和应用。

可持续发展理论的核心思想体现在五个方面：①公平性。这既涵盖当代人之公平，即确保当代每个人的基本需求得到满足，并给予他们追求美好生活的机会；也包含代际公平，即当代人在考虑自身需求的同时，应对未来世世代代的需求负起历史责任。②持续性。它强调人类的经济与社会发展应该有阈值，不能超出资源与环境的承载极限，要求人们在追求发展的同时，必须考虑资源与环境的约束，确保发展的可持续性。当代人不能过度消耗自然资源和造成严重、不可逆转的环境破坏。③共同性。可持续发展是全球面临的挑战，需要全球各国的协同努力。各国应在尊重彼此权益的基础上，加强合作，共同应对环境与发展挑战。④综合发展。可持续发展不仅仅是经济的发展，而且是涵盖社会、经济、环境等多方面的综合进步，要求在保护生态环境的同时，实现经济的稳定增长和社会的全面进步。⑤以人为本。可持续发展的核心是人，它强调人的全面发展与社会进步，要求在发展过程中，着重关注人的需求、提升人的素质、保障人的权益。

实现乡土文化资源保护与开发的可持续性需要政府、社区、专家学者等多方面的共同努力和配合。通过加强政策引导与支持、提升社区参与意识、注重科学保护与合理利用、促进可持续发展模式创新以及强化监督与评估等措施的实施，可以有效推动乡土文化资源的保护与开发工作取得更加显著的成效。

第二章　乡村文化振兴政策法规

根据党中央的战略规划，实现乡村振兴战略目标分三步走，逐步实现最终目标。第一步，到 2020 年，乡村振兴取得重要进展，基本构建起相应的制度框架和政策体系；第二步，到 2035 年，乡村振兴取得决定性进展，农业农村的现代化大致完成；第三步，到 2050 年，乡村实现全面振兴，农业强、农村美、农民富的愿景全面达成①。作为乡村振兴战略的关键一环，乡村文化振兴的政策法规为整个战略提供了精神动力、智力支持和产业推动力，对推动全面建设社会主义现代化国家起到了重要作用。

第一节　国家相关政策法规与规划

近年来，国家相继出台了与乡村文化振兴相关的多个政策法规和规划，本节做一梳理和介绍。

一、相关政策

（一）《中共中央 国务院关于实施乡村振兴战略的意见》政策与解读

1. 发布时间与意义

2018 年 1 月 2 日，中共中央、国务院发布《中共中央 国务院关于实施乡村振兴战略的意见》（以下简称《实施意见》），并自即日起实施。

在新时代背景下，乡村振兴战略承载着三方面的重大意义：首先，它彰显了党中央将"三农"问题作为全党工作的核心要务；其次，"三农"问题是影响国家经济发展和民众生活的根本性问题，推进乡村振兴是实现

---

① 中共中央 国务院关于实施乡村振兴战略的意见[EB/OL].（2018-02-04）[2025-04-12]. http://www.gov.cn/zhengce/2018-02/04/content_5263807.htm.

全民共同富裕不可或缺的路径；最后，乡村拥有广阔的发展空间和深厚的农耕文化底蕴，加之勤劳智慧的人民群众，完全具备实施乡村振兴的条件和能力。

2.《实施意见》内容构成

《实施意见》分为12个部分：①重大意义；②总体要求；③提升农业发展质量，培育乡村发展新动能；④推进乡村绿色发展，打造人与自然和谐共生发展新格局；⑤繁荣兴盛农村文化，焕发乡风文明新气象；⑥加强农村基层基础工作，构建乡村治理新体系；⑦提高农村民生保障水平，塑造美丽乡村新风貌；⑧打好精准脱贫攻坚战，增强贫困群众获得感；⑨推进体制机制创新，强化乡村振兴制度性供给；⑩汇聚全社会力量，强化乡村振兴人才支撑；⑪开拓投融资渠道，强化乡村振兴投入保障；⑫坚持和完善党对"三农"工作的领导。

3.《实施意见》对乡村文化振兴的阐述①

乡村文化振兴是实现乡村振兴的关键环节，要求我们在追求物质文明的同时，不能忽视精神文明的同步建设。为了提升乡村居民的精神风貌，应着重培育积极向上的乡村文明风气，弘扬良好的家风传统，维护淳朴的民俗民风，以此不断推动乡村社会的整体文明向前发展。具体措施可细化为以下几个层面：

（1）加强农村思想道德建设。以社会主义核心价值观为引领，坚持教育引导、实践养成、制度保障三招齐下，采用符合农村特点的、因地制宜的有效方式，深化中国特色社会主义、中国梦的宣传教育，大力弘扬民族精神和时代精神。强化爱国主义、社会主义、集体主义教育，做实各民族团结进步教育，加强农村思想文化阵地建设。深入实施公民道德建设工程，挖掘各地区农村的传统道德类教育资源，推进社会公德、职业道德、家庭美德、个人品德"四德"建设。推进社会诚信建设，强化农民的社会责任意识、规则意识、集体意识和主人翁意识。

（2）传承、发展、提升农村优秀传统文化。以乡村文明为基础，吸纳城市文明、外来文明，在保护性传承的基础上，实现创造性转化和创新性发展，不断赋予乡村文化时代内涵，丰富乡村文化的表现形式。充分挖掘、保护好优秀的农耕文化遗产，推动其科学利用与适度利用。深入挖掘

---

① 中共中央 国务院关于实施乡村振兴战略的意见［EB/OL］.（2018-02-20）［2024-07-16］. https://www.gov.cn/gongbao/content/2018/content_5266232.htm.

农耕文化所蕴藏的优秀理念、人文精神和道德规范，充分发挥其在凝聚民心、教化民众、净化民风中的重要作用。划定乡村历史文化资源的保护范围，保护好传统村落、民族村寨、文物古迹、传统建筑、农业遗迹、灌溉工程遗产等。支持农村地区优秀的戏曲曲艺等非物质文化遗产的传承和发展。

（3）加强农村公共文化建设。按照标准化、网络化、内容充实化及人才保障化的要求，构建健全的乡村公共文化服务体系。充分发挥县级公共文化机构的辐射作用，推进乡镇综合性文化服务中心建设，地域上实现镇、乡两级公共文化服务全覆盖，提升服务质量和效率。深入推进文化惠民，要向乡村倾斜公共文化资源，提供更多、更好的农村公共文化产品和服务。支持"三农"题材的文艺创作，包括电影电视、歌舞创作、绘画摄影、体育运动等，反映各地农民的生产生活，充分展示新时代、新农村、新农民的精神面貌。培育和挖掘乡土文化人才，开展校地企和城乡文化结对帮扶，引导社会各界人士加入乡村文化建设热潮中。多举措活跃和繁荣农村文化市场，丰富农村文化业态，加大对农村文化市场的监管力度。

（4）推动移风易俗。广泛组织和创新文明村镇、星级文明户、文明家庭等群众性精神文明创建活动，有序引导农民群众摒弃大操大办、厚葬薄养、人情攀比等不良风气。加强对无神论的宣传，通过公共文化供给丰富农民群众的精神文化生活，坚决抵制封建迷信活动。深化农村的殡葬改革，积极倡导科学文明的丧葬方式。

另外，还需加强农村科普工作，不断提升农民的科学文化素养，为乡村振兴提供强大的精神支撑和动力源泉。

4. 政策解读

以乡村文化振兴推动乡村全面振兴是一条有效的路径。一方面，文化振兴是乡村振兴的重要组成部分；另一方面，文化可以为乡村振兴提供更基本、更深沉和更持久的原动力。乡村既是中华农耕文化的发源地，也为后来的中华文化演变和发展提供了源源不断的养分，最终成为中华文化体系的重要组成部分。乡村文化是乡村社会乡土性的集中体现，植根于乡村居民生产生活的方方面面，与传统农业、农村和乡村社会相适配，它通过风土民情、风俗习惯、乡村典籍、民间传说等形式存在于乡村居民的情感表达和心灵记忆之中，表征着乡村居民的现实生存状态和理想价值追求①。在乡村文化振兴过程中，要着力推动乡村优秀文化的保护性传承和创造性转化。

（二）《关于推动文化产业赋能乡村振兴的意见》政策与解读

1. 发布时间与机构

为有效推进乡村全面振兴，落实《中共中央 国务院关于做好 2022 年全面推进乡村振兴重点工作的意见》，以文化产业赋能乡村经济社会发展，2022 年 3 月 1 日，文化和旅游部、教育部、自然资源部、农业农村部、国家乡村振兴局、国家开发银行联合印发《关于推动文化产业赋能乡村振兴的意见》（以下简称《文化产业赋能意见》）。

2. 《文化产业赋能意见》的主要内容

乡村文化振兴将通过对八大文化领域赋能而实现。一是创意设计赋能。政府积极引导创意设计企业、平台、工作室及设计师向乡村拓展业务，为乡村的集体经济、各类企业、合作社及农户等提供创意设计服务，包括农产品的创意包装、LOGO 设计、乡村环境整治与美化等，增加乡村农业经济附加值，改善乡村居住环境。二是演出产业赋能。依托各类演出机构，充分挖掘地方特色文化资源（如民歌、戏曲、乐器、民间传说等），编排乡村演出项目、培养乡村演出团队，发展提升乡村舞蹈、戏剧、曲艺等演艺业态。三是音乐产业赋能。鼓励音乐工作者和组织参与乡村传统音乐的创编、提升，支持有条件的乡村地区发展乐器制造、音乐培训、互动体验等音乐类业态，举办乡村音乐节、音乐会，打造乡村音乐园区（基地）等特色项目。四是美术产业赋能。提升乡村美术产业的专业化水平，加强农民画师、雕塑师等艺术人才的培养，普及乡村美学教育，推动美术元素融入乡村规划与建设。五是手工艺赋能。鼓励非物质文化遗产传承人、设计师、艺术家等带动农民进行手工艺创作，推动纺染织绣、金属锻造、传统建筑营造等传统工艺实现创造性转化和创新性发展，把"指尖技艺"转化为"指尖经济"。六是数字文化赋能。鼓励数字文化企业发挥科技优势，挖掘活化乡村优秀传统文化资源，创作和传播展现乡村田园风光、生产生活特色的数字文化产品，规划开发相关体验项目，带动乡村文化传播、地域品牌形象塑造、特色农产品销售。七是其他文化产业赋能。

---

① 张淼. 乡村文化振兴的实质与推进思路［EB/OL］.（2023-09-18）［2025-03-13］. http://www.rmlt.com.cn/2023/0918/683103.shtml.

鼓励各地结合当地文化资源，打造地方特色文化业态，包括发展乡村茶叶、中医药、美食等特色产业，推动特色文化制造业发展，培育地方节庆会展活动，建设农业文化展示区，运营乡土艺术节展等。八是文旅融合赋能。促进文化业态与乡村旅游的深度融合，推动文化消费与旅游消费的有机结合，创新文旅融合的新业态、新模式①。

3. 政策解读

为推动《文化产业赋能意见》落地，应采取的措施：一是强化跨部门协作。各地农业农村、乡村振兴、自然资源、文化和旅游、教育等相关部门及金融机构，应在地方党委和政府的统一指挥下，紧密合作，汇聚各方资源与力量，优化资源配置，加大扶持力度，共同推动文化产业在乡村振兴中发挥积极作用。二是构建高效运行机制。致力于建立健全乡村文化产业的经营机制、多元利益联结体系及人才与资源汇聚机制，促进城乡融合发展，吸引文化产业要素（包括人才、资金、项目及消费市场）向乡村流动，激发乡村经济活力，提高农民从产业发展中获得的收益。三是促进区域间的协同互动。鼓励东部地区文化与旅游行政部门利用东西部协作机制，引导文旅企业赴西部地区投资兴业，为西部乡村振兴贡献力量。四是实施政策试点示范。精心挑选一批条件成熟、意愿强烈、执行能力强的县（市、区）作为试点，发挥其在规划统筹、资源配置上的优势，探索创新路径，积累实践经验，并转化为可借鉴、可推广的示范模式。五是强化宣传推广。加大国际国内的宣传力度，在国际舞台和全国性展览上设立"文化产业助力乡村振兴"专区，全面展示成功案例与创新实践，讲好中国乡村振兴的文化产业故事，提升国际影响力和社会认知度②。

（三）《"大地流彩——全国乡村文化振兴在行动"工作方案》解读

1.《方案》的提出

2024年3月1日，农业农村部办公厅、中国文联办公厅联合出台了《"大地流彩——全国乡村文化振兴在行动"工作方案》（以下简称《方案》）。该方案以习近平文化思想为指导，贯彻落实习近平总书记关于"三农"工作的重要论述，以及中央农村工作会议、中央一号文件部署和

---

① 文化和旅游部.关于推动文化产业赋能乡村振兴的意见[EB/OL].(2022-04-07)[2025-04-12].https://www.gov.cn/zhengce/zhengceku/2022-04/07/content_5683910.htm.

② 文化和旅游部.《关于推动文化产业赋能乡村振兴的意见》政策解读[EB/OL].(2022-04-08)[2025-04-12].https://www.gov.cn/zhengce/2022-04/08/content_5684002.htm

《乡村文化振兴工作指引（试行）》等要求，着力推动乡村文化振兴。

2. 《方案》的主要内容①

《方案》设计了 12 项活动，为乡村文化振兴的具体操作指明了方向。具体活动包括：

一是开展"听党话、感党恩、跟党走"宣讲活动。学习并灵活运用"千万工程"的成功经验，深入乡村一线，采取形式多样的宣传方式深入解读习近平新时代中国特色社会主义思想，特别是习近平总书记关于"三农"工作的重要论述。同时，以贴近群众、易于接受的形式讲述中国故事，弘扬诸如北大荒精神、红旗渠精神、南泥湾精神、塞罕坝精神、脱贫攻坚精神和农垦精神等优秀精神遗产，传承中华民族的传统美德，推动农村地区的风俗习惯向更加文明健康的方向发展。运用现代手段和传媒编印农民读本，推荐乡村标语和宣传画，开展文化大篷车下乡巡讲巡演活动。

二是组织"粮安天下"农民公益培训活动。组织基层干部、种粮大户等作为公益宣讲员，面向农民群众讲述各地发展粮食生产、巩固拓展脱贫攻坚成果、推进乡村全面振兴的先进事迹，结合自身经历、身边典型，用易懂好记的语言，讲好稳产保供的战略意义和农民做出贡献的生动故事，宣传粮食安全方面的法律法规，强化生态保护、绿色发展和粮食大面积提高单位面积产量等技术应用，传递稳粮增收致富信心，激发广大农民群众多产粮、产好粮的内生动力。

三是举办"爱中华爱家乡"中国农民诗会活动。组织农民创作诗词、歌赋、楹联等，并征集、遴选、推介乡村优秀诗歌等文学作品，发掘培育乡村诗人。举办诗歌主题的乡村阅读推广活动，组织农民群众诗歌礼赞祖国等主题文化活动，弘扬中华优秀传统文化。以诗词等文化创作赋能乡村文化产业发展，培育乡村文化特色品牌，传播新时代"三农"发展的伟大成就。

四是开展"宜居宜业和美乡村"农民文艺作品展活动。以农民为主体，吸引社会各界文化艺术爱好者广泛参与，通过书法、绘画、图片、短视频、微电影等记录乡土乡情，展陈丰收盛景，推介乡村美景。创作和宣传具有乡村特色、充满正能量、深受农民群众欢迎的文艺作品，包括电

---

① 农业农村部办公厅 中国文联办公厅关于印发《"大地流彩——全国乡村文化振兴在行动"工作方案》的通知 [EB/OL].（2022-03-21）[2024-07-17]. https://www.gov.cn/zhengce/zhengceku/202403/content_6938267.htm.

影、电视、图书、歌曲、纪录片、戏剧、曲艺等，鼓励和扶持"三农"题材作品创作。

五是举办"新国潮"乡村优秀文化艺术展演活动。结合各地文化艺术特色，组织乡村歌舞展演、传统音乐人和乡村歌手选拔、志愿者乡村行、说唱移风易俗、"艺术点亮乡村"走进农村系列、"云中公益"采风、寻找最美乡村匠人、经典文化万里行等文化活动，引导优质文化资源服务乡村，推选展演乡村题材优秀文艺作品，利用"抖音"等新媒体扩大影响力和受众面，提升农民群众文化素养，强化乡村德治的凝心聚力作用。

六是开展乡村记忆工程活动。对全国乡村文化艺术资源进行普查，全口径、全门类、全领域进行整理识别和登记建档，建立数据库，对其价值进行科学评价并分批次、分等级发布乡村文化艺术保护名录。对农业非物质文化遗产、传统技艺、手工绝活、特色美食等进行数字化影像记录、复原和保存，采用大数据、人工智能等技术开发沉浸式乡村文化体验产品。拍摄以乡愁记忆为主题的系列纪录片。

七是开展乡村文化地图发布活动。设计开发乡村文化电子地图等出版物，精准标识文化遗产、特色美食、农家民宿、民俗节庆、体育赛事等所在地，汇集形成大众可感知、可触及、可应用的乡村文化导览导航服务，促进乡村文化宣传展示，带动乡村旅游、研学、康养等新业态发展。

八是组织乡村大讲堂活动。组织文化、农史、民俗、艺术等领域专家，结合中国重要农业文化遗产悠久历史和丰富的文化资源，通过专家讲解、实物或图片展示、视频动漫演示等多种方式展现乡村经济价值、生态价值、社会价值、文化价值，力求图文并茂、生动有趣、寓教于乐，开展文化科普教育。

九是举办农耕农趣农味文化体育活动。坚持农民唱主角，支持各地自主举办庙会、社火、灯会等传统节庆和"村BA"、村跑、"村VA"、"村超"、村乒、村歌、村钓、村厨、龙舟赛、广场舞、太极拳、舞龙舞狮等群众性文体活动。合理利用乡村历史文化资源，依托茶马古道、传统村落、农业遗产等举办多站式、体验式文化体育特色活动。开展"农业文化遗产里的中国"宣传展示活动，做好"万里茶道"宣传推介，组织丰富多彩的二十四节气文化传承活动，推动中华农耕文化进校园、进社区。

十是举办乡村文化产业创意大赛活动。在发掘乡村传统文化内涵和历史传统基础上，融入现代要素、赋予时代内涵、满足多样化需求，开发具有地域特色、民族风情、文化品位的 IP（知识产权）符号和商品、服务等。设置品牌策划、创意设计、营销推广、数字化方案等不同赛道，以赛促开发、促合作，吸引各类主体广泛参与，推介优秀文化创意项目和人才，打造高品质"土特产"产品和文化品牌，促进乡村文化创意产业发展。

十一是培育乡村文化艺术基地。组织各地遴选文化基础条件好、发展潜力大的县、乡、村，逐步建设乡村文化艺术体验基地、研学基地、农业文化展示区，并将其纳入文化产业赋能乡村振兴试点范围。探索建立文化帮扶机制，利用乡情乡愁，鼓励引导文艺、教育、体育、学术等各界名人采取一对一、一对多等方式，吸引文化团体、企业积极参与，助力乡村文化资源创造转化、文化产业创新发展。支持各地依托文化资源优势开发富有特色的农文旅融合项目，扩大农村消费。

十二是举办全国乡村文化艺术展演季活动。全面总结和系统展示年度乡村文化建设成果，组织乡村文化保护传承、产业开发、研究创作、运营管理等领域的代表交流研讨，举办农民艺术周、乡村音乐汇，组织乡村文化知识竞赛、传统技艺比赛等，推介乡村文化优秀作品、典型案例、先进人物、创意项目、文化品牌等，组织乡村产销对接、直播带货、美食品鉴等特色活动，办成城乡互动、文化交融的农业嘉年华。

3. 政策解读

《方案》始终将农民的需求置于首要位置，从科学性和可行性角度出发，精心设计了 12 项重点活动。这些活动不仅致力于广泛传播党的创新理论，更着重于以文化人，让农民成为活动的主体和受益者。通过这些活动，增加优质文化产品和服务的有效供给，农民不仅能够享受到丰富的文化盛宴，还能切实得到实惠，增强了农民群众的获得感和幸福感，进一步提升了他们的综合文明素质素养。更重要的是，这些活动为乡村的全面振兴注入了强大的文化凝聚力和精神推动力，为乡村的繁荣发展奠定了坚实的文化基础，让乡村在文化的滋养下焕发出新的生机与活力。

（四）2024 年的中央一号文件关于乡村文化振兴的内容

2024 年的中央一号文件深刻体现了对乡村文化振兴的高度重视，明确提出要繁荣发展乡村文化，推动农耕文明与现代文明要素巧妙融合，共同编织出中华民族现代文明中绚烂多彩的乡村篇章。为了实现这一目标，文件提出了具体的措施：①改进与创新乡村精神文明建设，推动新时代文明实践向乡村、集市等基层末梢走实走深。促进城市优质文化供给向乡村下沉，增加乡村地区的精神文明产品供给，缩小城乡文化差距。②深入开展"听党话、感党恩、跟党走"宣传教育活动，增强农民群众的政治认同感和家国归属感。③强化农业文化遗产、农村非物质文化遗产的挖掘、整理与保护利用工作，实施乡村文物保护工程，确保珍贵的文化遗产得到妥善保护。开展传统村落的集中连片保护利用示范，留住乡愁记忆。④坚持农民在乡村文化振兴中的主体地位，鼓励并支持"村 BA""村超""村晚"等群众性文体活动的健康发展，让农民在丰富多彩的活动中展现风采，享受文化带来的乐趣，进一步提升乡村文化的凝聚力和影响力①

二、相关法规

（一）《中华人民共和国乡村振兴促进法》解读

1. 出台的背景

党的十九大第一次提出实施乡村振兴战略。2018 年，国家发布了《关于实施乡村振兴战略的意见》《国家乡村振兴战略规划（2018—2022年）》；2019 年，又发布了《中国共产党农村工作条例》；2021 年 4 月 29日，第十三届全国人民代表大会常务委员会第二十八次会议审议通过了《中华人民共和国乡村振兴促进法》（以下简称《促进法》），并定于 2021年 6 月 1 日起正式实施。上述文件与法律法规共同搭建起了乡村振兴战略的核心框架，构成了中国特色社会主义乡村振兴的整体规划蓝图。总体而言，《促进法》作为乡村振兴战略的法律基石，是一部奠定基础、着眼长远、稳固根本的重要法律，对于推动乡村的产业、人才、文化、生态、组织全面振兴，以及促进城乡融合发展，具有标志性的重大意义。

2. 主要内容

《促进法》共有 10 章、74 条，分别是第一章"总则"包含 11 条；第二章"产业发展"包含 12 条；第三章"人才支撑"包含 5 条；第四章"文化繁荣"包含 5 条；第五章"生态保护"包含 7 条；第六章"组织建设"包含 9 条；第七章"城乡融合"包含 8 条；第八章"扶持措施"包含10 条；第九章"监督检查"包含 6 条；第十章"附则"包含 1 条。

在"文化繁荣"方面，《促进法》提出了以下措施：拓宽乡村文化服

---

① 2024 年中央一号文件[EB/OL].（2024-02-04）[2025-04-12].https://mwr.guizhou.gov.cn/ztjj/rdzt/srsshzzzldstzl/gzdt/202402/t20240204_83673504.html.

务的提供渠道，确保公共文化服务的便捷性、可及性与公平性；充实农民的文体、文娱生活，倡导科学、健康的生产与生活方式；传承并弘扬优秀传统文化，激发农村文化市场的活力。

3. 特色与亮点

一是建立了乡村振兴的运作体系。该体系涵盖五级管理，由中央统一部署，省（自治区、直辖市）承担总体责任，市、区（县）、镇（乡）则负责具体执行。二是明确了"四个优先"的指导方针，即确保农业农村的优先发展地位，体现在干部选拔时优先考虑乡村需求，资源配置时优先满足乡村需要，资金投入时优先保障乡村项目，以及提供公共服务时优先安排乡村事务。三是强调了城乡融合发展的协调机制，主张通过工业反哺农业、城市带动乡村的方式，促进工农之间相互促进、城乡之间互补协调、共同迈向繁荣的新型关系。四是坚持乡村绿色发展的战略导向，强调人与自然和谐共存的理念，通过山水林田湖草沙系统的综合治理，推动生态文明建设，为充分利用生态优势、加强农业面源污染防控、推动农业绿色发展，提供了法律上的支持与保障。

（二）《促进法》对乡村文化振兴的解读

文化振兴是乡村振兴的重要组成部分。《促进法》强调要传承和弘扬优秀传统文化，提高公共文化服务水平，强化文化领域的建设与管理，推动文化产业繁荣发展，并增强农村地区的文化自信与软实力。实施策略涵盖以下方面：首先是保护与传承中华优秀传统文化。各级政府要采取行动，保护农业文化及非物质文化遗产，深挖农业文化的丰富内涵，传承弘扬红色文化，确保优秀传统文化的延续与创新利用。同时，加强对历史文化名镇、名村、乡村传统村落、乡村特色景观、民族特色村寨等文化资源的保护，实施保护状态监测评估，并制定防灾减灾措施以应对火灾、洪水、地震等自然灾害。其次是提升公共文化服务的供给数量与质量。各级政府应完善乡村公共文化服务体系，构建健全的乡村文体娱乐设施网络与服务机制，鼓励农民参与多样化的文化体育活动及民俗节庆。此外，支持以农业农村农民为主题的文艺创作，推动创作更多、更好反映农民精神生活与乡村振兴的优秀作品。再次是深化文化建设与管理。各级政府需培育文明的乡村风气、良好的家庭氛围与淳朴的民风，改善农民精神风貌，提升乡村社会文明水平，展现乡村文明的新气象。同时，加强乡村诚信体系建设，推广诚信教育，强化农民的诚信观念与契约精神。最后是推动乡文化产业发展壮大。各级政府应当对诸如特色农业、休闲农业、现代农产品加工业、乡村手工业、绿色建材业、红色及乡村旅游、康养产业、乡村物流以及电子商务等乡村产业给予扶持；指导新型经营主体采取特色化、专业化的经营策略，优化资源配置，以推动乡村产业之间的深度融合。支持建立特色农产品优势区域、现代农业产业园区、现代农业科技园区、农村创业园区以及休闲农业与乡村旅游重点村镇等乡村产业集聚区；协调农产品原产地、集散地与销售地之间的市场格局，强化农产品的流通网络与冷链物流体系建设；鼓励企业获取国际农产品认证，提升乡村产业的国际市场竞争力。

三、相关规划

（一）《乡村振兴战略规划（2018—2022 年）》解读

1. 规划的背景

党的十九大作出中国特色社会主义进入新时代的科学论断，提出实施乡村振兴战略的重大历史任务，在我国"三农"发展历程中具有划时代的里程碑意义。为了有效落实这一战略，全国上下必须深刻领会并全面学习贯彻习近平新时代中国特色社会主义思想和党的十九大精神。在回顾总结"三农"工作所取得的历史性成就基础上，需要精准把握世界经济与社会的发展趋势以及乡村发展的动态，紧紧抓住新时代历史性机遇，迎接各种挑战，不断提升执政党的责任感、使命感和紧迫感，确保乡村振兴战略有效实施。

2. 发展目标

近期目标：到 2020 年，乡村振兴的制度框架和政策体系基本形成，各地区、各部门乡村振兴的思路举措基本确立，全面建成小康社会的目标如期实现。到 2022 年，乡村振兴的制度框架和政策体系初步健全。国家粮食安全保障水平进一步提高，现代农业体系初步构建完成，农业绿色发展全面推进；农村的一、二、三产业融合发展格局初步形成，乡村产业加快发展，农民收入水平进一步提高，脱贫攻坚成果得到进一步巩固；农村基础设施条件持续改善，城乡统一的社会保障制度体系基本建立；农村人居环境显著改善，生态宜居的美丽乡村建设扎实推进；城乡融合发展体制机制初步建立，农村基本公共服务水平进一步提升；乡村优秀传统文化得以传承和发展，农民精神文化生活需求基本得到满足；以党组织为核心的农村基层组织建设明显加强，乡村治理能力进一步提升，现代乡村治理体系初步构建。探索形成一批各具特色的乡村振兴模式和经验，乡村振兴取得阶段性成果。

远期目标：到2035年，乡村振兴取得决定性进展，农业农村现代化基本实现。农业结构得到根本性改善，农民就业质量显著提升，相对贫困进一步减轻，共同富裕迈出坚实步伐；城乡基本公共服务基本实现均等化，城乡融合发展的体制机制更加完善；乡风文明达到新的高度，乡村治理体系更加健全；农村生态环境得到根本好转，生态宜居的美丽乡村基本实现。到2050年，乡村实现全面振兴，农业强、农村美、农民富的愿景全面达成。

3. 规划的主要内容

一是开创乡村振兴的全新格局。以乡村振兴与新型城镇化为引擎，科学制定国土空间规划，优化城乡空间结构，完善乡村的生产、生活及生态空间布局，因地制宜推进乡村振兴，打造各具特色的现代化乡村景观，形成一幅幅鲜活、美丽的现代乡村风情画卷。二是加快农业现代化的步伐。秉持质量为先、品牌主导的理念，深入推进农业供给侧结构性改革，建立健全现代农业的生产、加工、销售、物流体系，实现农业在质量、效率、动力上的全面提升，不断强化农业的创新能力与市场竞争优势。三是壮大乡村产业并优化利益分配结构。借助制度创新、技术创新以及商业模式的革新作为推动力，推动农村一、二、三产业深度融合，发展具有地区特色且能带来高附加值的乡村产业体系，确保这些产业由当地农民主导，从而实现乡村产业的全面繁荣。四是构建生态宜居的美丽乡村。秉持"绿水青山就是金山银山"的核心理念，尊重自然界的客观规律，实施乡村山水林田湖草综合保护与系统性治理，引导农村生产和生活方式转变，打造出一个环境优美、生态良好、人与自然和谐相处的美丽乡村。五是促进乡村文化的蓬勃兴盛。在社会主义核心价值观的引领下，挖掘、保护、传承和弘扬中华优秀传统文化，强化乡村公共文化服务体系建设，培育文明乡风、优良家风、淳厚民风，构建绿色、文明、和谐的乡村社会。六是构建现代化的乡村治理体系。加强基层组织建设，完善党委领导、政府负责、社会协同、公众参与、法治保障相结合的乡村社会治理机制，推动乡村组织振兴，打造出一个充满活力、和谐有序的新型乡村治理格局。七是增进农村民众的福祉。遵循共建共享的原则，针对农民最为关切的利益问题，加速填补农村民生领域的空白，提升农村居民的生活质量，确保农民群众能享有更强烈的满足感、幸福感及安全感。八是健全城乡融合发展的政策框架。顺应城乡融合发展的整体趋势，重新定位城乡关系，激活农村内部潜能，优化外部条件，推动人才、土地、资本等关键要素在城乡之间实现顺畅的双向流动，为乡村振兴注入新的活力与动力①。

4. 规划解读

规划是党中央对乡村振兴战略做出的具体部署和行动计划，包含了乡村在产业、组织、文化、生态及人才等多个领域的振兴举措。就文化振兴而言，首先是持续加强农村精神文明建设，提升农民的精神状态，推广科学、文明的生活方式，逐步提升乡村社会的文明程度。其次立足乡村文明的深厚基础，吸收城市文明及外来文化的优秀要素，在保护与传承传统文化的同时，进行创造性转化与创新发展，积极融入现代精神，丰富其展现形式，为增强文化自信打造优质平台。此外，促进城乡公共文化服务体系的融合共进，增加优质乡村文化产品与服务的供给，激发农村文化市场的活力与繁荣景象，为农民群众提供高水平的精神文化滋养。

（二）《"十四五"文化发展规划》中乡村文化振兴部分内容解读

1. 规划的背景

立足全面建成小康社会，"十四五"规划标志着我国迈入全面建设社会主义现代化国家新征程的首个五年规划期，也是推进社会主义文化强国的关键时期。文化建设不仅是新时代中国特色社会主义事业整体布局中的核心组成部分，还是推动高质量发展不可或缺的重要支柱，对满足人民群众不断升级的美好生活向往、增强中华民族的内在凝聚力、为文化强国建设打下牢固基础，具有极为关键且长远的意义。

2. 发展目标

全党全社会的思想自觉和理论自信进一步增强，习近平新时代中国特色社会主义思想绽放出更加绚丽的真理光芒。社会文明建设迈上新台阶，社会主义核心价值观更加广泛地植根于人心，中华民族的家国情怀日益深厚，凝聚力显著增强，人民群众的思想道德修养、科学文化素质及身心健康水平方面显著提升。文化事业与文化产业呈现出蓬勃发展的态势，公共文化服务、文化产业体系、全媒体传播体系以及文化遗产的保护、传承与

---

① 中共中央 国务院印发《乡村振兴战略规划（2018—2022 年）》[EB/OL].(2018-09-26)[2024-07-19]. https://www.gov.cn/zhengce/2018-09/26/content_5325534.htm.

利用机制进一步完善。中华文化的国际影响力不断扩大，中国特色社会主义文化制度愈发成熟完善，文化领域的法律法规与政策框架更为健全，文化治理的效能进一步提升。

3. 规划的主要内容

规划的主要内容包括：一是强化思想理论的引领作用。坚定不移地以习近平新时代中国特色社会主义思想为指导，全面加强党的理论建设，启迪民众心智，引领实践探索，推动各项工作深入实施，进一步巩固党员干部和人民群众对中国特色社会主义的道路自信、理论自信、制度自信和文化自信。二是深化新时代思想道德和精神文明建设。坚持依法治国与以德治国相结合，深入贯彻《新时代公民道德建设实施纲要》和《新时代爱国主义教育实施纲要》，塑造新时代所需的思想观念、精神面貌、文明风尚和行为规范，培养能够承担民族复兴大任、思想积极向上的新时代人才。三是稳固主流舆论阵地。坚守正确的政治方向、舆论导向和价值取向，遵循马克思主义新闻观，加强主流媒体体系建设，提升新闻舆论的传播效能、引导能力、影响范围和公信力。四是促进文化文艺创作的繁荣发展。坚持以人民为中心的创作导向，以创作优秀作品作为核心任务，推出一批反映时代特征、人民生活、民族精神与品质的文化精品。五是传承与弘扬中华优秀传统文化及革命文化。坚定文化自信，推动中华优秀传统文化的创造性转化和创新性发展，传承文化血脉，弘扬红色精神，共同建设中华民族的精神家园，凝聚各民族前进的精神力量。六是提升公共文化服务的效能。致力于促进城乡公共文化服务体系的均衡发展，推动公共文化服务的数字化进程，实施文化惠民项目，提高公共文化服务的标准化、均等化水平，保障人民群众的基本文化权益。七是推动文化产业的高质量发展。结合扩大内需和深化供给侧结构性改革的要求，完善文化产业规划，强化创新驱动，实施数字化战略，推动文化产业向智能化、高端化、现代化发展，促进文化产业的持续健康发展。八是深化文旅融合发展。坚持文化与旅游相互促进，推动两者实现更广泛、更深入、更高水平融合，打造独具魅力的中华文化旅游深度体验。九是促进城乡文化均衡发展。优化文化资源的配置，推动城乡文化的协同发展，构建均衡协调的文化发展空间布局。十是提升中华文化的国际影响力。加强对外宣传、文化交流和文化贸易，提升国际传播能力、文化吸引力、国家形象亲和力、话语权和舆论引导力，促进民心相通，构建全球人文共同体。十一是深化文化体制改革。

完善繁荣发展社会主义先进文化的制度，提升文化治理的效能。十二是加强人才队伍建设。坚持党管干部、党管人才的原则，强化党的政治建设，提升干部人才队伍的素质和能力，打造一支勇于担当、善于创新的新时代人才队伍①。

4. 规划解读

《"十四五"文化发展规划》是我国社会主义文化建设领域的总体蓝图，是一项全面而系统的顶层设计，旨在为文化事业的繁荣发展提供科学指导和战略部署。该规划不仅涵盖了文化建设的各个方面，从理论武装、思想道德建设到文化产业发展、文化创新等多个维度，都进行了深入细致的规划，而且其内容的广泛性和适用性也使其成为指导乡村文化振兴建设的宝贵指南。在乡村文化振兴的过程中，无论是提升乡村公共文化服务水平，还是推动乡村特色文化产业的发展，抑或是保护和传承乡村文化遗产，都可以从《"十四五"文化发展规划》中找到方向和支持。

第二节　四川省相关政策法规与规划

为贯彻落实乡村振兴战略，结合四川省实际，四川省相关部门制定了相应的政策法规与相关规划，作为四川乡村振兴的政策依据和行动指南。

一、相关政策

（一）《中共四川省委 四川省人民政府关于实施乡村振兴战略 开创新时代"三农"全面发展新局面的意见》

1. 发布时间与意义

为了全面贯彻党的十九大精神，积极响应中央农村工作会议以及《中共中央 国务院关于实施乡村振兴战略的意见》（中发〔2018〕1 号）的要求，以促进农业的全方位升级、农村的全面发展以及农民的全面进步为目标，中共四川省委与四川省人民政府于 2018 年 2 月 8 日联合发布了《中共四川省委 四川省人民政府关于实施乡村振兴战略 开创新时代"三农"全面发展新局面的意见》。

---

① 中共中央办公厅、国务院办公厅印发了《"十四五"文化发展规划》[EB/OL].(2022-08-16)
[2025-04-12].https://www.gov.cn/zhengce/2022-08/16/content_5705612.htm.

2. 意见内容构成

意见涵盖了10项内容，包括：①深刻认识、深入理解实施乡村振兴战略实施的重大意义；②准确把握总体要求，坚持规划引领，优化城乡融合发展的空间结构；③以农业供给侧结构性改革为主线，构建促进农村一、二、三产业融合发展的体制机制；④完善生态文明与人居环境建设与保护体系，打造生态友好、适居宜业且可持续发展的幸福美丽乡村；⑤建立农耕文明与现代文明的融合机制，有效强化乡风文明建设；⑥建立党组织引领下的乡村治理体系，实现乡村社会的有效管理；⑦健全社会事业与民生在城乡之间的共享发展机制，确保农民享有富裕美好的生活；⑧坚持农村改革主攻方向，激发城乡融合的发展活力；⑨全力以赴推进脱贫攻坚工作，坚决打赢实施乡村振兴战略首场硬仗；⑩坚持党对"三农"工作的领导地位，培养一支高素质的"三农"工作队伍。

3. 意见对乡村文化振兴的阐述①

乡村文化作为乡村发展的灵魂与内生动力，承载着乡村的历史记忆、地域特色和人文精神，是实现乡村全面振兴不可或缺的重要组成部分。具体措施包括：

（1）积极构建新时代农村核心价值观体系。从教育引导、实践养成、制度保障三个方面入手，全方位、多层次地推进农村核心价值观体系构建。首先，教育引导是核心。要通过各种渠道和形式，如学校教育、社会宣传、媒体传播等，大力培育和践行社会主义核心价值观，要将其融入农村生活的方方面面，让农民群众在日常生活中感受到核心价值观的引领力量。通过举办讲座、培训班、文艺演出等活动，将核心价值观的理念深植农民心中，使其成为一种自觉的行为准则。其次，实践养成是关键。要将核心价值观的培育与实践活动相结合，通过志愿服务、道德模范评选、文明家庭创建等活动，引导农民群众在实践中践行社会主义核心价值观。要注重发挥农村优秀传统文化的滋养作用，将传统文化中的优秀元素与核心价值观相融合，形成具有农村特色的价值体系。最后，制度保障是基础。要建立健全相关制度，如农村道德建设长效机制、农村精神文明建设考核机制等，确保核心价值观的培育和实践有章可循、有据可依。要强化对农

---

① 中共四川省委，四川省人民政府. 关于实施乡村振兴战略 开创新时代"三农"全面发展新局面的意见[EB/OL].（2018-02-08）[2024-07-20].https://www.sc.gov.cn/10462/10464/10797/2018/2/8/10444762.shtml.

村精神文明建设工作的组织引领，清晰界定职责范围，构建多方协同、共同管理的工作体系。在执行乡村文化培育的过程中，需深化群众广泛参与的精神文明建设活动，加大对爱国主义、集体主义、中国特色社会主义理念及中国梦的宣传与教育力度。通过组织农民运动会、文艺表演、知识竞赛等多种形式的活动，有效激发农民群众的爱国情怀与集体荣誉感。要注重培育农民群众正确的价值取向，指导他们建立正确的世界观、人生观及价值观体系。在传承与弘扬乡村优秀传统文化方面，应深入探索和提炼其中蕴含的思想精髓、人文精神及道德规范，并将其有机融入农村精神文明建设之中。要有效遏制婚丧嫁娶中的高额礼金现象、滥办酒席行为以及铺张浪费等不良习俗，坚决防止腐朽落后文化的渗透。要积极推广尊老爱幼、邻里和睦、遵纪守法等优良乡村风气，营造出一个和谐、文明、积极向上的乡村环境。要鼓励媒体开设农村专版或农村节目，加大对农村精神文明建设的宣传力度；尤其要发掘并宣传乡村精神文明建设的先进典型事例，借助榜样的力量，激励更多农民群众投身到精神文明建设的实践中去。

（2）加快建立乡村优秀文化遗产保护传承机制。乡村优秀文化遗产是中华民族宝贵的精神财富，也是乡村振兴不可或缺的关键支撑。加速构建乡村优秀文化遗产的保护与传承体系尤为关键。全社会亟须提升对乡村优秀传统文化保护与传承的危机感和紧迫性认识；必须深刻领悟乡村优秀文化遗产在乡村振兴中所扮演的重要角色，并将其作为促进乡村文化振兴的一项重要任务来积极推进。要加强宣传教育，提高农民群众对文化遗产保护的认识和重视程度。在推进乡村文脉的保护与传承行动中，需加大对乡村优秀文化遗产的抢救性保护力度，深度挖掘、整理四川农耕文化、林盘文化、南方丝绸之路文化、三国文化、民族文化、红色文化以及茶马古道文化等，构建一个系统完整的文化遗产体系。同时，加大对传统村落、乡土建筑和具有民族特色村镇的保护力度，制定一村一策、一户一策的精细化保护修缮方案，确保文化遗产的完整性与真实性。在完善文物"四有"（有保护管理机构、有保护范围、有保护标识、有记录档案）档案和传统村落"一村一档"方面，要对那些具有历史价值的古村落、古民居和民族特色村镇进行全面记录和整理，形成详尽的档案资料。逐步将这些文化遗产申报成为高级别的文物保护单位、历史文化名城（名镇）及进入传统村落保护名录，并制定保护利用规划，为文化遗产的保护与传承提供坚实的保障。在村志村史的编纂工作中，积极组织社会力量深入挖掘和整理乡村历史文化，编纂出富有地方特色的村志村史。此外，还需积极建设如巴蜀农耕文化主题博物馆等文化设施，为农民群众提供更多、更好的了解乡村历史文化的途径和平台。在乡村非物质文化遗产资源普查中，对那些具有历史、科学、文化、艺术、教育价值的遗产开展科学评估，积极申报进入各级非物质文化遗产名录，获得政府的保护资金和政策支持。加强对濒危非物质文化遗产项目的抢救性保护，确保得到有效传承与持续发展。坚持保护与开发并重，打造出一系列特色鲜明、风格多样的文化遗产旅游精品景区、景点和线路。

（3）推进城乡基本公共文化服务均等化。为了促进城乡文化融合发展，积极倡导并鼓励城市对乡村进行文化帮扶，通过城乡结对子、种文化的方式，搭建起城乡文化交流的桥梁。城市拥有丰富的文化资源与先进的文化理念，而乡村则蕴藏着深厚的文化底蕴和独特的民俗风情，两者的结合将碰撞出别样的火花。大力支持以"三农"为题材的文艺创作生产，鼓励广大文艺工作者深入农村，亲身体验新时代乡村振兴的生动实践，从中汲取灵感，创作出更多反映农村新貌、农民心声、农业发展的优秀文艺作品。这些作品不仅将丰富乡村的文化生活，更能激发农民群众对美好生活的向往和追求。坚决执行乡村公共文化服务的保障标准，全力推动基层综合性文化服务中心的建设进程，旨在全面覆盖镇、乡两级公共文化服务，构建独具魅力的农村"十里文化圈"。持续优化公共设施的管理和运行机制，确保服务与需求精准匹配，进而提升农村公共文化服务的效率与质量。此外，还要积极扩大农村文化供给规模，广泛开展全民阅读、经典诵读、送戏下乡、文化科技卫生"三下乡"等面向农民群众的文化活动，精心策划、举办融入乡村特色的歌舞表演、竞技比赛等文娱活动，开拓农民艺术节、乡村艺术展、书香天府·农民读书月、少数民族艺术节等一系列节事活动。扎实推行乡村文化惠民举措，根据财政事权与支出责任的清晰界定，为综合性文化服务中心的设备购置及基本公共文化服务筑牢保障基础。在摸索与推广农民文化理事会模式的同时，激励民办文化机构成长，以繁荣农村文化市场为目标，加大对农村文化市场的监管力度，确保乡村文化沿着健康、有序的方向发展。

（4）深入推进文明村镇创建。社会主义核心价值观在农村精神文明建设进程中扮演着举足轻重的导向角色。全国及省级文明村镇创建活动的深入实施，旨在将这些核心价值观的理念深深扎根于广大农民群众心中，促进农村社会的全方位发展与进步。在创建工作中，广泛推行"新风尚、新家园、新生活"主题活动，以及"五好家庭"、星级文明户、文明集市等评选活动，通过树立榜样、表彰优秀，激发农民群众投身精神文明建设的热情与自觉性。同时，特别重视外出务工及外来务工群体，通过强化文明礼仪、道德修养及职业技能等方面的教育培训，提升其综合素养，为农村社会的和谐发展贡献力量。大力推行环境综合整治与群众性爱国卫生运动，营造干净整洁、美丽和谐的乡村风貌，提高农民群众的生活品质与幸福感。完善农村节地生态安葬的奖励补助机制，引导农民群众树立厚养薄葬、文明节俭、生态环保的殡葬新观念，推动农村殡葬改革持续深化。积极开展家风培育活动与好人好事评选，通过弘扬社会正能量、传递真善美，着力塑造文明乡风、优良家风、淳朴民风，为农村社会的和谐稳定提供强有力的精神支撑。

（5）推动发展乡村文化产业。在推进乡村文化振兴的进程中，对农耕文化、红色文化、历史文化、民族文化、民俗文化等多元文化资源进行创造性转化，精心策划并实施乡村文化品牌培育行动。该行动的核心在于支持一批具备较强创新能力和市场竞争力的文化旅游及文化创意企业，通过深度挖掘四川独有的文化，打造出具有显著四川标识的乡村文化品牌。构建一批融农业文化创意、生态美食体验、特色食材交易及观光旅游于一体的综合产业体系，使游客在欣赏田园美景的同时，也能深刻体会到四川乡村文化的独特韵味。同时，大力推动乡村创意产品的推广计划，重点关注刺绣、竹编、年画、唐卡、陶艺、漆器等传统手工艺，支持开发富含浓郁民族民俗特色的创意产品。经过精心策划与制作，推出一系列在国内外市场上具有较大影响力的优质特色创意产品，进一步提升四川乡村文化的知名度和影响力。充分利用"互联网+"平台，强化特色产品及工艺品的生产与销售，助力乡村文化产业优秀品牌走出四川，迈向国际，为乡村经济的持续繁荣注入新动力。

4. 意见解读

为推动意见的有效实施，必须坚定不移地以习近平新时代中国特色社会主义思想为行动指南，将实施乡村振兴战略作为新时代"三农"工作的核心引擎，高举乡村振兴的伟大旗帜，以昂扬的斗志和不懈的努力，奋力开创新时代四川"三农"工作新局面。工作重点包括：一是要坚定不移地推进农村一、二、三产业的融合发展。通过优化农业产业结构，提升农业供给的质量和竞争力，确保农村经济持续健康发展。二是要坚定不移地推进幸福美丽新村建设。注重生态环境保护与乡村美化，努力打造生态宜居、和谐美好的家园，让农民群众在优美的环境中享受幸福生活。三是要坚定不移地推进农业农村改革。通过深化体制机制创新，不断激发"三农"发展的内生动力和市场活力，为乡村振兴注入强劲动力。四是始终坚持党对"三农"工作的全面领导。强化乡村振兴的组织保障，确保各项政策措施落到实处，让乡村振兴的宏伟蓝图变为美好现实①。

（二）《大地流彩——四川乡村文化振兴行动方案》解读

1. 提出的背景

2024 年是实现"十四五"规划目标任务的关键一年。为深入贯彻落实习近平文化思想和关于"三农"工作的重要论述，根据《农业农村部办公厅 中国文联办公厅关于印发〈"大地流彩——全国乡村文化振兴在行动"工作方案〉的通知》（农办社〔2024〕2 号）要求，结合四川省实际，省农业农村厅与省文学艺术界联合会联合印发《大地流彩——四川乡村文化振兴行动方案》，提出要开展形式多样、丰富多彩的乡村文化活动，促进乡村文化资源活化应用和乡村文化产业创新发展，以乡村文化振兴助推乡村全面振兴。

2. 方案的主要内容

一是开展"听党话、感党恩、跟党走"宣传教育活动。会同有关部门深入乡村，宣传阐释习近平总书记关于"三农"工作的重要论述，回顾讲述习近平总书记来川考察调研时的生动情景和对四川"三农"工作的重要指示精神。结合庆祝新中国成立 75 周年系列活动，讲述四川农民在党的领导下革命、建设、改革的光辉历程和丰功伟绩。宣传展示四川省学习运用"千万工程"经验在推进乡村振兴上全面发力的成功经验和实践范例，展望描绘四川全面推进乡村振兴、加快农业强省建设的新图景。选树宣传四川"三农"战线的时代楷模、杰出代表和身边典型，挖掘感人事迹，传递积极向上的价值观和正能量。组织农民群众、新型农业经营主体、基层干部等群体，讲述凭借党的政策和勤劳奋斗实现人生价值、迎来美好生活的

---

① 中共四川省委，四川省人民政府. 大力实施乡村振兴战略 开创新时代"三农"工作新局面[EB/OL].（2018 - 01 - 16）[2024 - 07 - 26]. https://www.gov.cn/xinwen/2018 - 01/16/content_5256943. htm.

亲身经历，激励广大农民群众信心满怀地投身四川农业农村现代化建设。

二是开展农民文化体育活动。坚持农民唱主角，支持各地自主举办庙会、社火、灯会等传统节庆和"村晚""村BA"、"村跑"、"村VA"、"村超"、村乒、龙舟赛、广场舞、太极拳、舞龙舞狮、传统民间体育等群众性文体活动。承办大地流彩·第五届全国"和美乡村健康跑"（"村跑"）宜宾站系列活动，精心组织筹备好活动启动仪式和赛事各项工作，形成全国"村跑"品牌。组队参加大地流彩·全国"村跑"其他站活动、全国和美乡村广场舞交流展示活动、全国农民体育健身大赛、全国和美乡村篮球（"村BA"）暨农民体育文化交流展示、湖北省和山西省"和美乡村篮球邀请赛"等活动。开展四川省第二届和美乡村篮球大赛（"村BA"）五大片区赛、总决赛。与重庆市农委、重庆市农民体协共同举办成渝地区双城经济圈和美乡村乒乓球邀请赛。组织开展省内和美乡村健康跑、广场舞、乒乓球大赛等活动。以丰富多彩的农民体育活动，提升农民精神风貌，传播和美乡村理念，引领健康文明风尚，让"村"字打头、"农"味十足的农民赛事跑上乡村振兴"新赛道"。

三是繁荣发展乡村文化。指导中国电信四川公司举办大地流彩·四川省首届"蜀乡村歌"大赛。与四川广播电视台合作举办"2024一县一歌·如蜀家珍"、"乡村好声音"暨四川省十大乡村歌曲征集评选活动。继续推进"音为你美"新时代文明实践暨音乐美育志愿服务下基层活动。开展"金钟之声"文艺惠民演出，持续推进文艺惠民品牌项目"影视小屋"创建工作。对乡村青少年儿童进行影视启蒙教育，着力培育乡村影视创作后备人才队伍，惠及乡村文艺人才，助力乡村文艺事业发展和文化繁荣。举办"四川省第二十一届摄影大会及影展""民间文艺摄影作品展"等，举办民俗文化大讲堂系列讲座活动。启动"家乡的歌谣"民间文艺传承活动，搭建展示风采、创新发展的舞台，深入挖掘乡村文化特色、内涵，打造四川乡村文化特色品牌。

四是保护传承农耕文明。持续抓好中国重要农业非物质文化遗产保护与传承，开展农耕文化传承交流研讨系列活动，协助中央电视台开展系列纪录片《农耕探文明》拍摄工作。挖掘申报第八批中国重要农业文化遗产，组织推荐第三批全球重要农业文化遗产预备名单。组织开展优秀传统农耕文化节目展演、中国重要农业文化遗产展、农村生产生活手工艺精品展，集中展示农耕文明、农业遗产和农村生产生活手工艺的智慧、魅力。

指导评选第八批四川省农村手工艺大师。做好农村生产生活遗产保护传承工作。举办"首届川渝民间工艺双创精品展",出版"首届川渝民间工艺双创精品展"作品集。举办"蜀土匠心——'知竹常乐'竹编精品展""蜀土匠心——'漆妙无穷'漆艺精品展",拍摄"古蜀道传说系列短片",深入挖掘、演绎民俗文化对当代人民群众生产生活的影响、教化与滋养。配合各部门、高校非物质文化遗产教育需求,以及省内文艺之乡培育需要,逐步推动"民艺小工坊"技艺传承培训工作。

五是共同助推农村文化事业。协同省委宣传部、省文明办、文化和旅游厅、民政厅、省体育局、团省委等部门共同推进农村文化事业发展。开展"新时代乡村阅读季"活动、四川省乡村文化振兴魅力竞演大赛、文化遗产保护利用"双试点"活动、四川省非物质文化遗产保护传承基地遴选、四川省优秀非物质文化遗产工坊评选、四川省乡村文化振兴"百千万"工程省级样板村镇评选、全民阅读和"农家书屋"建设工作。做好蜀道"翠云廊"古柏保护利用工作。深化全国文化产业赋能乡村振兴试点工作。开展"地名天府·文化寻根"线下活动。开展全省体育公园建设。开展"青春志愿·靓在乡村"学雷锋志愿服务省级活动。开展古树名木保护"七进"宣传活动。

3. 方案解读

为深入推进四川乡村文化振兴,确保方案落到实处取得实效,需深刻领会方案的核心要义,明确目标任务,全力推动方案的实施。具体措施包括:一是加强统筹协调。各地农业农村部门、文联要充分发挥各自优势,加强协同配合,建立常态化工作机制,支持重点活动落地实施,因地制宜举办本地特色活动,组织农民群众广泛参与。要厉行节约,坚决为基层减负。严格落实意识形态工作责任制,强化风险防范和安全生产责任落实。二是精心组织实施。重点活动实施单位要精心谋划、务求实效,明确活动安排,建立责任落实机制,防止形式主义和表面热闹,严守各项纪律规定。活动内容和规则要公开透明,接受社会监督。坚持公益属性,避免过度商业化,规范财务管理,不得违规收取任何费用,为农民群众参与活动提供便利化服务。三是强化服务支持。引导志愿者和公益机构广泛参与,鼓励企业捐助、协办重点活动,推出公益基金设立支持乡村文化振兴的子基金。对做出突出贡献的乡村文化中坚力量、乡村文化使者进行宣传推介。组织田野调查、培养乡土人才、开展乡村文化和农耕文明交流研讨,增强文化建设智力保障。四是做好宣传推广。用好各类媒体资源,注重发挥新媒体平台作用，充分运用"川善治"数字化乡村治理平台在活动组织、宣传、动员等方面的功能，线上线下结合，全方位、多角度展示乡村文化振兴建设成果，扩大活动声势影响。及时总结推广好经验、好典型，对农民群众自主开展文化建设中涌现的先进代表、感人故事，要加强展示推介，营造良好氛围①。

（三）2024 年四川省委一号文件关于乡村文化振兴内容解读

2024 年，中共四川省委、四川省人民政府颁布了《关于学习运用"千村示范、万村整治"工程经验在推进乡村振兴上全面发力的意见》。文件关于乡村文化振兴的主要内容聚焦于推动建设宜居宜业和美乡村。具体包括：革新并强化农村精神文明建设，促使新时代文明实践活动深入乡村腹地，推动城市高质量文化资源向乡村地区流动。启动乡镇公共文化服务质量提升项目，加快中心镇文化综合体的建设步伐，推进乡村文化振兴"百千万"工程。与此同时，广泛开展"听党话、感党恩、跟党走"的宣传教育活动，深化文明村镇创建工作。为了优化农村风俗习惯，需全面遏制高额彩礼、奢华操办等不良风气，防止人情礼金成为农民的沉重负担。在历史文化保护领域，加大对历史文化名镇名村、传统村落的保护力度，重视古建筑、遗址、石窟石刻等乡村历史文化资源及传统农耕文化的保护与传承，挖掘并培育一批重要的农业文化遗产。同时，促进农村生产生活遗产的产业化，加强非物质文化遗产代表性项目的保护与传承，并加速推进乡村优秀传统文化的数字化进程。推进"天府乡村大舞台"的建设，举办乡村文化振兴魅力竞演，持续开展和美乡村篮球大赛（"村 BA"）、健康跑等群众广泛参与的文化体育活动②。

二、相关法规

（一）《四川省乡村振兴促进条例》解读

1. 出台的背景

中央有部署，四川有需要。一方面，2021 年是我国全面推进乡村振兴

---

① 四川省农业农村厅 四川省文学艺术界联合会关于印发《大地流彩——四川乡村文化振兴行动方案》的通知[EB/OL].（2024-06-13）[2024-07-20].http://nynct.sc.gov.cn/nynct/qtwj/2024/6/13/9cfc38242c5846a2baa1b06ad682b455.shtml.

② 四川省人民政府. 中共四川省委 四川省人民政府关于学习运用"千村示范、万村整治"工程经验在推进乡村振兴上全面发力的意见[EB/OL].（2024-02-29）[2024-07-20].https://www.sc.gov.cn/10462/10464/10797/2024/2/29/b3bf48d29eb34238a587be51d1480295.shtml.

战略的起始年份，亟须将相关工作纳入规范化、法治化的框架内。在此背景下，2021 年 4 月 29 日，第十三届全国人民代表大会常务委员会第二十八次会议审议通过了我国首部乡村振兴方面法律《中华人民共和国乡村振兴促进法》。该法自 2021 年 6 月 1 日起正式施行，从法律维度清晰界定了乡村振兴全面推进的重点、目标、要求、运行机制和职责划分。省级立法工作需紧密对接国家层面的法律，填补乡村振兴法治建设中的空白。另一方面，四川作为农业大省，仍面临城乡发展不均衡、农业农村发展不充分等挑战，且需应对多样化的民众需求与期望。此前，四川已率先完成乡镇行政区划及村级建制调整改革。如何有效利用这一改革成果，进一步促进农业提质增效、乡村宜居宜业、农民生活富裕，确保脱贫攻坚成果与乡村振兴战略顺利衔接，均需要从法律与制度层面给予明确的规范与指导。2018 年初，四川省开始筹划乡村振兴相关的省级立法工作。2021 年 11 月 25 日，四川省第十三届人民代表大会常务委员会第三十一次会议审议通过了《四川省乡村振兴促进条例》，并于 2022 年 1 月 1 日起实施。

2. 主要内容

《四川省乡村振兴促进条例》共有 11 章、71 条，分别是第一章"总则"包含 7 条；第二章"规划布局"包含 6 条；第三章"产业发展"包含 13 条；第四章"人才支撑"包含 6 条；第五章"文化繁荣"包含 6 条；第六章"生态保护"包含 5 条；第七章"组织建设"包含 9 条；第八章"城乡融合"包含 5 条；第九章"扶持政策"包含 6 条；第十章"监督检查"包含 7 条。第十一章"附则"包含 1 条。①

关于"文化繁荣"，条例提出要以社会主义核心价值观为引领，保护乡村优秀传统文化，推进农村公共文化服务体系建设和农村文化市场繁荣兴盛。

3. 特色与亮点

《四川省乡村振兴促进条例》是一部内容全面、条款详尽的法律文件，其内容覆盖的领域相当广泛，囊括了规划布局、产业发展、人才保障、文化兴盛、生态保护、组织构建、城乡一体化、支持政策及监督评估九大关键领域。此条例的适用范围也极为广泛，涉及城市建成区以外的地域，是融乡村自然、社会、经济特性以及农民生产、生活、生态、文化功能于一

---

① 四川省农业农村厅. 四川省乡村振兴促进条例[EB/OL]. (2021-12-02) [2024-07-20]. http://nynct.sc.gov.cn//nynct/c100675/2021/12/2/acd86d75258d4b13910ddad21f4f973f.shtml.

体的地域综合体，诸如乡镇、村落、涉农社区以及农业（林业、牧业、渔业）等，从而确保了乡村振兴工作的全面覆盖与深入实施。在责任分配方面，四川省采用了由省一级总体负责，市（州）、县（市、区）、乡（镇）、村逐级具体落实的垂直管理架构。地方各级党委与政府的主要领导人以及农村基层党组织负责人被明确指定为各自地区乡村振兴工作的首要责任人，需亲自参与，确保各项政策举措得到有效执行。农业农村主管部门在此体系中占据核心位置，负责统筹协调、指导及监督本行政区域内的乡村振兴工作。同时，其他相关部门也需在各自职责范畴内，积极投身乡村振兴的相关工作，携手并进，共同推动四川省乡村振兴事业的繁荣发展。这一条例的出台，为四川省的乡村振兴工作提供了坚实的法治保障，也为广大农村地区的发展注入了新的活力和动力。

（二）《四川省乡村振兴促进条例》中乡村文化振兴解读

乡村文化振兴是《四川省乡村振兴促进条例》中的重要组成部分，它旨在保护和传承乡村优秀传统文化，推进农村公共文化服务体系建设和农村文化市场繁荣，进而促进乡村文化繁荣发展。具体措施包括：一是各级政府以社会主义核心价值观为引领，加强对乡村优秀传统文化的保护工作，推动乡村公共文化服务体系的建立健全，同时促进农村文化市场蓬勃发展。二是各级政府需加强农村精神文明建设，积极推动改变不良风俗习惯，消除乡村中的迷信观念、高额彩礼等旧有陋习，致力于建设一个乡风文明的新农村，培育出文明的乡风、良好的家风以及淳朴的民风，持续提升乡村社会的文明水平。此外，还应指导村（居）民委员会制定并实施科学合理的村规民约（居民公约），倡导绿色生态、简约舒适、健康科学的生产生活方式，让这些村规民约在乡村社会中发挥积极作用。三是各级政府要做好农业文化遗产和非物质文化遗产的挖掘、展示、保护和传承工作。深入探索优秀农耕文化的丰富底蕴，加大对青少年进行红色文化以及爱国主义、集体主义、社会主义教育的力度，加强促进各民族团结与进步教育，并积极传扬中华民族的传统精神与时代风貌。四是各级政府需积极投身发掘、传承与发展杰出的农业文化，并采取实际行动来保护、展现及运用那些蕴含地方农耕特色与民族风情的农业文化遗产，具体包括：①古镇、古村落、具有民族特色的村寨、古建筑、历史文物、农业文化遗址、古树名木等物质形态的文化遗产；②民间故事、传统音乐舞蹈、传统戏剧曲艺、传统手工艺、传统美术工艺、传统体育游戏、传统医药、民俗节庆等非物质形态的文化遗产；③各类其他形式的文化遗产。县级及以上地方人民政府的相关部门应当建立起传统农耕文化的保护档案与数据库，实现对传统农耕文化的真实、全面且系统的记录与保存。鼓励和支持有条件的乡村地区，利用特色文化、特色产业进行村史馆建设和布展，组织编纂乡镇（街道）志和村志，为乡村发展历史提供展示平台和文献记录。五是各级政府需构建完善的乡村公共文化服务体系，加强县级文化馆、图书馆、体育场馆的总分馆制建设，提升乡（镇）综合文化站在文体娱乐方面的公共服务能力，强化村级综合文体服务中心的建设，实现"智慧广电"网络在乡村的全面覆盖，并拓展新媒体等乡村文化服务渠道，以便为乡村居民提供便捷高效的公共文化服务。各级政府应制定并执行文化惠民工程，增加公共文化产品的供应数量并提升服务水平，推动文艺会演、体育竞技、戏曲演出、健康教育巡讲等活动走进乡村；同时，支持创作多样化的、反映农民生活与乡村振兴实践的优秀农业农村农民题材文艺作品。各级政府还需发掘和培养乡土人才，培养了解并热爱农村的农村文化工作者，在闲暇及节假日期间积极组织民俗和民间文体活动，以培育和发展农村文化市场。六是各级政府应平衡乡村文化的保护与开发，实施乡村历史文化展示项目，通过文化室、村史馆、主题文化墙、展示架等途径展现乡村历史文化；打造特色文化产业乡镇、村和文化产业集群，并建设民族团结进步示范村。支持和培育具有民族特色和地方特色的传统工艺产品和民间技艺项目，推动乡村区域文化、农业、旅游、康养、教育、体育等资源融合发展。

三、相关规划

（一）《四川省乡村振兴战略规划（2018—2022 年）》解读

1. 规划的背景

党的十九大做出中国特色社会主义进入新时代的科学论断，提出实施乡村振兴战略的重大历史任务，在"三农"发展进程中具有划时代的里程碑意义。四川要切实抓住历史机遇，增强责任感、使命感、紧迫感，把乡村振兴战略贯彻好、规划好、实施好。实施乡村振兴战略是建设四川省现代化经济体系的重要基础、是建设美丽四川的关键举措、是传承和发扬优秀传统文化的有效途径、是健全现代社会治理格局的固本之策。

2. 发展目标

到 2022 年，乡村振兴的制度框架和政策体系得到完善，主要农产品供给（如大米、红薯）质量和保障能力显著提升，现代农业体系初步构建，农村一、二、三产业融合发展格局初步形成，农业对外合作能力加强；农村基础设施条件持续完善，"美丽四川·宜居乡村"农村人居环境显著改善；乡村优秀传统文化传承和发扬更加有效，农民精神文化生活需求基本得到满足；以党组织为核心的农村基层组织建设明显加强，乡村治理能力进一步提升，现代乡村治理体系初步构建；城乡融合发展体制机制更加健全，农村基本公共服务水平进一步提升，农村居民收入水平持续稳定增长。

3. 规划的主要内容

一是以乡村振兴和新型城镇化为双引擎，构建乡村振兴新蓝图。合理规划城乡空间格局，优化乡村生产、生活及生态空间，分类、分区、分步推动乡村振兴目标的实现。二是推动乡村产业高质量发展。秉持质量为本、效益优先的原则，以农业供给侧结构性改革为核心，围绕"优质、绿色、特色、强大、创新、务实"六大关键词，加速农业转型，构建现代农业的产业、生产和经营体系，促进乡村产业繁荣。三是打造美丽四川的宜居乡村。坚持"绿水青山就是金山银山"的理念，尊重并保护自然，系统推进山水林田湖草综合治理，构建人与自然和谐共生的乡村发展新格局，使农村成为生态宜居的美好家园，推动乡村生态振兴。四是培育乡风文明的新乡村。以社会主义核心价值观为指引，同步推进物质文明与精神文明建设，传承与发扬巴蜀优秀传统文化，繁荣农村公共文化，激发农村文化市场活力，展现农村文明新风貌，推动乡村文化振兴。五是完善现代乡村治理体系。强化基层基础，构建党委领导、政府负责、社会协同、公众参与、法治保障的现代乡村社会治理格局，促进乡村组织振兴，建设和谐有序、充满活力的善治乡村。六是切实提升农村民生福祉。聚焦重点、补齐短板、强化弱项，改善农村基础设施，提升公共服务水平，解决农民群众最紧迫的利益问题，满足农民日益增长的美好生活需求，增强农民的获得感、幸福感和安全感。七是精准推进扶贫脱贫工作。将脱贫攻坚作为乡村振兴的首要任务，精心规划、组织并实施，重点解决深度贫困问题，建立稳定脱贫机制，确保贫困地区与全省同步实现全面小康。八是建立健全城乡融合发展机制。深化农业农村改革，激活农村内部发展潜能，优化外部环境，加快完善城乡融合发展的政策体系，促进人才、土地、资本等要素在城乡之间自由流动，为乡村振兴注入新活力。九是强化规划的组织实施。坚持党的领导，强化规划引领，充分发挥政府作用，广泛动员社会参与，持之以恒地推进规划实施，推动四川乡村实现跨越发展和全面振兴①。

4. 规划解读

随着《四川省乡村振兴战略规划（2018—2022 年）》的深入实施，乡村文化振兴作为规划中的重要组成部分，承载着传承与发扬地区传统文化、促进农村精神文明建设、提升农民文化生活质量的三重使命。四川省在该规划中清晰表明，将以社会主义核心价值观为导向，守护并弘扬乡村优秀传统文化，加速农村公共文化服务体系的构建及农村文化市场的蓬勃发展，推动乡村文化的繁荣与进步。这不仅彰显了四川省对乡村文化重要性的深刻认识，也反映了其借助文化振兴策略，推动乡村整体振兴的坚定决心与方向。通过这一政策导向，四川省正积极挖掘并激发乡村文化的内在潜能，旨在为乡村振兴提供深厚的精神底蕴与文化支撑力量。

（二）《四川省"十四五"文化和旅游发展规划》对乡村文化振兴的解读

1. 规划的背景

近年来，习近平总书记针对文化和旅游工作发表了一系列重要讲话，党中央和国务院也相继发布了多项相关政策文件，党的十九届五中全会更是设定了到 2035 年建成文化强国的长远目标。四川省委、省政府对文化和旅游的发展给予高度重视，将其视为关乎长远发展的关键要务，并多年连续、高规格召开了全省文化和旅游发展大会。在四川省委十一届三次全会上，明确提出了加速建设文化强省、旅游强省以及成为世界重要旅游目的地的目标。在《四川省国民经济和社会发展第十四个五年规划和 2035 年远景目标纲要》中，还设立专门篇章对文化和旅游的发展进行详细的规划与部署，旨在促进巴蜀文化繁荣，推动文化旅游产业高质量发展，并计划在 2025 年基本实现文化强省和旅游强省的建设目标。

2. 发展目标

到 2025 年，基本建成文化强省旅游强省，世界重要旅游目的地建设取得突破。文化及相关产业增加值跨上两个 1 000 亿元台阶，占地区生产总值

---

① 四川省人民政府. 四川省乡村振兴战略规划（2018—2022 年）[EB/OL].（2018-09-09）[2024-07-26].https://www.gov.cn/xinwen/2018-09/09/content_5320510.htm.

比重超过 5.0%。力争旅游总收入年均增速高于全国平均水平 4 个百分点，旅游产业主要指标稳居全国前列，入境旅游实现稳步增长。同时，还提出了"四个显著提升"的具体目标：巴蜀文化影响力显著提升、四川旅游供给力显著提升、文化和旅游竞争力显著提升、文化和旅游软实力显著提升。

3. 规划的主要内容①

一是要全面优化文化和旅游的发展布局。全面落实"一干多支、五区协同"的战略安排，紧密结合国土空间规划与资源要素的科学调配，进一步巩固成都在四川省文化和旅游发展中的核心领导地位，充分发挥成都的辐射引领效应；积极建设跨区域旅游精品线路，巴蜀文化旅游走廊、长征红色旅游走廊、西南民族特色文化产业带（藏羌彝文化产业走廊）及茶马古道历史文化走廊四大重要文化旅游走廊，实现区域联动发展；精心策划并推出大九寨（九寨、黄龙等）、大熊猫（卧龙、王朗、唐家河等）、大遗址（三星堆、金沙遗址）等具有四川独特魅力的十大文化旅游精品项目。同时，协调推进环成都、川南、川东北、攀西、川西北五大文旅经济区的均衡发展，以实现资源产品的相互补充与区域之间的协同合作，从而构建一个全新的文化和旅游发展新格局。

二是要大力推进文化事业的繁荣发展。以社会主义核心价值观为引领，充分发挥其在文化建设中的核心作用，为人民群众提供积极向上的精神滋养。通过丰富多样的文化活动，进一步充实人民的精神世界，激发他们的内在动力与创造力，增强人民的精神力量。同时，还应致力于推出更多具有时代特色、反映人民心声的文艺精品，以满足人民群众日益增长的精神文化需求。在文化遗产保护与传承方面，要提高保护水平，创新传承方式，让文化遗产在新时代焕发出新的生机与活力。不断完善现代公共文化服务体系也是推进文化事业繁荣发展的重要一环。要加强投入，优化布局，提升服务质量，确保人民群众能够享受到更加便捷、高效、丰富的公共文化服务，促进文化事业的全面繁荣发展。

三是深化旅游业供给侧结构性改革。这是推动旅游业转型升级、实现高质量发展的关键举措。目标是着力将四川省建设成为世界重要旅游目的地，要求在旅游产业的各个方面进行深刻变革与提升。旅游业正经历着从

---

① 四川省人民政府. 四川省"十四五"文化和旅游发展规划［EB/OL］.（2021-12-15）［2024-07-22］. https：//www. sc. gov. cn/10462/c108550/2021/12/15/9fdd9b09c5ad45a193e57654e7bb609b. shtml.

单纯观光游向观光与体验游、度假游并重的深刻转变。要加快旅游产品的多元化开发，丰富旅游业态，提升旅游体验的深度与广度。深入推进大众旅游，让更多人享受到旅游带来的乐趣与益处，这不仅是旅游业发展的方向，也是满足人民群众日益增长的美好生活需要的重要途径。为了实现这一目标，必须从旅游规划、产品开发、服务提升等各个环节入手，确保旅游产品和服务的高水平、高质量、高标准。同时，要注重旅游硬件设施的建设与完善，更要关注旅游软环境的营造与优化，让每一位游客都能感受到温馨、舒适、便捷的旅游体验。

四是建立健全现代文化和旅游产业体系。构建一个结构合理、门类齐全、科技含量高且富有创意的现代文化产业体系，确保其在市场中具备强大的竞争力。注重文化产业自身的繁荣发展，更要推动文化与旅游以及其他领域的深度融合发展，形成多元化的产业生态。通过创新创意的融入、科技手段的应用，全面促进文化和旅游消费，激发市场活力，为文化产业和旅游产业的持续健康发展提供有力支撑，满足人民群众日益增长的精神文化需求。

五是完善现代文化和旅游市场体系，以更好地服务于扩大内需的国家战略。坚持培育与监管并重的原则，一方面积极推动文化和旅游市场的发展壮大，另一方面着力提升市场监管能力，确保市场的健康有序运行。加强行业管理，推动建立统一开放、竞争有序的市场环境，通过不断完善市场机制，促进文化和旅游市场繁荣发展。

六是提升科技支撑水平。坚持科技是第一生产力、改革创新是根本动力的基本思想，深刻认识和把握数字化、网络化、智能化发展的巨大潜力与机遇，加强具有鲜明地域特色的文化艺术和旅游资源等基础要素研究，推动技术创新与应用转化，不断提升文化和旅游产业的科技含量与附加值。通过科技创新的引领，为文化和旅游的发展注入新的活力与动力，推动其实现更高质量、更可持续的发展。

七是深化宣传推广和对外开放。这是提升四川文化和旅游品牌形象的重要举措。着力擦亮"天府三九大·安逸走四川"四川文化和旅游总体品牌形象，统筹国内国际两个市场，形成全方位、多层次的宣传推广格局。持续开展区域合作交流，加大在国内外市场的宣传推广力度，着力提升四川文化和旅游的美誉度与知名度，吸引更多的游客前来体验四川的独特魅力。

八是加强生态环境保护。为了实现这一目标，要严格实施国土空间规划，坚决守住生态保护红线不动摇，切实开展规划环境影响评价工作，通过科学严谨的方法，细致分析规划实施可能对自然环境造成的各种潜在影响，并对其可能的损失进行评估。这一步骤至关重要，它能够帮助我们提前预见并规避可能产生的环境风险。要基于环境影响评价的结果，有针对性地提出一系列切实可行的应对措施，有力地推动文化和旅游业可持续、健康发展。

九是保障措施。加强组织领导，确保各级部门高度重视，形成上下联动、齐抓共管的工作格局。同时，深化改革与法治建设，不断优化制度环境，为文化和旅游业的发展提供坚实的法律支撑和制度保障。进一步完善支持政策，细化政策措施，确保政策红利能够精准惠及相关领域和群体。在人才队伍建设方面，要加大培养力度，吸引和留住更多优秀人才，为文化和旅游业发展提供智力支持。最后，要加强实施和监督考评机制，确保各项措施落到实处，取得实效，通过严格的监督和科学的考评，推动各项工作不断迈上新台阶。

4. 规划解读①

乡村文化振兴被赋予了新的内涵和使命，它不仅是对传统文化的保护与传承，更是推动乡村经济与社会全面发展的重要力量。随着规划的出台，乡村文化振兴站在了新的历史起点上，这一规划不仅为乡村文化的保护与发展提供了明确的指导方向，更为乡村文化旅游的深度融合与创新驱动描绘了宏伟蓝图，标志着四川省在推动乡村全面振兴的道路上迈出了坚实的步伐。

规划从文艺作品创作、文物保护、非物质文化遗产保护和传承、公共文化服务体系等方面提出保障文化振兴实施的具体举措。一是持续推动巴蜀文艺精品创作。这主要从强化艺术创作生产，推动优秀作品传播展演，提升文艺院团发展能力做出说明。二是加强文物保护展示利用。加强巴蜀考古发掘与研究，提高文物保护利用水平，加强革命文物保护利用，推进博物馆高质量发展。三是提高非物质文化遗产保护传承水平。健全非物质文化遗产保护传承体系，深化非物质文化遗产整体性保护，推动非物质文化遗产合理转化利用，加强人才队伍建设，强化非物质文化遗产传播普

---

① 绵阳市人民政府.《四川省"十四五"文化和旅游发展规划》政策解读［EB/OL］.（2023-11-02）［2024-07-22］.https://www.my.gov.cn/mysrmzf/c105036/202311/78fd3a1eb97741abb4ed847f182a0d0b.shtml.

及。四是健全现代公共文化服务体系。完善公共文化服务设施网络，提升公共文化服务效能，持续打造文化和旅游公共服务品牌，推动公共文化服务数字化社会化发展，加强古籍保护和活化利用。

第三节　乐山市相关政策与规划

乐山市积极贯彻落实党中央、四川省委和省政府关于乡村振兴的政策法规与规划，结合乐山实际，制定了《乐山市传统农耕文化保护发展的指导意见》等乡村文化振兴相关政策法规，对乐山市乡村文化振兴起到了积极的推动作用。

一、相关政策

（一）《乐山市传统农耕文化保护发展的指导意见》① 解读

1. 发布时间

为切实抓好四川省农业农村厅等五部门《关于传统农耕文化保护发展的指导意见》的贯彻落实，推动乐山市农耕文化保护发展，2023 年 8 月 28 日，乐山市人民政府印发了《乐山市传统农耕文化保护发展的指导意见》。

农耕文化源远流长，是孕育巴蜀文明的母体和基础。古蜀先民创造了灿烂的农耕文化，决定了四川各民族历史的进程，今天仍然渗透在乡村社会生活的各个方面。这既是文化自信的基础，更是共同的乡愁基因和乡村振兴的时代内涵。在工业化、城镇化和全球化的浪潮中，传统农耕文化正面临中断和消亡的危险。深入挖掘、保护、传承和发展农耕文化，具有重要的现实意义和深远的历史意义。

2. 主要内容

一是传承和谐天成的农耕思想。尊重自然、保护自然，追求和谐天成的生态平衡观念，在继承和创新中发展现代农业。加强传统品种资源保护，加强传统品种的收集和改良，强化种质资源开发利用，将重要农业文化遗产地打造成为传统品种的活态保护区。加大优势传统品种的产业开发

---

① 乐山市人民政府. 关于印发《乐山市传统农耕文化保护发展的指导意见》的通知［EB/OL］.（2023-04-25）［2024-07-22］.https://www.leshan.gov.cn/apistatic/lsswszf/xxgkcontent/zwgk_content_20230828161550-622321-00-000. shtml？id=20230828161550-622321-00-000.

力度，加强功能性食品研发，延伸产品的产业链和价值链。系统总结和深入挖掘精耕细作、循环利用、物种保护的传统农业技术，与先进适用农机农艺相结合，发展耕地质量提升、化肥农药减量替代、节水灌溉、轮作休耕、病虫害综合防控等绿色技术，用互联网、云计算、大数据等新一代信息技术进行改造，提高技术使用的轻简性和智能化。弘扬传统农业中用养结合、良性循环的生态理念，运用现代生态工程和生态技术，大力发展现代生态农业。

二是保护山水田园的乡村生态。引导农村民居适应当地的自然地理、生态气候，形成天、地、人三者和谐共生的有机空间，注重农房的生产功能和生活功能一体化，房前屋后弥漫着花果的芬芳，鸡犬的叫声交织成乡间的乐章。乡村规划致力于保留其原有风貌，在景观设计与建筑形式上强调融入乡土历史与文化元素，确保设计风格、空间布局及色彩搭配都能尊重并体现乡村的内在机理。乡村建设则注重增添乡土气息，通过"微改造"的方式推进农村人居环境整治与传统村落的保护利用，同时完善水、电、路、气、通信等基础设施，使乡村既能展现迷人的田园景色，又能让农民享受到现代生活的便利。此外，继承传统农业中人与自然和谐相处的生态智慧，构建起涵盖不同主体与范围的种养结合、循环农业体系。

三是建设守望相助的乡风民风。深入挖掘并传承优秀农耕文化的精神内核，即和谐共处、扶持互助、诚信礼让的价值观念，以此培育文明向上的乡村风气，抵制封建迷信等不良与腐朽观念，积极践行社会主义核心价值观，展现农民群众积极向上的精神风貌。继承并发扬农民勤劳朴实、坚韧不拔、敦厚老实的品质，以塑造纯朴的乡村民风，遏制赌博、毒品、奢侈浪费、盲目攀比等不良风气。要弘扬家庭和睦、勤俭节约、忠孝两全的传统美德，培养和谐的家庭风气，抵制人情淡薄、奢侈享乐、孝道缺失等不良风气。加强对优秀农耕文化的研究、阐释与传播，支持农耕主题展馆向公众特别是青少年开放，展示巴蜀农耕文明的魅力。建设承载乡愁记忆的场所，如乡村农耕博物馆，并鼓励有条件的村庄建立村史馆、脱贫攻坚成果展示基地或在文化设施中增设村史展区，深入挖掘和展示村庄的历史沿革、风俗习惯、重要事件及人物，促进乡村共同记忆复苏与传承。

四是发扬耕读传家的优良传统。推动耕读精神更多地成为农村家庭的家规家训，以勉励子孙后代既要有"耕"来维持家庭生活，又要有"读"来提高家庭的文化水平。引导形成"耕"不仅能谋生，还可以从中体悟道与德;"读"不仅能学习文化知识,还可以提高精神修养的思想观念,传递古人对知和行、理论和实践关系的探索,将个人的理想追求和家国情怀紧密联系。加强高素质农民培训,通过耕读传统持续提升农民文化水平和科技素质。对农村人口通过耕读与现代城市文明相互交融流通,在城乡融合发展中不断推陈出新。

五是发挥以文化人的治理功效。将农耕文化中蕴含的时令遵循、邻里和睦、父子亲情、尊老爱幼、勤勉坚韧等精神特质,重塑为在社会主义核心价值观指导下的现代村规民约,并经村民议事会和村民大会充分探讨后确立。利用农村广播、宣传标语、手机短信等多种渠道广泛进行宣传,使这些价值观内化为村民的道德准则,外化为日常行为规范。弘扬团结协作、共渡难关、以诚待人的乡村伦理,充分利用乡村熟人社会的特点,有效防范现代市场经济中可能出现的道德风险。着重培养新乡贤群体,将德高望重的"五老"(老干部、老专家、老教师、老职工、老党员)、道德楷模、乡村能人等吸纳进来,持续开展"身边榜样""最美家庭"等评选活动,让新乡贤成为维护乡村和谐稳定的中坚力量,成为优秀农耕文化的忠实传承者。

六是保护农耕记忆的物质精髓。持续抓好全市农业文化遗产资源的挖掘,深入推动重要农业文化遗产地加强核心要素系统性保护和活态传承发展,形成更大的社会价值、文化价值、生态价值和经济价值。支持申报更多中国重要农业文化遗产和全球重要农业文化遗产,增强乐山市农业遗产影响力。继续加强农村生产生活遗产保护发展工作,发掘和运用其文化元素和工艺理念,遴选一批有群众基础、带动能力强、产业开发潜力大的农村传统手工艺进行重点支持,鼓励非物质文化遗产传承人、企业、院所等在农村设立传统技艺工作站,发挥传统手工艺在促进农民增收、巩固拓展脱贫攻坚成果中的作用。继续开展"农村手工艺大师"评选,推动更多农村手工艺大师成为"大国农匠"。

七是丰富基层群众的文化生活。农耕文化的蓬勃发展旨在充实农民的精神世界与文化生活。组织以农民为核心的文化体育活动,发掘并利用各民族、各地区的传统节日与庆典,将其融入农民丰收节之中,以打破庆祝活动形式单调、民众参与度低的困境,让农民丰收节成为展现和传递农耕文化精髓的窗口与舞台。创新制度设计与政策导向,在自上而下推进"文化下乡"活动的同时,也鼓励、支持农民自发组建文化团队,开展优秀农耕文化的展示传承活动。政府可通过购买服务、项目补贴、定向资助、贷款贴息等一系列政策措施，扶持各类文化机构深入挖掘农耕文化并进行创造性转化，创作出更多深受农民喜爱的农耕文化作品。

八是建立农民主体的弘扬路径。为了传承与弘扬农耕文化，必须坚持走群众路线，即要依靠并服务于广大农民群体，确保他们能切实享受到农耕文化保护与传承所带来的实际益处。加强对传统村落的保护措施，实施集中连片保护策略，并在保护的基础上进行合理改造，以提升农民的居住条件与幸福感。构建公平合理的农耕文化遗产利用利益分配体系，探索将农耕文化遗产所有权转化为股份参与商业开发的方式，在此过程中必须尊重农民的意愿，保证项目所得收益能按照一定比例公正地回馈给当地农民。促进农耕文化与休闲农业、乡村旅游的紧密结合，深入挖掘农耕文化资源，发展创意农业，建立以农民为主体的农耕文化园区，集农事体验、文化展览、科普教育等多种功能于一身，为游客带来多元化的农耕文化旅游体验，同时为农民创造更多的经济收益，并增强他们的文化自豪感。

3. 推进机制

乐山市农业农村局、宣传部、文广旅游局、乡村振兴局及文物局携手合作，全面指导农耕文化的保护与发展工作，总结并推广各地在农耕文化保护与发展方面的优秀做法和经验，将农耕文化的保护与发展纳入乡村振兴的绩效考核体系。市级相关部门需深入挖掘并提炼本地的农耕文化特色与资源，为县（市、区）的保护与发展工作提供指导。县（市、区）级部门则需承担起本地农耕文化保护与发展的主要责任，采取实际有效的措施，强化县域内农耕文化的保护与发展。乡（镇）需落实属地管理责任，夯实基础工作，为村级保护与发展工作提供支持和指导。村（农村社区）作为农耕文化保护与发展的前沿阵地和基本单元，应积极开展贴近实际、惠及民生、充满活力且与农村家庭生产生活紧密相关的保护与发展活动。各级相关部门需保持耐心与毅力，持续努力，不断推进农耕文化的保护与发展。

4. 意见解读

农耕文化作为乐山农业发展长期积淀的珍贵遗产，不仅是地方文化不可或缺的一环，更是数千年传统农业社会智慧与经验的结晶。在新时代背景下，传统农耕文化的保护与创新发展显得尤为重要。以习近平新时代中国特色社会主义思想为指引，深入贯彻党的二十大精神，并结合四川省第十二次党代会及省委十二届二次全会的具体要求，坚定不移地走乡村文化兴盛之路。积极传承并发展农耕文化，致力于将优秀的传统农耕文化进行创造性转化与创新性发展。通过一系列举措，大力推动农耕文化的繁荣兴盛，为农村现代化提供坚实的价值引领、文化凝聚及精神推动力量，为建设新时代的文化强省做出重要贡献。

（二）2024年乐山市委一号文件关于乡村文化振兴内容

2024年，乐山市政府积极响应中央一号文件精神，明确提出要高度重视并大力推进乡村文化振兴，致力于繁荣和发展乡村文化事业。为此，乐山市政府计划改进并创新农村精神文明建设的方式方法，积极推动新时代文明实践活动在乡村落地，促进城市中的优质文化资源向乡村地区有效下沉，从而缩小城乡文化差距。乐山市政府已启动乡村文化振兴"百千万"工程，旨在通过一系列的具体措施，全面提升乡村文化的整体水平。具体措施有：深入开展"听党话、感党恩、跟党走"宣传教育活动，增强农民群众的政治认同感和归属感。积极推动"乡村阅读榜样"的选树工作，营造浓厚的读书氛围，引导农民群众"爱读书、读好书、善读书"，提升乡村人群的文化素养。乐山市政府加强对乡村优秀传统文化和历史文化遗产的保护与传承，特别是对农业文化遗产和农村非物质文化遗产的保护与利用。同时，将常态化开展"村超""村晚"等丰富多彩的农村群众性文体活动，并承办好四川省"村BA"，进一步丰富农民群众的精神文化生活，推动乡村文化繁荣发展[1]。

二、相关规划

（一）《乐山市乡村振兴战略规划（2018—2022年）》对乡村文化振兴的解读

1. 规划的背景

乐山市拥有丰富的历史文化资源和独特的地域文化特色，但在城市化和现代化的冲击下，部分乡村文化面临着衰落和失传的风险。为了保护和传承乐山的乡村文化，提升乡村文化品质，推动乡村文化与经济和社会协调发展，出台了乡村文化振兴相关规划。

---

① 乐山市人民政府. 中共乐山市委 乐山市人民政府关于学习运用"千村示范、万村整治"工程经验在推进乡村振兴上全面发力的实施意见[EB/OL].（2024-03-8）[2024-07-23].https://www.leshan.gov.cn/lsswszf/tzgg/202403/d1fb11f425c74798991e4f42da0b7b76.shtml.

2. 发展目标

2022 年，乐山市乡村振兴工作取得了突破性成就，相关制度框架和政策体系进一步完善。现代农业产业体系初步形成，农业综合生产能力得到显著提升，城乡一体化的社会保障制度体系基本建立。农村人居环境得到了进一步优化，乡村优秀传统文化得到有效传承与发展，农民的精神文化生活需求基本得到满足。同时，以党组织为核心的农村基层组织建设明显加强，乡村治理能力进一步提升，现代乡村治理体系初步构建，乡村振兴工作取得了阶段性的成果。

3. 规划中关于乡村文化振兴的主要内容

第一，保护传承乡村优秀传统文化。加强对乡村历史文化遗产、文物古迹、传统村落、民族村寨、传统建筑等的保护和利用，建立健全保护机制，划定保护范围，明确保护责任。深入挖掘乡村优秀传统文化内涵，整理和保护民间文学、民间艺术、民间习俗、民间技艺等非物质文化遗产，传承发展优秀传统文化。第二，培育文明乡风。加强社会主义核心价值观宣传教育，深入开展理想信念教育、爱国主义教育、公民道德教育，引导农民群众树立正确的价值观念和道德观念。推行风俗革新活动，抵制封建迷信、奢华浪费、过度操办等不良风气，提倡文明健康、绿色环保的生活模式。强化乡村诚信体系建设，构建完善的乡村信用机制，营造正面的乡村信用氛围。致力于建设幸福美好的乡村和具有特色的村镇，优化乡村居住条件，加强乡村资源的保护与合理利用，打造"生态宜居"的美丽乡村形象；同时，开展"乡风文明"建设活动，强化乡村公共文化服务系统的构建，推动乡村文化的繁荣发展，促进乡村文化形成品牌效应，提升乡村精神文明水平，树立先进、文明、纯朴的新乡村风气。第三，为了丰富乡村文化生活，需加强乡村公共文化服务设施的建设，包括完善乡镇综合文化站、村综合性文化服务中心等设施，提升公共文化服务的质量。此外，要广泛举办形式多样、内容充实的文化活动，如文艺演出、文化展览、体育比赛、民俗活动等，满足农民群众的精神文化需求。支持和鼓励农民群众自办文化，培育乡村文化队伍和文化能人，发展具有地方特色的乡村文化产业。

4. 规划解读

为推动规划在乐山市乡村文化振兴中的具体实施，需要做到：一是加强组织领导，把夯实基层基础作为固本之策，建立健全党委领导、政府负责、社会协同、公众参与、法治保障的现代乡村社会治理体制，推动乡村文化振兴，打造充满活力、和谐有序的"治理有效"乡村；建立健全乡村文化振兴工作领导体制和工作机制，明确各部门职责分工，加强统筹协调和指导监督。将乡村文化振兴工作纳入各级党委和政府的重要议事日程，纳入乡村振兴战略考核评价体系，确保各项工作任务落到实处。二是加强投入保障。加强对乡村文化建设的财政投入，设立乡村文化振兴专项资金，支持乡村文化设施建设、文化活动开展、文化人才培养等。引导社会资本投入乡村文化建设，鼓励企业、社会组织和个人通过捐赠、投资等方式参与乡村文化建设。三是加强人才培养。加强乡村文化人才队伍建设，培养和引进一批文化管理人才、文化创作人才、文化经营人才等。建立乡村文化人才培训机制，定期开展培训和交流活动，提高乡村文化人才的业务水平和综合素质。四是强化宣传引导。充分利用各种媒体和宣传渠道，广泛宣传乡村文化振兴的重要意义和政策措施，营造全社会关心支持乡村文化振兴的良好氛围。及时总结推广乡村文化振兴的先进经验和典型做法，发挥示范引领作用，推动乡村文化振兴工作深入开展。

（二）《乐山市"十四五"旅游融合发展规划》中乡村文化振兴解读①

1. 规划的背景

融合发展已成为"十四五"文旅发展的主旋律。"十四五"时期，是乐山建设世界重要旅游目的地的关键时期，也是乐山旅游发展的新阶段。面对国内国际双循环新格局、成渝地区双城经济圈建设新战略、常态化疫情防控新挑战，乐山旅游发展只有解放思想，充分调动各部门、各区县积极性，坚持"旅游兴市、产业强市"的发展主线，围绕建设世界重要旅游目的地的目标，做好"+旅游"融合发展文章，才能实现乐山市旅游产业的高质量发展。

2. 发展目标

以建设世界重要旅游目的地为总体目标，依据"两核两圈两带九组团"的空间规划布局，不断强化峨眉山与乐山大佛这两大世界遗产核心景区的品牌效应，清晰界定了大峨眉旅游圈与小凉山旅游圈的发展重心，精心构筑大渡河研学旅游产业带与岷江文化旅游带。通过对旅游市场动态的

---

① 乐山市文化电视广播和旅游局.乐山市"十四五"旅游融合发展规划［EB/OL］.（2021-12-20）［2024-07-23］.https://swglj.leshan.gov.cn/whgdl/zcjd/202112/58218d88d2fe4246acba70e9be130e51.shtml

精准把握、对乐山独特资源优势的深入梳理以及对竞争态势的全面分析，规划明确提出了打造世界重要旅游目的地的三大子品牌：世界遗产旅游福地、世界康养度假胜地、世界研学旅游高地，以此有力支撑并推动世界重要旅游目的地的全面建设。

3. 规划的主要内容

一是创新驱动高质量发展。发展十大新业态打造乐山模式。立足新旅游资源观，创新旅游发展观，以"+旅游"的融合创新为主线，以数字科技和文化创新为支撑，推进产品融合、业态融合、服务融合，推进旅游与一、二、三产业和科技深度融合，推进管理服务创新，以康养度假、数字文旅、研学旅游为引领，发展"3+7"新产品新业态创新，建设"乐山味道""乐山礼物""乐游嘉学""乐嘉民宿"四大区域公共新品牌。

二是目标导向驱动融合发展。对重点旅游景区、各区县（含高新区）、各职能部门进行任务分解，推动融合发展。

（1）重点旅游景区发展任务。峨眉山景区的重点任务：依托峨眉山世界遗产品牌，发挥大峨眉旅游圈"领头雁"景区作用，打造"峨眉山模式"，在全省和全国旅游业中起示范引领作用。依托"释茶武药"等文化资源，恢复峨眉山朝山会，争办"世界佛教论坛"，打造禅茶文化基地，创新武术展示场景，打造世界文化旅游名山。依托山岳型景区特有的自然生态环境，充分利用温泉资源、森林资源、中药材资源与禅、茶等文化融合，打造世界禅养旅游名山。依托丰富的动植物、地质、气象等自然资源，形成研学旅游可推广模式，打造世界研学旅游高地核心区，打造世界研学旅游名山。乐山大佛景区的重点任务：依托乐山大佛、乌尤寺和乌尤坝禅修礼佛度假片区，打造世界佛禅文化圣地。依托大佛博物馆、根书博物馆和龟城山旅居度假片区，发展文创文博旅游和度假旅游。依托三江水域优势，打造知名水上旅游品牌。

（2）县（市、区）与高新区发展任务。市中区的重点任务：依托乐山大佛世界双遗产的品牌带动，利用处于岷江文旅带核心区位优势，建设巴蜀文旅走廊文旅名城强城和核心城市。提升品质，加强集聚，做强城市休闲度假和美食旅游。在打造"城市旅游、美食休闲旅游、夜经济和文化旅游的乐山模式"中担当核心重任。重点围绕"一带两区"建设，即一条岷江文旅产业带（包括平羌小三峡、荔枝湾农旅综合体、岷江东岸休闲旅游产业带）；两个度假区：嘉州旅游度假区和苏稽古镇旅游度假区。积极引进高端品牌酒店和高品质的多样化餐饮企业。进一步完善城市景观、基础设施和旅游服务设施。峨眉山市的重点任务：依托峨眉山世界双遗产品牌，大力挖掘文化，提升品质，加强集聚，做强康养度假，建设巴蜀文旅走廊旅游名城强城。在打造"禅修康养、峨眉武术康养、中医药康养、数字文旅、夜经济与文化旅游、会展旅游的乐山模式"中担当核心重任。重点围绕"一园一中心三区"建设，即一个文旅产业园区、一个大数据文旅中心和峨秀湖国际度假区、恒大国际度假区、高桥国际生态养老度假区三个度假区，以建设智慧型世界著名康养度假目的地为目标，结合佛禅文化和以"峨眉山"为词头名的地道中药材文化，重点发展温泉度假、旅居度假和养老度假、中医药康养度假、保健养生度假。积极发展康养度假设施设备和保健医疗产品产业。积极引进高端品牌酒店和高品质的多样化餐饮企业。进一步完善城市景观、基础设施和旅游服务设施。夹江县的重点任务：在打造"亲水度假旅游和研学旅游的乐山模式"中担当核心重任。依托东风堰世界遗产品牌，发挥千年纸乡优势，深入挖掘夹江水文化、纸文化、竹文化、大千文化、"三线"工业文化，打造亲水度假区和研学旅游示范区，建设乐山旅游第三极。沙湾区的重点任务：在打造"研学旅游和运动康养旅游的乐山模式"中担当核心重任。依托沫若文化和峨山、沫水等丰富的山水人文资源，构建以沫若文化城为文旅发展之核，以峨沙康养走廊和大渡河风景道山水双廊为文旅发展之翼的"一核双廊"旅游发展格局，推动全市国家级研学旅行示范基地和国家级中小学生研学实践教育基地（营地）落户沙湾，打造大渡河研学旅游产业带中心，积极发展康养度假旅游，打响"沫若文化"品牌。五通桥区的重点任务：依托五通桥独特的山、水、树、桥等自然资源和底蕴深厚的盐文化、红色文化、书画文化、美食文化等文化资源，擦亮"国盐重镇""书画小城""麻辣烫之都""西坝豆腐古镇"等城市名片，重点打造舌尖体验集聚区，重点发展美食旅游、根书研学旅游，积极发展工业旅游。井研县的重点任务：重点挖掘廖平、雷畅故居等国学文化和农民画文化发展研学旅游，挖掘柑橘文化发展农业产业园区农业休闲旅游，依托卡卡动漫王国主题公园和研溪湿地公园发展城镇休闲娱乐旅游，提升竹园铺成都首战遗址和熊克武故居等，壮大红色旅游。犍为县的重点任务：在打造"工旅融合旅游、农业融合旅游的乐山模式"中担当核心重任。重点提升犍为文庙文旅产业园区、罗城古镇产业园区、嘉阳·桫椤湖景区，继续挖掘茉莉花文化，加快推进世界茉莉博览园建设，积极推进犍为岷江水文化旅游带和清溪古镇（犍为马边河旅游带）开发，提升酒店和餐饮业，建设古郡花都亲水旅游目的地，建设乐山南部旅游集散中心旅游目的地。沐川县的重点任务：依托丰富的森林资源、良好的生态环境，突出生态文化，以现有的沐川竹海、桃源山居、乌蒙沐歌、龙门大峡谷漂流旅游产品提升为引擎，加强五马坪、五指山、舟坝库区等旅游资源开发，建设成渝地区双城经济圈森林康养后花园，建成知名的中国慈竹文化旅游目的地。马边彝族自治县的重点任务：依托大风顶自然保护区和独具特色的彝族文化优势，打造原生态彝族民俗文化街，持续举办"小凉山火把节"等节庆活动，推进创作大型音乐舞台剧《千年彝叹》，加强文化创意产品研发，打造南丝路文化旅游走廊。峨边彝族自治县的重点任务：在打造"彝文化旅游和森林康养旅游的乐山模式"中担当核心重任。构建以黑竹沟景区为引擎、县城为承接枢纽、大渡河研学旅游产业走廊为重点、特色小镇为活力点缀、示范园区为特色引领、魅力彝寨为明珠镶嵌的发展格局，发展徒步、越野、攀岩等山地户外运动，打造冰雪、温泉、磁疗、探秘探奇、科考研学、彝族文化体验、康养休闲旅游目的地。金口河区的重点任务：依托大瓦山、大峡谷、大渡河等得天独厚的旅游资源和"三线"工业文化资源，完善基础配套设施，打响世界桌山旅游品牌，发展运动探秘旅游、红色旅游、文化体验旅游和度假康养旅游，依托彝族村寨、水墨顺河村、乡村田园综合体和农业园区积极发展乡村休闲旅游，打造国际山地休闲探秘旅游目的地。高新区的重点任务：秉持城区、产业区、景区有机融合的发展理念，全力打造"花园住宅、生态铜河、医疗康养"城市新区，建设品质生活之城。重点开展战时故宫文博产业园建设，积极建设泊滩堰休闲度假区，积极发展工业旅游和旅游设备制造业。

（3）市级相关部门"+旅游"融合发展任务。深化文旅融合，发挥旅游主导部门的示范引领作用（市文化广电旅游局）；聚力装备制造，打造旅游装备制造前沿阵地（市经济和信息化局）；强化科技赋能，推动旅游产业数字化服务进程（市数字经济局）；打响乐游嘉学品牌，助力建设世界研学旅游高地（市教育局）；助推乡村振兴，打造乡村休闲旅游新格局（市农业农村局），积极落实《全国乡村产业发展规划（2020—2025）》有关优化乡村休闲旅游业的内容，大力推进现代农业园区建设并通过景观化打造、体验项目开发、服务设施配套建设，将乐山市现代农业园区建设成有特色的乡村休闲旅游景区。大力发展特色休闲农业和乡村旅游。其重点任务包括：加强现代农业园区旅游化开发。重点打造嘉峨茶谷、世界茉莉博览园田园综合体、峨眉雪芽黑水有机茶基地、井研县晚熟柑橘优势特色产业集群等，开展景观建设、设施建设和管理服务的旅游化，打造农旅融合乐山模式。开发包装土特产旅游商品。利用农业产业园的农副土特产品，积极引进专业团队，通过包装策划开发独具乐山特色的旅游土特产商品。发展特色乡村休闲旅游业。因地制宜，建设一批城市周边乡村休闲旅游区（如平羌三峡区、青衣文韵区）、重点自然风景区周边乡村休闲旅游区（五通桥桫椤谷）、民俗风情乡村休闲旅游区（烽烟彝寨）发展特色乡村休闲旅游产业，实施乡村休闲旅游品质工程和精品工程，重点建设一批农旅融合重点示范村，积极争创全国休闲农业重点县和中国美丽休闲乡村，带动农村的经济发展，吸引人才集聚和资源集聚，助力乡村振兴；坚持绿色发展，打造山水园林旅游城市（市林业园林局、市水务局）；激活文旅市场，打造多元化消费场景（市商务局、市博览事务局）；完善互联互通，构建全域旅游大交通网络（市交通运输局、市发展改革委）；弘扬中医药文化，促进健康旅游产业发展（市卫生健康委）；传承峨眉武术，打造大峨眉山地户外运动品牌（市体育局）；做靓城市名片，加强历史文化名城名镇名村保护建设（市住房城乡建设局、市林业园林局）。

4. 规划解读

规划发展思路符合国家、全省和全市重大政策、规划要求，规划目标和空间布局合理，规划重点任务符合相关产业政策、规划和环保要求。在促进乡村文化振兴方面，规划按照"＋旅游"融合发展理念，为了充分调动一、二、三产业在发展中考虑旅游需求和旅游开发的主动性、前瞻性，在发展任务中明确提出峨眉山和乐山大佛两大世界遗产景区、12个区市县（含高新区）的发展方向、重点任务、支撑项目和品牌创建，明确相关职能部门与旅游融合发展的思路、任务。同时，为适应文旅消费重心向以国内为主转变的新形势，引领国外高端消费回流，规划提出"十四五"重点发展康养度假、数字文旅、研学旅游、文博旅游、会展旅游、精品民宿、主题乐园、夜间旅游、美食旅游、特种旅游十大新业态产品，繁荣文旅消费市场。为弥补市场主体不强、产业集聚度不高等短板，提出打造旅游产业园区，实现产业集聚发展、转型升级。

第三章　乡村文化振兴模式与效益

乡村文化振兴模式多种多样，但其核心都是围绕文化传承与创新、产业发展与社区参与展开的。所产生的效益也是多方面的，不仅带动了经济发展，还促进了社会进步和文化传承。

第一节　乡村文化振兴模式

学术界和业界对乡村文化振兴总结出了多种模式①②③④。本节列举十种乡村文化振兴模式，有的乡村文化振兴是直接从传统文化复兴开始的，有的乡村文化振兴则是产业振兴带动的。

一、以福建靴岭尾村为代表的传统文化复兴模式

（一）靴岭尾村基本情况

靴岭尾村位于福建省宁德市柘荣县城郊乡，距柘荣县城 4.5 千米，海拔 685 米，村域面积 168.23 公顷，管辖 3 个自然村，分别为上洋村、下洋村和里洋村，共 148 户 618 人，传统产业以太子参、茶叶为主。

（二）传统文化复兴模式与特征

以前，靴岭尾村是一个典型的以传统农业为主导产业的山村，面临着基础设施落后、产业支撑不足的突出问题，导致村民的收入水平相对较低，且存在严重的劳动力外迁现象。然而，这个村庄拥有超过 400 年的剪纸艺术传统，绝大多数村民都掌握着剪纸技艺，逢年过节都会剪一些窗花

---

① 代改珍. 乡村振兴规划与运营 [M]. 北京：中国旅游出版社，2018.
② 李锦顺. 美丽乡村建设 100 例 [M]. 北京：华龄出版社，2022.
③ 周东红. 乡村设计解码：寻美乡村、设计践行 [M]. 杭州：中国美术学院出版社，2021.
④ 一诺农旅规划微信公众号. 乡村产业振兴的十种模式[J]. 中国合作经济，2019 (8)：37–51.

来装点门户，长此以往也涌现出了一些剪纸老艺人。为改变落后的现状，当地人在认识到"非物质文化遗产剪纸"的重要价值后，将"柘荣剪纸"作为核心引领内容，规划美学业态，从规划思路、保护范围、相关场所、产业发展、制度保障等多个层面，促进剪纸文化的保护、传承与发展，全力激活剪纸美学资源，再通过释放剪纸美学影响带动靴岭尾村可持续发展。

靴岭尾村的变化始于 2018 年。当地先后引入了闽台乡建乡创文创团队、福建清华建筑设计院参与村庄规划，为村庄剪纸美学发展科学定位。将剪纸元素融入靴岭尾村的空间形态和建筑肌理，把村庄环境变为美学艺术环境。规划初具雏形后，靴岭尾村在上级资金支持下，累计投入 1 000 万元，用于完善剪纸文化的相关配套设施，具体包括利用剪纸艺术装饰庭院外观、建设剪纸非物质文化遗产工坊、推广剪纸"庭院经济"模式，以及建造大师级剪纸艺术馆等，提升公共空间的质量并塑造具有剪纸特色的乡村文化主题。同时，在靴岭尾村决定发展剪纸产业之初，就采取了"导师帮带"机制和"文旅特派员"制度，引入了如孔春霞、金素清等来自柘荣的省、市级非物质文化遗产剪纸传承人作为导师，并成功举办了 150 期公益培训，惠及 7 800 人次。通过这些举措，成功培育了 7 名县级剪纸非物质文化遗产传承人和 31 名剪纸能手，为靴岭尾村留下了一支本土的剪纸专业人才队伍，这股力量正成为推动乡村文化振兴的内在驱动力[①]。

（三）案例评述

靴岭尾村紧跟柘荣县以"美学经济"为引领，以剪纸产业发展为先导，带动文化产业整体发展思路，蹚出了一条"美学+剪纸+文化产业"的发展新路径，实现了乡村文化振兴带动乡村整体振兴。

二、以贵州舍烹村为代表的三变模式

（一）舍烹村基本情况

舍烹村位于贵州省六盘水市盘州市普古乡，距离六盘水市约 100 千米，驾车大约需要 2 小时。该村下辖 6 个自然村寨，共有 487 户、1 294 人，总面积为 6.1 平方千米。舍烹村的地形特点是高山深谷，地势西高东低，气候宜人，年均气温在 18 ℃左右，且拥有较长的无霜期。村里的土地多为坡

---

① 靴岭尾：剪纸"非遗"剪出传统村落之美［N/OL］.福建日报，2024 - 01 - 06. https://baijiahao.baidu.com/s？id=1787347158785970734&wfr=spider&for=pc.

地，海拔范围在 1 300 米至 2 319 米之间，展现出显著的山地立体气候特征，生物多样性极为丰富。

舍烹村的自然资源丰富，拥有高原湿地、峡谷风光；拥有溶洞、天生桥、峰林等类型多样的喀斯特地貌景观；拥有珍稀植物如红豆杉、珙桐，以及规模达数百只的野生猴群部落、鸟类、鱼类等多种动植物资源。

（二）三变模式与特征

由于舍烹村拥有独特的自然生态环境和生态资源，当地科学利用生态文化，积极规划引导农业和旅游产业发展，逐步形成以合作社和旅游公司为核心的"山地特色农业+乡村旅游"的产业体系，并形成全国知名的乡村文化振兴三变模式。

2012 年 5 月，农民企业家陶正学回到舍烹村，成立盘县（现为盘州市）普古银湖种植养殖农民专业合作社。他积极动员舍烹村及其周边村落的村民联合起来，以提供土地或资金投入的方式成为合作社的股东，并策划种植了九个高经济价值、高品质的水果品种，包括刺梨、蓝莓、石榴、猕猴桃、山核桃、杨梅、樱桃、车厘子、桑葚等。舍烹村成功吸引了深圳苏式山水有限公司与盘县旅游文化投资有限公司等企业入驻，共同开发乡村资源。其中，旅游公司负责乡村旅游产品的研发，而合作社主要负责耕地资源整合与连片的精品水果种植基地建设。这些基地不仅是水果生产地，还融入了乡村观光农业要素，有力地推动了农业休闲旅游的发展。随着乡村产业的蓬勃发展，该村的发展模式被命名为"三变"模式。三变模式是指：资源变资产、资金变股金、农民变股东。其具体实施过程如下：

1. 资源变资产

一是将村集体资源变股权。舍烹村可利用的集体资源包括生态林、湿地、水面等。表 3-1 列出了舍烹村"集体资源变股权"典型项目。例如，将村集体所有的 254.59 公顷生态林入股娘娘山产业园区，园区按 150 元/公顷的标准每年固定分红到村集体，园区在生态林里开发温泉别墅、休闲旅游、生态餐饮、林下养殖等产业；将村集体所有的 21.34 公顷湿地用于园区生态观光旅游项目开发，建设湿地生态科普宣传教育基地，配套建设观景道、观景平台等旅游服务设施，村集体可固定分红 3 200 元。二是村委会为园区做好土地流转服务，宣传、协调合作社用工问题；园区负责按每流转 0.066 7 公顷（即 1 亩，也即：1 亩≈666.67 平方米）土地补助给村委会 20 元作为村级集体经济收入，刺梨挂果后村委会从中每 500 克提取

0.05 元作为村集体经济收入。舍烹村每年通过土地流转获得集体经济收入 13.6 万元。刺梨挂果后，在舍烹村及附近 8 个村，刺梨产业形成的村级集体经济收入每年在 170 万元左右。

表 3-1　舍烹村"集体资源变股权"典型项目

资源类型	合作方	项目内容	项目收益
集体生态林	娘娘山旅游公司	村集体将生态林 254.59 公顷入股园区，由娘娘山园区进行温泉别墅、休闲养生、林下养殖、生态餐旅等产业开发打造	每公顷 150 元固定分红给村集体
集体湿地	娘娘山旅游公司	村集体将湿地 21.34 公顷用于园区进行生态观光旅游项目开发，建设湿地生态科普宣传教育基地、木栈道、观景平台等旅游设施	村集体可得到固定分红 3 200 元
村内银湖水面	娘娘山旅游公司	游船和水上儿童游乐园等旅游项目经营，双方签订 30 年的承包协议	村集体每年固定分红收益 2.2 万元
集体河沟	娘娘山旅游公司	舍烹村集体河沟 500 米以承包的方式交由娘娘山旅游公司用于修建步道	村集体每年固定分红 0.5 万元

2. 资金变股金

一是村民以现金形式投资合作社，成为合作社的股东。为了激励村民投资入股，合作社实施了一项政策：村民投资多少金额，合作社就相应地无息借给村民等额的资金，这两部分共同构成了村民参与利润分红的股本。待合作社的产业运营产生盈利后，村民再分期归还合作社的借款。这一举措使舍烹村 465 户农民通过现金投资成为园区股东，总共筹集到了 2 000 万元股本。这些资金被投入农业综合开发名优经济林、基础设施建设等项目。政府的财政拨款也转化为村集体股金，采取固定分红模式运作。2015 年，村集体通过这些项目获得了 11 000 元的固定分红。二是村民利用妇联提供的创业贷款作为股本入股园区。在舍烹村，共有 425 户村民申请了总额为 5 000 万元的妇联创业贷款，每户获得 8 万元贷款。其中，每户将 3 万元投入到自家房屋的立面改造中，而剩余的贷款资金则集中到由舍烹村村委会成立的利群农业综合开发投资公司，共 3 500 万元，再由利群农业综合开发投资公司入股到园区的温泉养生项目。3 年后，由园区固定分红 1 000 万元给利群农业综合开发投资公司，加上本金共 4 500 万元，其

中 4 000 万元还给政府，500 万元中的部分用于第三年利息，剩下的作为
465 户村民的股金。

3. 农民变股东

舍烹村有村民 487 户 1 294 人，其中 476 户农户将土地入股到合作社
和娘娘山旅游公司，1 261 人成为合作社和旅游公司的股东①。通过合作社
和旅游开发公司的开发和运营，舍烹村及其周边村的荒山、森林、洞穴、
河流、水域、河滩、自然风光和土地等，进行计量并成为村集体和村民的
资产，再整合闲散资金和财政扶贫资金，变成村民和村集体的股金。

（三）案例评述

舍烹村是中国乡村振兴"三变"改革的发源地，获得了国家级 4A 级
旅游景区、"全国文明乡村"等荣誉。在陶正学的带领下，舍烹村以变促
新，通过思想转变、产业转变、生活方式转变，走出了一条农旅融合发展
的新路，把家乡的青山绿水变成了金山银山。

三、以浙江鲁家村为代表的田园综合体模式②

（一）鲁家村基本情况

鲁家村坐落于浙江省湖州市安吉县递铺街道，与杭州市相距 30 千米，
距安吉县城大约 5 千米。鲁家村占地 16.7 平方千米，下辖 13 个自然村和
16 个村民小组，有农户 610 户，常住人口接近 2 300 人。村庄地形主要由
低矮的丘陵和平缓的坡地构成，非常适合发展现代农业。鲁家村的整体空
间格局为"一中心两环四区"。其中，"一中心"指的是占地约 200 亩的游
客服务中心，由火车站广场、停车场、生态湖泊以及两栋建筑共同组成；
"两环"则指的是两条观光环线，分别是观光火车环线和观光电瓶车环线，
其中观光火车环线是专门设计的一条农耕文化科普专列，沿线以春夏秋冬
四季为绿化主题，并设有二十四节气标识牌，让游客在观光的同时也能学
习农耕文化知识；"四区"则是由 18 个农场组成的农业产业集聚区域。

---

① 农经司."舍烹村"三变模式 [EB/OL].（2022 - 09 - 16）[2025 - 04 - 12].https://www.ndrc.
gov.cn/fggz/nyncjj/xczx/202209/t20220916_1335608_ext.html.

② 华高莱斯. 浙江安吉鲁家村：一穷二白起家的乡村振兴样本 [EB/OL].（2023 - 01 - 05）
[2025 - 04 - 12].http://www.urbanchina.org/content/content_8441157.html? eqid = f5bcc10f000a855d
0000000664312c79.

（二）发展历程

2011 年是鲁家村崛起的转折点，搭上了浙江省建设美丽乡村的列车，开启了美丽乡村建设工程，荣获"美丽乡村精品村"称号，鲁家村获得配套奖励资金 357 万元，为后续发展打下良好的底子。2013 年的中央一号文件提及"家庭农场"概念，成为鲁家村农业产业特色化发展的重要抓手。鲁家村有 18 个农场，其中有一家农场位于村中心，其他 17 家农场散布在村内各处，每家农场都有不同的业态，有高山牧场、蔬菜农场、水果农场、中药农场、鲜花农场等，相互形成产品互补而不是正面竞争关系。

鲁家村通过充分利用政策和资源来换取资本的策略，成功地为村庄的发展筹集到了大量的资金。他们有效利用村里的旧村委会办公楼，整合村内闲置农房，并争取到了 1 000 平方米的建设用地配额，并以此修建了 20 栋楼房，既有商业用房，也有住宅用房，其中一半进行销售，另一半则用于出租，由此获得了超过 300 万元的收益；此外，他们还成功引入了 20 亿元社会资本投资于鲁家村，并促使村集体流转了 8 000 亩土地；通过动员当地有声望的人士捐款，鲁家村又获得了 300 万元的资金。他们还邀请乡贤们投资并领导农场项目，促使 9 名乡贤回到家乡创业，这些乡贤的累计投资额接近 1 亿元。同时，乡贤能人加入招商组，开展招商引资活动。

鲁家村成功引入安吉浙北灵峰旅游有限公司共同组建安吉鲁家村乡土旅游公司，其中，灵峰旅游持有 51% 的股份，而鲁家村集体则持有 49% 的股份，成为村集体资产价值转换的标志，村民们也自然成为公司的股东。随着实力的逐渐增强，鲁家村对于外部公司的依赖也逐步转化为内部驱动力，逐步构建了"村集体+公司"这一新型的集体经济发展模式。鲁家村因时就势，根据村级经济的发展状况而灵活调整策略。2017 年，鲁家村的股份经济合作社全款购买了外来投资公司的股份，从而实现了以村办合作社股份制为主导的集体经济发展模式。

（三）田园综合体发展模式与特征

鲁家村采用了"公司+村落+家庭农场"的三次产业融合发展模式，发挥优美田园风光和特色民居建筑的天然优势，集聚了当地农业优势产业，以家庭农场的模式，构筑了一条生态景观带。这一举措最终达成由点及面、以线连点的扩散作用，成功转型为一个融"产学研结合、休闲养生、旅游度假"等多个功能于一体的综合性乡村旅游示范区域，即采用了田园综合体的运营模式（具体见图 3-1）。其特征有：

1. 推行"三统三共"经营原则，打造"鲁家"品牌

"三统三共"经营原则，是指"统一设计、统一平台和统一品牌"，是推动鲁家村农业现代化、促进乡村旅游发展的一种创新模式。该原则强调在经营过程中实现设计的标准化、平台的集中化以及品牌的统一化。具体来说，统一设计确保了各个家庭农场在基础设施建设上的一致性，这不仅提升了乡村的整体美观度，还有助于资源的优化配置和环境的和谐共生。统一平台则是指所有农场通过同一渠道进行信息发布和预订管理，既简化了消费者的操作流程，也提高了农场的市场竞争力。而统一品牌则是将各个农场的产品和服务纳入一个统一的品牌体系中，增强了品牌的辨识度和市场竞争力。

在"三统三共"经营原则的指导下，公司、村集体和农场三方共同参与农产品和餐饮住宿价格的制定过程，确保了价格的合理性和市场竞争力。家庭农场在运营层面维持自主性，但村里负责统一规划和建设基础设施。这一举措有效防止了重复建设和资源浪费，也增强了乡村的整体景观性和吸引力。另外，农产品的品牌塑造与市场推广主要由合作公司进行集中管理和销售，这样做有助于增加农产品的价值并扩大市场份额，从而达到共同建设、共同运营、共同受益的目的。这一做法体现了村集体一体化的管理理念，强调内外部资源的统一调配，坚持以农民为主体，专业分工的发展思路。

2. 创新土地出让类型——农业"标准地"

鲁家村为破解农业三次产业融合用地难困境，创新土地出让类型。2019 年 8 月，湖州市出台了关于推进农业产业融合项目"标准地"建设的指导性文件，规划了 200 亩土地专供农业经营性项目"标准地"使用。区县政府要求按照 1∶1 的比例提供土地配套支持，以促进特色农业产业化向休闲农业发展、提升农业科技水平和服务、升级农产品营销服务等一、二、三产业融合项目。经营性农业项目中的"标准地"概念，是参考工业"标准地"设立的，其具体标准为：在投资上，每亩农业"标准地"投资的金额不得少于 50 万元，年产值不得低于 50 万元；在就业上，至少招收本地人 15 人就业，并带动周边不少于 10 户农户发展；在企业规模上，申请者必须是具有较大规模和运营实力的农业主体，例如经区县级以上政府认定的各级重点农业龙头企业、示范性农民专业合作社或家庭农场等。

值得一提的是，鲁家村是全国第一例集体经营性建设用地拍卖案例发

生地。新政策出台后，安吉盈元家庭农场立即向鲁家村股份经济合作社提出用地需求。2020 年 5 月，鲁家村股份经济合作社发起了 693 平方米的村集体经营性农业"标准地"使用权的挂牌出让程序，起始出让价为 33.6 万元，折合每亩约 32.3 万元，出让期限为 38 年。

3. 打造鲁家村乡村旅游智慧管理新模式

鲁家村携手海康威视，运用物联网、人工智能等技术，对村庄进行全面、立体化的智能化升级，部署客流统计、电子卡口、信息发布、视频监控等系统，打造鲁家村乡村旅游智慧管理新模式。

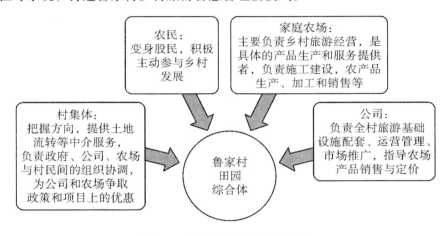

图 3-1　鲁家村田园综合体模式

（四）案例评述

鲁家村乡村文化振兴的经验体现在"五个变"：一是贫穷村变富裕村；二是各类资源变资本；三是农民变创客；四是农业变旅游业；五是田园变乐园。

四、以浙江莫干山为代表的民宿发展模式

（一）莫干山基本情况

莫干山位于浙江省湖州市德清县境内，距离杭州市 70 千米，自驾 1 小时车程。其中，仙潭村被称为莫干山民宿第一村，位于莫干山北麓，村域面积 11.8 平方千米，总户数 572 户，人口 5 766 人。

（二）产业规划与发展历程

莫干山民宿业的发展历程经历了从无到有、从低端到高端，再到规范

化和标准化的过程。莫干山民宿业的发展可以追溯到 2003 年，当时以"农家乐"的形式开始兴起，主要为当地人提供便餐服务。2007 年，一位名叫高天成的南非华裔青年租赁了莫干山三九坞地区的 6 栋老旧房屋，并将其翻新为高端民宿"裸心谷"，此举使得莫干山迅速崛起为备受瞩目的乡村旅游胜地，并标志着莫干山民宿产业的兴起。2013 年，莫干山民宿经历了爆发式增长，这一年也见证了全国民宿行业的迅猛发展。自 2018 年起，莫干山民宿迈入了 3.0 发展阶段，呈现出高速发展的态势。在此背景下，德清县不仅继续强化市场监管职能，还逐步升级至引导产业布局的新角色，积极推动民宿产业由单一的住宿服务向多元化产业集群转型。

莫干山充分依托和发挥长三角区位优势和人文历史底蕴，以特色民宿产业为先导，带动乡村旅游和乡村产业新发展。

1. 民宿产业

莫干山引进多元主题的民宿产业，形成了全国民宿产业的发展高地，经历了外来人群投资、本地居民投资、政府引导发展三个阶段。

莫干山能够成为民宿行业发展的先驱者、创新高地以及标杆典范，与德清县政府对民宿产业发展的前瞻视野与勇于担当精神密不可分。县政府积极鼓励业界先行先试，不仅为民宿产业的规范化、规模化及品牌化进程铺设了坚实的法律基石，还为日后国家标准的起草与制定贡献了宝贵的"莫干山经验"。早在 2015 年，德清县编制出台了县级民宿标准，包括《乡村民宿服务质量等级划分与评定》《德清县民宿管理办法》。这两项标准的施行，为民宿行业的健康发展提供了明确的方向与准则。随着民宿行业的不断发展，德清县再次走在全国前列，于 2020 年发布了《民宿管家职业技能等级评定规范》，进一步细化了民宿服务人员的专业素养要求，推动了民宿服务质量的整体提升。这一系列举措不仅彰显了德清县政府对民宿产业的高度重视与精准施策，更为全国民宿行业的规范化管理树立了典范，促进了民宿经济的高质量发展，让莫干山成为国内外游客心中的理想休憩之地。

2. 旅游产业

政府规划引领莫干山的旅游产业发展。当地政府深度挖掘莫干山及其周边的旅游资源与价值，确定以康体健身和民国风情体验为主题，并提出建设全域旅游的空间新格局。政府以莫干山风景名胜区为核心资源，专门建设了莫干山健身步道，致力于户外生态运动基地建设；推出环莫干山旅游线路，把莫干山周边的旅游景点串联成线，实现山上山下资源互补、联动发展。政府对镇区街道进行了全面整改，融入民国风情主题，增设了老式照相馆、老酒馆、咖啡馆、布鞋店等充满怀旧气息的商业业态，并建造了小型博物馆、VR（虚拟真实）体验馆、复古钟楼等特色建筑。通过举办国际自行车赛事、音乐节、山地越野竞赛等一系列丰富多彩的节庆活动，莫干山的品牌影响力和知名度得到了显著提升，逐步树立起了国际休闲旅游目的地的良好形象。

3. 农业产业

当地政府利用良好的生态环境，积极发展生态农业，构建高效、和谐的有机循环农业生产系统。承包农场开展种植养殖，形成自给自足的生态系统，除满足自身需求外，还将剩余农产品对外售卖。精心挑选、培育了一批高品质的有机农产品，采取多元化的销售策略：一方面将一部分农产品直接对外输出，为城市居民提供便捷、新鲜的有机蔬菜宅配服务，让更多人能够享受到来自大自然的纯净馈赠；另一方面将一部分农产品进行精心包装与售卖，并探索其二次加工的可能性，如制作成有机酱料、干果等，以此丰富产品线，提升产品附加值，实现更加精准的在地营销。此外，还特别开辟了部分景观农田，不仅美化了乡村环境，更为游客提供了多姿多彩的农业体验活动。这种生态农业模式不仅具有可持续性，保护了自然生态环境，更是带动了当地社会与经济的发展，实现了生态效益与经济效益的提升。

4. 文创产业

依托莫干山丰富的人文历史底蕴，当地政府积极引导和发展文化创意产业。一方面精心建设了莫干山庾村"1932"创意产业园，另一方面对"1936"蚕种场文化集镇进行了全面改造，引入了设计师工作室、艺术/文化展览馆、主题餐厅、主题酒店等多元化的文创业态，展示了莫干山独特的文化底蕴，展售了当地特色的竹编、蚕丝等地方特色手工艺品，推动了文化创意产业的繁荣和发展。深入挖掘民国风情文化资源，政府规划建设了影视小镇，为青年电影人打造了一个充满活力的创客基地。举办了多届电影节，逐步将这里打造成为国际性电影大赛的颁奖基地，吸引了众多国内外电影人的关注与参与。莫干山还成功引入了全球首个 Discovery Adventures Moganshan Park，这一项目的落地运营，不仅丰富了莫干山的旅游业态，更大力发展了体育运动、极限拓展等项目，使得莫干山迅速成为全国乃至全球知名的户外运动目的地,吸引了无数热爱自然与极限挑战的游客前来体验。

（三）民宿发展模式与特征

莫干山仙潭村通过政策扶持、外资引进、人才利用,打造出莫干山特色小镇。总投资 2 000 万元,用于组建莫干山仙之潭旅游发展有限公司。公司对村闲置集体资源、资产进行集中收储、统一包装设计,落地建设大仙潭宿集旅游综合体、大地艺术装置等新业态,吸引 300 多名青年人返乡创业,先后建成 166 家民宿,以美丽乡村推动"一间房子"向"一个公司"转变。基本形成"国企+镇+村集体"的新模式,以民宿为基础产业,构建多层次产业体系。

（四）案例评述

莫干山民宿之所以声名远扬,得益于政府在细节上的精心雕琢与不懈努力。民宿产业已从最初的单一住宿模式逐步演进为综合性的产业集群,借助"民宿+"的模式,带动了乡村旅游的全面升级:从单一民宿向多元化业态拓展,从零散经营转变为集群化发展,从个体自主品牌走向公用品牌建设,并从单纯的观光旅游升级为休闲度假体验,持续探索具有特色的乡村旅游发展道路。

五、以浙江乌村为代表的乡村度假集群模式

（一）乌村基本情况

乌镇,古称乌墩,坐落于浙江省嘉兴市桐乡市,处于苏浙沪地区的"黄金三角"核心区域、杭嘉湖平原的中心地带。这座古镇拥有超过7 000年的悠久文明历程和 1 300 年的建镇历史,是江南地区典型的水乡古镇,有着"鱼米之乡"和"丝绸之府"等美称。乌镇古镇不仅是国家 AAAAA级旅游景区,还以"中国最后的枕水人家"之美誉闻名遐迩,大量游客被其独特的自然风光和深厚的文化资源所吸引。

位于乌镇西北的乌村,紧邻古镇景区,北靠京杭大运河。乌村占地面积达 450 亩,是有 60 余户、300 多名村民的传统村落。乌村依据典型的江南农村风貌进行规划整改,配备了包括餐饮、酒店、娱乐和休闲等在内的一整套度假服务设施,建设成为高端乡村旅游度假区,与古镇历史街区形成互补之势。

（二）乌村乡村度假集群模式与特点

1. 借鉴国际先进理念

在陈向宏的领导下，古镇联盟景区咨询公司对乌村进行统一规划、设计与管理，而乌镇旅游股份有限公司则承担起对乌镇投资管理的职责。乌村推出的精品民宿度假模式采用了革命性的"一价全包"模式，这一理念灵感来源于 Club Med 等国际知名度假品牌，将住宿、餐饮、娱乐、休闲以及体验活动等多元化服务项目整合在一起，向游客提供"一站式"全方位的度假体验。通过全包价模式，乌村成功打造出中国首个融食、住、行、游、购、娱六大要素于一体的乡村休闲度假目的地，即涵盖了食宿行安排以及超过 30 项免费体验活动的综合度假套餐。

乌村依托景区独特的资源优势，将全村封闭起来，通过高门票限制人流，而游客只需一张门票即能享受村内全部服务。乌村内的民宿均按照五星级酒店标准打造，提供舒适的住宿环境和贴心的服务。据统计，乌村自开业以来，平均入住率保持在 80% 以上，游客满意度高达 95%[①]。这一成功模式不仅吸引了大量游客前来体验，还为乌镇旅游业的发展注入了新的活力。

2. 政府政策支持资源整合

乌镇依托其丰富的旅游资源和文化底蕴，整合周边景区、民宿、餐饮等资源，打造了一个融观光、休闲、度假、体验于一体的高端乡村旅游度假区。乌村作为该模式的代表，位于乌镇国家 5A 级景区内，距乌镇西栅仅 500 米，地理位置十分优越。乌镇民宿的发展得到了政府的大力支持和资金投入。例如，桐乡市政府出台了一系列民宿补贴政策，对符合条件的民宿给予奖励和扶持。此外，政府还设立了文化和旅游产业发展专项资金，对固定资产投资在 1 000 万元以上的旅游项目按投资额的 4% 给予一次性补贴[②]。

3. 精细化管理，提升服务质量

乌村"一价全包"精品民宿度假模式注重精细化管理，从民宿的选址、设计、装修到服务的提供、体验项目的安排都经过精心策划和严格管

---

① 乌镇镇. 2022 年乌镇镇国民经济和社会发展统计公报 [EB/OL]. (2023-02-22) [2025-04-12]. https://www.tx.gov.cn/art/2023/2/28/art_1229402868_5073465.html.

② 乌镇镇. 乌镇镇 2023 年工作总结和 2024 年工作思路 [EB/OL]. (2024-03-18) [2025-04-12]. https://www.tx.gov.cn/art/2024/3/18/art_1229402865_5278494.html.

理。民宿主人和工作人员都接受过专业培训，能够为游客提供高品质的服务。从接待、入住、餐饮到离店等各个环节都力求做到细致入微、周到贴心。此外，民宿还注重细节管理，对客房设施、环境卫生等方面进行严格把控，确保游客能够享受到舒适、安全、卫生的住宿环境。

4. 注重文化体验，弘扬传统文化

乌村"一价全包"精品民宿度假模式不仅提供舒适的住宿环境和丰富的娱乐项目，还注重文化体验的传承和弘扬。同时，乌村还推出了丰富的休闲娱乐项目，如亲子乐园、农耕体验等，让游客在享受自然风光的同时，也能参与到农耕文化中来。民宿主人会向游客介绍当地的历史文化、民俗风情和手工艺等，让游客在度假的同时也能感受到乌村深厚的文化底蕴。

5. 注重品牌建设与市场推广

乌村民宿非常注重品牌建设和市场推广。当地通过举办各种旅游节庆活动、参加国内外旅游展会等方式，提升乌村民宿的知名度和影响力。例如，乌村民宿行业协会推动与 AAA 级景区村庄合作，推动当地农副产品销售，进一步扩大品牌影响力和市场份额。

6. 可持续发展与生态保护

乌村在旅游发展过程中始终注重生态环境保护，通过实施垃圾分类、节能减排等措施，减少了旅游活动对环境的不利影响。例如，在乌村景区内设有多个生态保护区和观鸟平台，让游客在欣赏自然风光的同时，也能了解到生态保护的重要性。这些措施不仅保护了乌镇的生态环境，也为旅游业的可持续发展奠定了坚实的基础。

（三）案例评述

乌村毗邻传统 5A 级大景区乌镇古镇，依托大景区采取差异化产品定位，做传统景区的配套支撑甚至是对等互补，凸显自己的价值，从而实现了振兴发展。

六、以安徽三瓜公社为代表的电商特色产业模式

（一）三瓜公社基本情况

三瓜公社位于安徽省合肥市巢湖市半汤街道，距离合肥 90 千米，占地面积约 10 平方千米，辐射周边十余个村庄，人口约 5 万人。该地区自然环境优美，拥有丰富的农业资源和独特的民俗文化，为电商特色产业的发展提供了得天独厚的条件。其中一期重点开发冬瓜民俗村、南瓜电商村以及西瓜美食村。

（二）三瓜公社电商发展模式

2015 年 3 月，合巢经济开发区管委会与安徽淮商集团合作，共同创立了安徽三瓜公社投资发展有限公司，作为三瓜公社项目的联合开发者。本项目预计总投资 5 亿元人民币，建设周期三年。秉持"让乡村更像乡村"的核心建设理念，项目融入了"互联网+三农"的发展策略，旨在构建一个一、二、三产业融合发展的"美丽乡村"综合发展体系，以促进三瓜公社的全面振兴。以下是三瓜公社产业规划概览：

南瓜电商村：定位为电商产业集聚村、农产品特色村以及互联网应用示范村。2015 年，南瓜村已有三瓜公社官方旗舰店、京东、甲骨文、天猫官方旗舰店等多家电商企业入驻，创客空间、微创全国联盟以及诸多文化创意基地、乡村特色酒吧和土特产销售商店也纷纷落户。南瓜村已成功开发出涵盖温泉、特色农副产品、茶叶、乡土文化创意产品四大类别、上千种特色商品和旅游纪念品，并通过线上线下结合的营销策略赢得了市场的广泛认可，实现了农村产品销售渠道的多元化拓展。

冬瓜民俗村：深入发掘并重现了巢湖地区六千多年的农耕民俗文化，冬瓜村已相继建立了有巢印象展示区、半汤六千年民俗馆及冬瓜传统手工艺作坊。同时，引进开发了温泉疗养、客栈、民宿及旅游度假等多种乡村旅游服务产业，塑造了一个以体验半汤地区独特的传统农耕民俗为亮点的村庄发展模式。

西瓜美食村：主要产业为 80 户风格独特的民居民宿、60 家具有地方特色的"农家乐"餐馆，以及 10 家令人心动的客栈酒店。为了进一步发展，该村与知名温泉品牌汤山携手合作，共同创立了汤山旅游公司，通过村集体参与入股和持股的方式，双方共同开发温泉康养民宿项目，以此拓宽村集体经济的发展渠道。

采用"政企合作"的开发建设模式，合巢经济开发区管委会与安徽淮商集团合作，共同设立了三瓜公社投资发展有限公司。依据"冬瓜民俗村""西瓜美食村""南瓜电商村"三大核心主题，对民居进行了重新规划与设计，建立起一种融"线下亲身体验、线上平台销售，企业带头示范、农户广泛参与，基地规模种植、景点示范引领"于一体的产业发展新模式。这一模式涵盖了民俗、文化、旅游、餐饮、休闲等多个领域，并将现代农特产品的生产、开发、线上线下交易、物流等各个环节融为一体，成功探索出了一条适应信息化时代的"互联网+三农"发展路径。

（三）三瓜公社电商发展特点

1. 特色农产品与电商深度融合

三瓜公社致力于特色农产品与电商产业的紧密融合，依托"互联网+三农"的战略实施，开创了一、二、三产业协同发展的新路径。迄今为止，三瓜公社已成功打造出一个囊括休闲农业、乡村旅游、农村电子商务、文化产业、特色农产品的种植养殖、加工制造、物流配送、研学实践、乡村教育等多个领域的综合性产业集聚与融合发展区域。在这个平台上，巢湖银鱼、山泉花生、咸鸭蛋、莲藕等当地特色农产品的销售量实现了显著提升；三瓜公社还创新研发了一系列特色商品，包括小麻花、核桃风味瓜子花生、山药薄片、手工锅巴等，以及种类繁多的文化创意产品、富含民俗风情的物品与精致的工艺品。这些产品在网络上迅速走红，每日单品线上发货量稳定超过千单。

面对周边企业的挑战，如东关陶瓷厂经营困境，三瓜公社主动伸出援手，通过巧妙融入文化创意，共同推出了带有红色文化烙印的系列套杯等产品，迅速打开了市场销路。同样，针对铜陵地区莲藕滞销问题，三瓜公社也积极贡献智慧与力量，开发了适合儿童口味的莲藕系列小包装产品，这些产品迅速在网络上引起热烈反响，供不应求的局面随之而来。

2. 全产业链协同发展

三瓜公社强调全产业链协同发展，通过统筹协调各类资源，确保一、二、三产业在总体规划中有序发展、良性互促。这一特点体现在以下几个方面：

（1）种植基地标准化。建立了多个标准化种植基地，采用绿色生态种植技术，确保农产品品质与安全。这些种植基地不仅为电商销售提供了可靠的原材料保障，还通过科学管理和技术创新提高了农产品的产量和品质。

（2）加工工厂全程控制。投资建设了农产品加工工厂和文创产品生产线，实现了从原材料到成品的全程控制。产品品质的一致性、生产效率和附加值通过全程控制得以保障。

（3）销售渠道多元化。构建了电商平台和线下体验店相结合的多元化销售渠道。通过与淘宝、京东、拼多多等知名电商平台建立合作关系，以及推出自建电商平台"三瓜云商",三瓜公社成功拓宽了销售渠道,满足了消费者的不同需求。

3. 农旅、商旅、文旅三旅结合

在发展电商的同时,三瓜公社还积极实践农旅融合、商旅融合、文旅融合的休闲农业和美丽乡村建设新模式。依托三瓜公社多样的自然风光和人文资源,开发了温泉度假区、古村落游览、"农家乐"体验等多个旅游项目。在旅游项目中融入电商元素,如设置特产店、扫码购物等,有效引导游客转化为线上消费者,进一步促进了电商产业的发展。

三瓜公社深入挖掘巢湖地区的历史文化和民俗风情,将传统文化元素融入产品设计中,提升产品的文化内涵和附加值。这种文化赋能策略不仅增强了产品的市场竞争力,还通过品牌塑造和推广提高了品牌知名度和美誉度。通过参加各类展会、举办文化活动等方式,三瓜公社成功地将文化优势转化为经济优势。

4. 政企合作,社区共治,优势互补

在合巢经济开发区管委会的引领下,招商局紧密配合,通过积极的招商引资活动,成功引入了市场机制,为自然村的发展注入了新活力。在这一过程中,自然村得到了科学规划,不仅种植了郁金香、芍药、百合等观赏花卉,美化了乡村环境,还建立了标准化的农特产品加工厂房,仓储设施也得到了完善,并配备了高效的物流配送系统。这些举措使得农产品得以通过线上线下相结合的方式进行销售,极大地推动了农产品的市场化进程。

与此同时,地方政府在乡村振兴中发挥了不可或缺的支持作用。在政策层面,政府在集体土地流转、租用及配套设施建设等方面提供了大力支持;在资金方面,政府积极作为,协助企业解决融资难题,为乡村发展提供了坚实的财政后盾;在生产经营上,政府更是优先保障项目所需的生产厂房等基础设施,为项目顺利推进保驾护航。

此外,三瓜公社还注重社区共治共享的理念,通过成立农民专业合作社和电商协会等组织,引导村民积极参与电商创业和技能培训。社区建立了合理的利益分配机制,确保村民在电商产业发展中能够获得实实在在的收益。这种共治共享的模式不仅激发了村民的积极性和创造力,还促进了社区经济的整体繁荣和可持续发展。

(四)案例评述

自 2015 年项目启动以来,三瓜公社经历了从规划、建设到运营的多个阶段。初期，项目团队通过深入调研和精心规划，定下了"一村一品、一户一特"的发展思路，并开始打造"南瓜电商村""西瓜美食村""冬瓜民俗村"三大主题村落。经过近几年的发展，三瓜公社已成为融农业、旅游、电商于一体的综合性特色小镇，吸引了大量游客和投资者关注，实现了乡村振兴。

七、以陕西袁家村为代表的村集体组织带动模式

（一）袁家村的基本情况

袁家村坐落于陕西省咸阳市礼泉县烟霞镇北部，毗邻唐太宗李世民昭陵九嵕山，距离西安市区仅 60 千米，车程约 1 小时，交通比较便捷，地理位置具有区位优势。村庄规模虽小，仅有 62 户、286 人，但土地面积达到 660 亩，为后续的发展提供了坚实的基础。随着乡村旅游的兴起，袁家村吸引了大量外部人口，2019 年已有超过 3 000 人在此定居或从事相关产业①。

（二）袁家村的发展历程

1. 初创阶段：以关中民俗为核心

袁家村旅游资源先天不足，但在村党支部书记郭占武的带领下，袁家村创造性地提出了以关中民俗为核心的旅游开发思路。通过恢复和活化关中民俗，重建和还原乡村生活，袁家村逐步构建了一个以乡村旅游为突破口的农民创业平台。村民们积极参与，将自家的院落改造成"农家乐"，将传统的手工艺品和农副产品转化为旅游产品，形成了村景一体、全民参与的乡村旅游新模式。

2. 成长阶段：三产带二产促一产

随着乡村旅游的兴起，袁家村逐步蹚出了一条"三产带二产促一产"的反向发展道路。第三产业（旅游业）的飞速发展推动了第二产业（手工作坊、农副产品加工等）的兴起，进而提升了对优质农副产品的需求，推动了第一产业（种植业、养殖业）的规模扩大和品质提升。这种三产融合的发展模式，不仅促进了袁家村经济快速增长，也带动了村民收入持续提高。

---

① 辉煌壮丽七十年 追赶超越再出发 袁家村"进城" "出省"了［N/OL］．2019－10－11．http://www.sx-dj.gov.cn/ztzl/zl70nfjxsd/1619963632395747329.html.

3. 成熟阶段：股份合作与共同富裕

为了避免乡村旅游发展过程中的两极分化现象，袁家村创造性地实施了农民股份合作社制度。通过集体资产股份制改造和村民自愿入股的方式，袁家村将集体利益与村民个人利益紧密结合，实现了共同富裕的目标。在合作社的运作过程中，袁家村坚持全民参与、入股自愿、照顾小户、限制大户的原则，确保了每位村民都能享受到乡村旅游发展带来的红利。

（三）袁家村村集体组织带动模式及其特点

1. 模式概述

作为袁家村党支部书记、袁家村"关中印象"体验地创始人和设计者，郭占武总结袁家村的成功经验为"村干部带领村民共同致富的典型"，其模式可以概括为"以村集体领导为核心，以村民为主体，以村庄集体平台为载体，构建产业共融、产权共有、村民共治、发展共享的村庄集体经济"的"四共模式"。这一模式充分发挥了村集体的组织领导作用，确保了村民的主体地位，通过股份合作制和行业协会等机构，实现了资源的有效整合和利益的合理分配。

2. 特点分析

以村集体的领导为核心：袁家村构建了以村两委为主导的村集体领导队伍，村干部展现出模范带头作用，全心全意为村民服务。这种领导体制为村庄的持续稳定发展提供了坚实保障。

以村民为主体：袁家村始终坚持村民的核心主体地位。在推进旅游开发与产业壮大过程中，村民积极投身其中，实现自主与自我发展，营造出全民踊跃参与的热烈氛围。为了有效激活集体与村民的闲置资源，袁家村巧妙地将零散农户的个体利益与集体利益紧密相连。通过对村集体资产的股份制改革，村集体留存了38%的股份，而将剩余的62%股份量化后分配至每家农户，使得所有参与村集体经济组织的成员都能持有股份[1]。

以村庄集体平台为载体：袁家村依托股份合作制集体经济组织和多样化的行业协会，为村民搭建了创新与发展的舞台。在管理层面，由村委会牵头，成立了管理公司和各行业协会，涵盖小吃街协会、"农家乐"协会、

---

① "礼泉县袁家村经验"作为乡村振兴产业帮扶典范在全国脱贫地区帮扶产业发展推进会上推广［EB/OL］.（2023－06－05）［2025－04－12］. http://szjj. china. com. cn/2023－06/05/content_42395680. html.

酒吧街协会等，协会的成员均是通过商户自主选举产生的，自愿为协会提供服务，共同塑造了一个自我治理的发展模式。

推进产权共有和进三股改革：袁家村的股权架构包含基本股、交叉股和调节股三大板块。①基本股方面，村集体对资产实施股份制改革，保留38%的集体股份，剩余62%则平均分配给各户，每户大约得到20万元，每年每股可获分红4万元，此股份仅限本村集体经济组织成员所有，资金不足的农户可用每亩地4万元的价格以土地折价后入股。②交叉股方面，集体旅游公司、村民合作社、商铺及"农家乐"之间相互持股，涉及460家商铺的交叉持股，商户可自由选择入股的店铺。③调节股则遵循全民参与、自愿入股的原则，不论投入资金多少均可入股，目的是照顾小户人家并限制大户人家。

共同富裕与收入分配调节：袁家村借助农民股份合作社制度达成了共同富裕的愿景，通过初次分配与再分配的调节，有效防止了贫富两极分化，确保了利益分配的相对均衡，让每位村民都能享受到乡村旅游发展带来的经济成果。在袁家村农民的纯收入中，来源于房屋出租、入股分红等财产性收入的比重高达40.1%。

（四）案例评述

回顾、总结袁家村的发展历程、发展思路和成功经验，可以用五点来表述：一是挖掘独特资源。袁家村成功挖掘了关中民俗这一独特资源，并将其转化为旅游发展的核心竞争力。通过恢复和活化传统民俗，袁家村为游客提供了丰富多样的文化体验，满足了现代人对乡村文化和乡愁的体验需求。二是创新发展模式。袁家村摒弃了传统的旅游发展模式，创造性地提出了"三产带二产促一产"的反向发展路径。这一路径不仅促进了乡村旅游业的繁荣，还带动了农业和工业的同步发展，实现了三次产业融合发展和产业链延伸。三是强化村集体领导。袁家村充分发挥村集体组织的领导作用，通过强有力的领导团队和科学的决策机制，确保了村庄发展的稳定性和持续性。村干部以身作则，无私奉献，为村民树立了良好的榜样。四是激发村民主体性。袁家村毫不动摇地以村民为主体，采取股份合作制、行业协会自治等机制，激发了村民的积极性和创造力。村民们自主发展、自我管理，形成了全民参与的良好氛围，通过合理的收入分配调节机制，确保了每位村民都能享受到乡村旅游发展带来的红利，增强了村民的归属感和幸福感，也促进了村庄的和谐稳定。五是注重品牌打造。郭占武提出的袁家村品牌+创新团队+资本+互联网的新思路、新模式为袁家村的发展提供了更为广阔的空间和前景。在产业发展方面，袁家村可以总结为"一个品牌，两个产业"：一个品牌是指"袁家村"总体品牌。"袁家村"的品牌价值估值已经超过 20 亿元，并且仍然在快速增值。"袁家村"品牌可以深刻地解读为"袁汁袁味的精神原乡"，"两个产业"是指以农业、农村和农民为内涵的"农"字号品牌，即农业与旅游业的发展，二者紧密相连、息息相关。

八、以河南郑州泰山村为代表的村集体与社会资本共同撬动模式

（一）泰山村基本情况

泰山村位于河南省郑州市南大学城龙湖镇境内，距郑州市区仅 16 千米，距离新郑国际机场 20 千米。这一优越的区位条件为泰山村的发展奠定了坚实的基础。村庄占地面积 333.5 公顷，管辖 9 个自然村，7 个村民小组，总人口 1 500 余人。泰山村不光自然风光秀丽，更蕴含着深厚的文化底蕴，尤其是黄帝文化的传承，使其成为中原地区一颗璀璨的明珠。

（二）泰山村的发展历程

泰山村的发展历程是一部从落后到崛起、从依赖外部到自力更生的壮丽史诗。2007 年是泰山村命运转折的关键一年。这一年，在外地经商多年的乔宗旺毅然回到村里，担任村党支部书记一职，带领村民们开始了自我救赎与乡村振兴的征程。乔宗旺深刻认识到，要摆脱贫困，必须依靠村民们的力量，结合泰山村的实际情况，他提出了"以林业立村、以生态富村、以旅游活村、以文化强村"的发展思路。

1. 初步探索与规划

在乔宗旺的带领下，村民们充分利用泰山村紧靠郑州市区的区位优势和黄帝文化的品牌优势，按照"一村一品、一村一景、一村一产业"的总体发展方案，逐步打造泰山村的特色旅游品牌。通过林木种植来改善生态环境，泰山村逐渐呈现出一幅山清水秀、生态宜居的美丽画卷。同时，依托黄帝文化的深厚底蕴，泰山村开始挖掘和弘扬传统文化——"黄帝文化、孝道文化、民俗文化"，为乡村旅游注入了灵魂。

2. 文旅产业的引入与爆发

为了进一步提升泰山村的知名度与吸引力，泰山村村委会决定引进国内知名文旅品牌——千稼集。河南千稼集农业旅游观光有限公司与泰山村达成合作，共同新建了千稼集景区。该景区以"原味乡村""民国风情""激情岁月"三大主题为核心，精心布局了民俗特色小吃、主题情景客栈、农耕文化演艺、民间演艺表演、休闲游乐体验、绿色有机农场六大产品业态。这些丰富多彩的旅游项目吸引了大量游客前来观光体验，为泰山村带来了可观的经济收益。

3. 打造高效农业产业园

在文旅产业兴旺发展的同时，泰山村并未忽视农业的基础地位。千稼集与当地村民采用合作经营的方式，共同打造了万亩高效农业产业园。通过集中耕作、精细化管理，产业园生产出了绿色有机的杂粮蔬菜，不仅满足了游客对纯天然农产品的需求，也有效提升了农产品的附加值。此外，产业园还实现了统一配给，从源头上保证了食品的安全和质量，为泰山村的乡村旅游增添了又一亮点。

4. 对新型养老产业的探索

面对人口老龄化的严峻挑战，泰山村积极寻求解决方案。2016年，泰山村与上海和佑养老集团携手合作，共同打造新型乡村养老典范。该项目计划建设可安置5 000名老人的乡村养老项目[①]，旨在为城市老人提供一个环境优美、服务周到的养老场所。通过"乡村寄家养老"模式，城市老人可以在这里享受到家的温馨与自然的宁静，同时得到专业的护理和健康管理服务。

5. 培训产业的兴起

泰山村还充分利用自身的资源优势，积极发展团队精神培训、农耕文化培训等培训产业。村内建有大中小型会议室共8个，其中一号大会议室可容纳550人；同时配备有可接待2 000人同时就餐的餐厅和1 000人入住的住宿设施。此外，还建设有高空培训装置、高空攀岩墙以及地面培训设施如逃生墙、背摔台、电网等。这些设施为各类团队培训活动提供了有力保障。近年来，泰山村先后被郑州市教育局、郑州市人民政府、郑州大学等指定为校外活动教育基地、社会实践基地和党员干部学习教育培训基地，每年承接各类培训活动20多万人次[②]。

---

① 农经司.泰山村村集体与社会资本共同撬动模式[EB/OL].（2022-09-16）[2025-04-12].https://www.ndrc.gov.cn/fggz/nyncjj/xczx/202209/t20220916_1335599.html.

② 以泰山村为代表的村集体与社会资本共同撬动模式（下）[N/OL].四川科技报，2022-01-21.http://kjb.sckjw.com.cn/65dac0864c4816be84170ac689bb2d.

（三）泰山村村集体与社会资本共同撬动模式及特点

1. 合作模式创新

泰山村与千稼集的合作模式极具创新性。合作公司对外招商时采取了免租金、免装修、免流动资金、免物业费、免管理费、免营销费的"六免"政策，大大降低了商户的经营成本。同时，公司还为商户提供统一采购的食材，并承担人力和推广费用；商户则承担自己的人力、水电气成本并享受扣除食材成本后的收入五五分成。这种合作模式不仅激发了商户的积极性，也保证了景区的整体品质和运营效率。

2. 风险共担与利益共享

泰山村的发展模式注重风险共担与利益共享。公司建立了自己的配送中心并由商户委员会进行监督以确保采购和配送的透明与公正；同时经营风险由公司承担以降低商户的经营风险。这种合作模式不仅增强了商户的归属感与责任感，也确保了整个景区的稳定运营与持续发展。

3. 多元产业融合发展

泰山村的发展不局限于单一产业，而是实现了多元产业的深度融合与协同发展。村集体通过引入社会资本，不仅新建了高效农业和文旅产业园，还积极拓展了新型养老产业和教育培训产业，形成了"农业+文旅+养老+培训"的多元化发展模式。这种模式不仅丰富了泰山村的经济结构，也提升了村庄的整体竞争力和可持续发展能力。

4. 村民参与与共享

在泰山村的发展过程中，村集体始终注重村民的参与与共享。通过股份合作制、土地流转等方式，村集体引导村民积极参与村庄建设和发展，让村民成为乡村振兴的主体和受益者。同时，村集体还通过提供就业机会、技能培训等方式，帮助村民提升自我发展能力，实现共同富裕。

5. 文化传承与创新

在发展进程中，泰山村始终秉持文化传承与创新并重理念。一方面，村集体深入挖掘和传承黄帝文化等传统文化资源，打造具有地方特色的文化品牌；另一方面，村集体也注重文化创新，通过引入现代科技、艺术等元素，为传统文化注入新的活力和内涵。这种文化传承与创新的方式，使得泰山村的文化软实力得到提升，也吸引了大批游客前来深度体验和感受。

（四）案例评述

泰山村作为乡村振兴的典范，其成功经验具有广泛的借鉴意义。首先，泰山村通过引入社会资本，实现了资源的优化配置和产业的融合发展，为乡村振兴提供了新的思路和路径。其次，泰山村注重村民的参与与共享，通过股份合作制、土地流转等方式，激发了村民的积极性和创造力，为乡村振兴注入了内生动力。最后，泰山村坚持文化传承与创新并重，通过挖掘和传承传统文化资源，培育了地方独有的特色文化品牌，提升了泰山村的文化软实力和知名度。

九、以山东淄博中郝峪村为代表的综合发展模式

（一）中郝峪村基本情况

中郝峪村位于博山深处，距淄博城区 40 多千米，是一个典型的纯山区村。全村共有 113 户、364 人，耕地面积只有 80 亩，但山林、果林的面积广阔，达 186.76 公顷。这一独特的地理环境为中郝峪村发展乡村旅游与休闲农业提供了得天独厚的自然条件。

（二）中郝峪村的发展历程

中郝峪村的发展并非一蹴而就的，而是经历了从传统农业向乡村旅游与休闲农业转型的漫长过程。2013 年，中郝峪村顺利完成了村集体产权制度改革，实现了资源转化为资产、现金转变为股金、村民转变为股民，为后续的发展奠定了基础。成立了淄博博山幽幽谷旅游开发有限公司，中郝峪村成功搭建起一、二、三产业融合发展的架构，实现了全村经营性项目的统一布局、运营管理和收益分配。

随着改革的不断推进，中郝峪村逐步确立了"以农民为核心、共促农民富裕"的发展思路，形成"公司+项目+村民参股"的综合发展模式。在这一模式下，全村居民均成为股东，家家户户都扮演起老板的角色，休闲农业与乡村旅游实现了融合发展，这不仅显著提高了村民的经济收益，还极大地提升了他们的满足感和幸福感。

（三）中郝峪村综合发展模式及其特点

1. 发展模式概述

中郝峪村的综合发展模式聚焦于休闲农业与乡村旅游，通过整合农业资源、生态环境、乡土文化等要素，促进了农产品生产、餐饮美食、医疗康养、教育培训等服务综合集成。同时开始建设美丽乡村，重点开展村容村貌提升、生态恢复、特色文化挖掘以及合作社建设等工作。这一模式的核心运作机制是"公司主导+个体承包+全体村民参股"，即由幽幽谷旅游

开发有限公司作为核心，负责全村的统一规划、运营、管理及市场推广，而村民则通过提供土地、山林、资金、劳动力等资源参股，与公司紧密联结，形成共享利益的共同体。

2. 产业规划

（1）乡村养生养老产业。中郝峪村凭借其得天独厚的自然条件，即高森林覆盖率和四季温暖宜人的气候条件，积极发展乡村养生养老产业。为了打造高品质的康养环境，中郝峪村精心改造建设了 32 户各类康养住宅。这些住宅不仅设计合理、环境幽雅，还有适老化的便利性。同时，为了满足老年人的精神文化生活需求，配套建设了康体休闲设施和无障碍老年活动中心，确保老年人在享受舒适居住环境的同时，也能拥有丰富多彩的休闲活动。中郝峪村提供了包括医疗服务、休养康复、农耕体验等在内的多元化服务，形成了一个融居住、养老、康复、医疗、休闲等功能于一体的新型产业链条。这一创新性的产业模式吸引了 70 多户外来定居的新村民，更使得中郝峪村的康养服务目的地声名远播，全村年接待康养人数超过了 3 万人次。中郝峪村还荣获了"全国森林康养示范基地"的荣誉称号，成为国内乡村康养产业发展的佼佼者。

（2）乡村民宿度假产业。为了充分利用村内资源，推动乡村旅游和经济的发展，村集体采取了一项创新举措：对村内 60 户共计 180 多间长期闲置的房屋进行了有偿回收，并通过重新规划与设计赋予这些房屋新的生命发展民宿。在规划设计中，尤为注重保留和凸显山村的传统风貌，使这些民宿在外观上能够完美融入周围的自然环境，成为山村一道亮丽的风景线；在内部设计上则更加注重现代舒适感，力求为游客提供一个外观传统而内饰现代的住宿体验。为了提升民宿的服务质量，村集体还对全村的妇女进行了系统的家政服务培训，确保每位管家服务员都具备专业的服务技能。培训结束后，每户院落都配备了一名持证上岗的管家服务员，她们为游客提供贴心周到的服务，让游客在享受美丽乡村风光的同时，也能感受到家的温暖与舒适。

（3）高标准农业旅游产业。为了推动乡村旅游的健康发展，当地政府积极规范并建设了超过 100 户的"农家乐"，这些"农家乐"不仅丰富了乡村旅游的业态，还显著提升了游客的旅行体验。在众多"农家乐"中，有 10 家凭借其卓越的服务品质与独特的乡村风情，荣获了"中国乡村旅游金牌'农家乐'"的殊荣，有 25 家被评为山东省五星级或四星级"农家乐"，充分展示了当地"农家乐"的高水准与良好口碑①。为了进一步提升"农家乐"的整体水平，当地政府还统一了"农家乐"的管理标准，制定了详细的行业规范，确保每家"农家乐"都能按照标准运营。实行了餐饮用具的统一配送，确保餐饮环节的卫生与安全，达到了省级"农家乐"卫生安全标准，让游客在享受美食的同时，也能吃得放心。在突出家庭接待特色方面，各家"农家乐"都充分发挥自身优势，为游客提供了各具特色的休闲体验氛围，让游客在不同农家能够感受到不同的乡村风情。此外，当地政府还对全体村民进行了旅游接待业务培训，使村民们的旅游接待能力得到了显著提升，从原来的"游击队"逐渐转变为"正规军"，为游客提供了更加专业、周到的服务。

3. 特点分析

（1）村民广泛参与。中郝峪村的成功在于充分调动了村民的积极性，使他们从旁观者转变为参与者、受益者。通过村民入股，不仅解决了资金问题，还增强了村民的责任感和归属感，促进了村庄的和谐稳定发展。

（2）公司统一运营。在公司股权结构中，村集体持有21%的股份，其余部分则依据村民拥有的房产、果园、劳动力等资产的价值按比例分配。除了经营所得收入，村民每年还能从公司获得分红。在运营层面，公司全面承担村子的项目开发、运营及宣传工作。公司的统一运营也涉及客源的分配，业户只需专注于提供优质的接待和服务，不得私自接待客人。村庄内所有项目的价格及收费均由公司统一规定并执行。

（3）注重生态保护与修复。中郝峪村在发展过程中始终坚守绿色发展的原则，高度重视生态环境的保护与恢复。通过实施森林康养、乡村民宿等项目，提升当地的大气、地表水等生态环境质量，吸引了周边大量游客前来体验乡村生活的魅力。

（4）标准化管理与服务。为了提高旅游服务质量，中郝峪村编制了严格的管理制度和服务规范。例如，《中郝峪村幽幽谷民宿管理服务标准》的出台和实施，严格落实民宿标准化服务，有效保障了民宿服务的质量和水平，提升了游客的满意度和忠诚度。

（四）案例评述

中郝峪村的综合发展模式为乡村振兴提供了有益的借鉴和启示。首

---

① 农经司. 中郝峪综合发展模式［EB/OL］.（2022-09-16）［2025-04-12］.https://www.ndrc.gov.cn/fggz/nyncjj/xczx/202209/t20220916_1335601_ext.html.

先，该模式强调村民的主体地位和广泛参与，通过股份制改革和村民入股的方式，实现了村民与公司利益的紧密结合，激发了村民的内生动力和发展活力。其次，该模式注重产业融合发展和生态保护与修复工作，既促进了当地经济与社会的可持续发展，又维护了良好的生态环境和自然景观。最后，该模式还注重标准化管理与服务水平的提升，通过制定和实施一系列管理标准和服务规范，有效提升了旅游服务的质量和水平，增强了游客的满意度和忠诚度。中郝峪村的成功经验，不仅为当地农村地区的经济发展注入了新的活力，也为全国各地的乡村振兴提供了可复制、可借鉴的模式。其运营模式"公司运作+单体承包+全体村民入股"独具特色，以及注重生态保护、产业融合、村民参与等特点，得到了社会的广泛关注和认可。

十、以山东临沂竹泉村为代表的外部资金撬动模式

（一）竹泉村基本情况

竹泉村位于山东省临沂市沂南县北部，属于沂蒙山腹地，距县城约 12 千米，距离临沂市区约 65 千米，车程约 1.5 小时，地理位置较优越，交通便利。村庄占地面积达 1 800 亩，是一个集自然景观、历史文化、民俗风情于一身的综合型乡村旅游目的地。竹泉村的旅游资源得天独厚，有竹泉村、红石寨两个国家 4A 级旅游景区。沂南县位于沂蒙山腹地，是全国知名的三国时期智圣诸葛亮的故里，也是"沂蒙红嫂"的家乡，还有寨子水库等水体资源优势。

（二）竹泉村的发展历程

竹泉村的历史可以追溯到数百年前，作为沂蒙山区的一个古老村落，它见证了这片土地的沧桑巨变。然而，在现代化进程加速的背景下，竹泉村也面临着传统村落保护与发展的双重挑战。2007 年，青岛龙腾集团凭借其敏锐的市场洞察力和社会责任感，决定独资开发竹泉村，并投入巨资1.56 亿元进行整体打造①。这一举措标志着竹泉村正式踏上了现代化乡村旅游的发展道路。

在开发进程中，竹泉村一直秉持"保护第一，科学开发"的基本原则，并确立了"古老传承与现代创新并重"的发展理念。其中，"古"意味着最大限度维持古村的历史原貌，通过修复古建筑群、复原古街小巷、

---

① 农经司. 竹泉村外部资金撬动模式［EB/OL］.（2022-09-16）［2025-04-12］.https://www.ndrc.gov.cn/fggz/nyncjj/xczx/202209/t20220916_1335603.html.

传承古老民俗等手段，构建出吸引游客的旅游核心吸引物；"新"则指按照乡村振兴的规划要求，同时兼顾村民的现代生活需求，建设宜居宜业的村落，为村民提供宽敞明亮、舒适安逸的生活空间。此外，竹泉村还积极发掘并传承沂蒙地区的传统农耕文化、山水景观文化以及人居环境文化中的生态智慧，将其建设为一个弘扬农村生态文化的重要窗口。

（三）竹泉村外部资金撬动模式及其特点

竹泉村的成功，在很大程度上得益于其独特的外部资金撬动模式。这一模式的核心在于通过引入外部资本，激活乡村内部资源，实现乡村的全面振兴。具体来说，竹泉村的外部资金撬动模式具有以下特点：

1. 政府主导与政策推动

竹泉村的成功转型，首先得益于沂南县委、县政府的强力主导与政策支持。政府充分利用旅游业的高关联度与强带动性，提出了"文旅兴县"战略，通过招商引资和政策扶持，为竹泉村的乡村旅游开发奠定了坚实基础。具体而言，政府不仅出台了加快乡村旅游发展的意见，还加大了政策扶持与考核力度，营造了良好的政策环境与发展氛围。

2. 外部资金引入与科学规划

2008 年，竹泉村成功将山东龙腾集团引进入驻，创立了山东龙腾竹泉旅游发展有限公司。受公司委托，山东省旅游规划设计研究院对竹泉村进行高起点规划，坚持"先保护后开发"的原则，对该村进行了系统规划。在该村的建设过程中，外部资金的注入不仅解决了资金不足问题，还注入了先进的管理理念、技术支持。同时，科学规划确保了竹泉村在保留原有风貌的基础上，实现了现代化旅游设施的完善与升级。

3. 资源优势挖掘与特色打造

竹泉村依托其独特的"翠竹、清泉、古村落"资源优势，致力于打造具有沂蒙特色的乡村旅游目的地。在开发过程中，村庄整体搬迁到村西侧，规划建设了整齐美观的二层小楼，而村东侧的古村落则原汁原味地保留下来并进行旅游开发，实现新村旧村互动发展。通过建设二带四街六巷九潭二十四桥等景观，竹泉村成功打造了融度假、休闲、观光于一体的旅游胜地。同时，传统手工竹编、纺线、黑陶制作等民间手工技艺也被保留下来，形成了独特的文化景观与旅游体验。

4. 产业融合发展与农民致富

竹泉村乡村旅游的成功开发，不仅带动了旅游业的快速发展，还促进了种植业、手工业等相关产业的融合发展。一方面，旅游业的兴起为村民提供了大量的就业机会与创业机会。风景区长期用工200余人，其中60%以上为竹泉村及周边村的村民，人均月工资达2000元以上①。此外，景区内外的商铺、民宿等旅游业态也为村民带来了可观的收入。另一方面，通过土地流转与增值，村民的土地收益也实现了大幅增长。龙腾竹泉旅游开发有限公司按每亩1000元的价格流转土地，不仅带动了村民增收，还促进了村集体的经济发展。

5. 基础设施建设与服务提升

为确保旅游业的可持续发展，竹泉村在基础设施建设与服务提升方面下足了功夫。政府与企业共同出资修建了多条通景区道路与旅游环线，为游客提供了便捷的交通条件。同时，村内设置了社区服务中心、游客服务中心，为游客提供导览、旅游咨询、寄存、预订、投诉等便捷服务。此外，青年志愿服务岗的设立也进一步提升了游客的满意度与体验感。

6. 市场化运作与品牌宣传

在发展过程中，竹泉村注重市场化运作与品牌宣传，通过引进工商资本与先进管理理念，景区实现了高效运营与持续盈利。同时，政府与企业还充分发挥诸葛亮文化旅游节、红石寨露营文化节等节会平台作用，发挥好传统媒体与新媒体的作用，加大宣传营销力度。这不仅吸引了更多游客前来观光旅游，还带动了周边地区相关产业的发展与繁荣。

（四）案例评述

竹泉村作为外部资金撬动模式的典范，其成功经验对于其他乡村地区具有重要的借鉴意义。确立"政府+开发商+农户"三方受益的"竹泉模式"，立足水利资源优势，培育造血产业；搭建产业平台，带动农民致富，一是风景区直接带动，二是服务业间接带动，三是土地流转增值脱贫；在当地党委和政府的大力支持下，凭借政策推动的优势，强化旅游基础服务设施建设并通过市场化的方式，引进工商资本，开发村落资源。

---

① 社会司. 竹林泉水中的世外桃源：山东省临沂市竹泉村［EB/OL］.（2021-01-28）［2025-04-12］.https://www.ndrc.gov.cn/xwdt/ztzl/qgxclydxalhjpxl/qgxclydxal/jqmsfzx/202011/t20201125_1251198.html.

第二节　乡村文化振兴效益

乡村文化振兴带来巨大的经济、社会和生态效益，为乡村持续发展带来不竭动力。下面分别对第一节内容提及的十种乡村文化振兴模式的效益进行分析评价。

一、以福建靴岭尾村为代表的传统文化复兴模式效益

（一）经济效益

靴岭尾村已形成了以"非物质文化遗产剪纸"为主题的吃住行游购娱"一条龙"产业链条。靴岭尾村已蝶变为年游客量超过 15 万人次的金牌旅游村。2023 年，文创产品及其相关联产品收入达 400 多万元。村党支部创办的福领来文化科技发展有限公司等 4 家实体企业，汇集起千家万户的"小剪刀"，对乡村生活进行美学设计和内容创造，全村近 60% 村民自愿入股当"股东"，齐心"剪"出了一条文化"变现"的"新路子"，户均年增收 2 万元。

2019 年，靴岭尾村的财政收入为 7.7 万元；2020 年，村集体的经营性收入增长到 20.08 万元，村民的年人均纯收入为 19 980 元；2021 年，村集体财政收入增长到 52 万元，村民的年人均纯收入为 2.58 万元；2022 年，该村实现财政收入 51.42 万元，村民的年人均纯收入增长到 2.79 万元；2023 年，靴岭尾村村集体经济收入 97.6 万元，村民年人均纯收入 2.9 万元。村集体经济收入和村民年人均纯收入均实现了持续增长。

（二）社会效益

村民对剪纸的认同感、参与度增强，村民也通过剪纸技艺实现了在家门口就业。2019 年，村上已经组织开展了 150 期文创田园剪纸艺术培训，7 000 多人次参加；青年创业协会特别组织了 6 场培训，吸引了 112 人次参与；还进行了 5 场电商人才培训，共有 135 人次接受培训，并成功开展了 3 场直播带货活动。靴岭尾村已经陆续培养出 30 多名剪纸高手，其中 7 人已正式申请成为县级非物质文化遗产技艺传承人。2020 年，该村被评为"福建省乡村振兴实绩突出村"，荣获"福建省乡村治理示范村"称号，还被评定为国家 2A 级旅游景区、金牌旅游村。

（三）生态效益

近年来，该村将建设金牌旅游村作为工作抓手，通过大力发展文化创意产业和旅游产业，不仅有效带动了当地经济的多元化发展，还有力地推动了村容村貌的显著提升，实现了乡村振兴。

二、以贵州舍烹村为代表的三变模式效益

（一）经济效益

舍烹村利用绝美的地质地貌、生态环境和区域小气候等优势，大力发展山地特色农业、山地旅游业以及大健康产业。村内成功引进了深圳苏式山水有限公司、盘县旅游文化投资有限公司等多家优秀企业，联合开发村庄的优美自然资源与生态环境。与此同时，娘娘山旅游公司、银湖合作社也积极支持 8 个自然村成立村级农民专业合作社，根据各自条件发展特色经济。为了激励群众积极参与，合作社采取了现金奖励的方式，鼓励村民投身于农家旅馆、农家饭店以及特色种植养殖等产业。公司和合作社不断提升园区的服务配套设施。2019 年舍烹村已有 17 家企业、30 多家农家饭店、12 家农家旅馆，形成农旅融合产业链，极大地激发了农民群众的创业热情。

村民的收入持续增长。年人均纯收入从 2014 年的 7 760 元提高到 2015 年的 11 260 元，2019 年人均年纯收入达到 1.6 万元，2023 年人均年纯收入增长到 2 万元。

（二）社会效益

舍烹村因为"三变"改革而享誉全国。起源于舍烹村的"三变"改革案例先后 10 次被写入党中央、国务院的重要文件，成为新时期农村改革的独特标识①。2019 年，舍烹村被列入贵州第一批省级乡旅游重点村名录；2020 年，舍烹村被评为全国文明乡村。舍烹村乡村文化得到保护性传承，并创新了农耕文化和康养文化。

（三）生态效益

村内产业园区精心规划了农耕文化园、百草园、百花园以及现代农业科技展示园，提升农业产业的观赏性、体验性和科普性，成功实现了旅游

---

① 舍烹村走进"春天里"：政策给力、部门助力、企业发力，村民入股企业打造"三变"改革新样板［EB/OL］.（2023-03-21）［2025-04-12］. https://www.gzlps.gov.cn/ywdt/jrld/202303/t20230321_78627733. html.

与农业的深度融合。在生态旅游开发方面，从自然风光观光游览、生态湿地体验、湿地生态系统科普考察三个维度出发，保护性地开发利用了高原湿地资源。在文化体验活动方面，依托当地少数民族（如苗族、彝族、布依族等）聚居的特色，开发出彝族古歌、彝族达体舞、彝族酒令舞、彝族火把节、苗族芦笙舞、苗族大筒箫、布依盘歌等少数民族民俗文化娱乐活动，以及保存较好的、具有鲜明民族特色的民居建筑，实现了自然生态资源和文化生态资源的有效保护与价值提升。

三、以浙江鲁家村为代表的田园综合体模式效益

（一）经济效益

鲁家村虽紧邻县城，以前却是全县最穷、最脏乱差的行政村之一。鲁家村的主要产业是白茶种植，有少量的以转椅加工为代表的工业企业，全村产业基础薄弱，农业收入低，无法满足村民的基本生活需求。2011年，村民的年人均纯收入为 14 719 元，村级卫生检查打分鲁家村位列全县行政村倒数第一。2018年，鲁家村被评为全国十佳小康村，全国首批国家田园综合试点项目之一，多种荣誉加身。2011年，村集体收入为 1.8 万元；2019年，村集体收入增长到 560 万元；2023年，村集体收入达到 690 万元。2011年，鲁家村的村民人均纯收入为14 719元；2019 年增长到 42 710 元，增长了近 2 倍；到 2023 年超过 5 万元，一举成为富裕村。村集体的资产从 2011 年的不到 30 万元增长到 2023 年的 2.9 亿元。

通过十多年的摸索，鲁家村已经走出了一条"自我造血"的道路，并积极帮助周边村落，实施抱团发展。鲁家村村民的收入来源一共有 5 类：①经营民宿的收入。有 30 余户人家将自家房屋装修成精品民宿，每家民宿预计年收入 20 万元以上。②就地就业收入。村民在农场或"农家乐"工作，解决了 360 人的就业，年工资收入达 1 200 万元左右。③土地出租租金收入。全村 533.6 公顷土地流转，每户村民的土地租金收入每年约为 8 000 元。④集体公司年终分红收入。据粗略估算，旅游区每年接待游客 30 万人次，产生旅游收入约 6 000 万元，鲁家村村集体在公司的股份每年能分得 600 万元的分红。⑤其他收入，如培训收入、管理输出收入等。

（二）社会效益

鲁家村重视基础设施建设，包括修建绿道、村庄铁轨等，为村民和游客提供了更加便捷的生活环境。同时，还建设了游客中心、停车场等配套

设施，提升了乡村旅游的服务水平。随着村集体经济的增长，鲁家村在公共服务方面也加强了投入，包括教育、医疗、文化娱乐等方面的设施得到了完善和提升，村民的生活质量得到了显著提高。

鲁家村在社会治理方面进行了创新探索，建立了村民自治组织和社会治理体系。通过村民自治和多方参与的方式，实现了村庄的和谐稳定和有序发展。鲁家村在发展过程中始终注重村民的参与和共享。通过深化村级股份制改革等方式，让村民充分参与到村庄的发展中来并分享发展成果。鲁家村先后获得多项国家级荣誉，成为乡村振兴的典范。其发展模式不仅提升了村民的生活水平，还促进了乡村文化的传承与发展，增强了村民的归属感和幸福感。

鲁家村先后荣获首批国家级田园综合体示范点、首批国家农业产业融合发展示范园、全国十佳小康村、全国乡村旅游重点村、国家森林乡村、全国乡村振兴示范村等各项荣誉。2017 年的全国休闲农业和乡村旅游大会到鲁家村现场考察，2018 年的全国改善农村人居环境工作会议也到了鲁家村参观考察。2021 年 4 月，鲁家村入选"中国共产党的故事——习近平新时代中国特色社会主义思想在浙江的实践"6 个案例之一，向全世界展示。

（三）生态效益

曾经，鲁家村的村容村貌状况比较糟糕，村级经济状况深陷资不抵债的困境，产业形态近乎空白，文化内涵更是无从提及。自 2011 年起，在村支部书记朱仁斌的引领下，鲁家村明确了三次产业融合发展的新方向，并积极践行"绿水青山就是金山银山"的核心理念。其成功之处在于，从农业供给侧入手，精心打造山水田园综合体，探索出一条既守护绿水青山，又能促进村民富裕、村庄强盛的科学发展路径。借助创建美丽乡村精品示范村的机会，鲁家村灵活运用"两山"理论，紧跟市场需求，引领消费前沿，推动一、二、三产业深度融合，加快发展家庭农场和乡村旅游。短短几年时间，这个往日全县闻名的环境脏乱差、经济落后的村庄，已蜕变为开门即花园、全村皆景区的美丽乡村典范，实现了全村的共同富裕，为乡村建设提供了宝贵的实践案例和鲜活经验①。

---

① 秀美新丰.田园综合体：浙江鲁家村［EB/OL］.（2022-02-26）［2025-04-12］.https://www.sohu.com/a/525690688_121123886.

四、以浙江莫干山为代表的民宿发展模式效益

（一）经济效益

截至 2024 年 7 月底，德清县有民宿近 900 家，床位 1.2 万张，直接从业人员 6 000 余人。2023 年，莫干山民宿接待游客超过 890 万人次，营业收入超过 30 亿元①。民宿产业为地方财政贡献了大量税收收入。以 2016 年为例，莫干山镇共有 433 家正式营业的民宿，一共缴纳税金 2 000 万元，占莫干山镇地方财政收入比例 34.5%，占德清全县民宿业缴纳税金比例 97.3%。其中，高档民宿企业纳税占莫干山镇全部民宿纳税总额的 87.1%②，表明高档民宿对乡镇的财政收入做出了巨大贡献。数据显示，民宿产业已成为莫干山镇的重要经济支柱。

仙潭村被称为莫干山民宿第一村，采取"国企+镇+村集体"的新模式，由原先的 10 家民宿，发展到 2022 年的 166 家；从原先的 80 元包吃住，到 2022 年单个房间卖出了上千元一宿，村民在民宿上班年薪超过 5 万元。2022 年，村集体经济总收入 8 850 万元，村民人均纯收入超过 15 万元。仙潭村实现了"人流"带"客流"、"人力"变"财力"，从"民宿村"到"共富村"的华丽蝶变。

（二）社会效益

莫干山的民宿产业发展带来了诸多社会效益，特别是高端民宿如"裸心谷""法国山居"等的成功运营，极大地提升了莫干山乃至整个德清县的知名度和美誉度。这些民宿以其独特的建筑风格、高品质的服务和丰富的文化内涵吸引了大量游客前来体验，使得莫干山成为国内外知名的旅游目的地。

在发展过程中，莫干山民宿注重将当地的文化元素融入其中，使游客在享受住宿服务的同时，也能深刻感受到莫干山的文化底蕴和乡村风情。这种文化传承的方式不仅让游客对莫干山有了更深的了解，也促进了当地文化的传承与保护。同时，民宿的经营者往往也是地方文化的传播者，他们通过举办各种文化活动、展示当地手工艺品等方式，进一步推动了地方

---

① 德清县：领跑民宿产业 助推乡村共富［EB/OL］.（2024-07-12）［2025-04-12］. https://baijiahao.baidu.com/s? id=1804337608649408651&wfr=spider&for=pc.

② 浙北小镇"一张床"年创税 14 万！到底用了什么妙招？［EB/OL］.（2018-03-27）［2025-04-12］. https://zjnews.zjol.com.cn/zjnews/wznews/201803/t20180327_6889882.shtml.

文化的交流与传播。

仙潭村先后荣获国家 3A 级景区、中国"美丽休闲乡村"、浙江省"美丽庭院特色村"、浙江省数字乡村"百优村"、省级"未来乡村"、省级文明村、湖州市第一批"共同富裕最佳实践"、湖州市"美丽乡村精品村"等荣誉称号。

（三）生态效益

莫干山民宿的发展依赖于莫干山景区多样的自然资源，通过科学合理规划和布局，实现了对自然资源的合理利用。民宿业的发展不仅没有破坏当地的生态环境，反而通过生态旅游的方式促进了生态环境的保护和恢复。

1. 民宿的绿色经营

许多莫干山民宿采用绿色经营的理念，使用环保材料装修，推广节能减排措施，减少对环境的影响。这种绿色经营模式不仅提升了民宿的品质和形象，也为游客提供了更加健康、舒适的住宿环境。

2. 生物多样性保护

莫干山民宿周边的自然景观等得到了有效维护，包括森林、湖泊、湿地生态系统。这些生态系统为当地生物多样性提供了重要保障，使得莫干山成为众多野生动植物的栖息地。民宿业的发展促进了生态旅游的兴起，游客在游览过程中更加注重对生态环境的保护。通过生态旅游的引导，外来游客可以更加深入地了解本地生态环境以及生物多样性保护的重要意义。

3. 碳减排与能源利用

莫干山民宿在能源利用方面采取了一系列节能减排措施，如使用太阳能、风能等可再生能源，减少对传统能源的依赖。同时，民宿还通过改进建筑设计、采用高效节能设备等方式降低能耗，减少碳排放。部分民宿开始关注自身的碳足迹管理，通过计算和分析民宿运营过程中产生的碳排放量，制定具有针对性的减排措施，实现了低碳运营。

4. 社区参与生态教育

莫干山民宿的发展得到了当地社区的支持和参与。通过民宿业的发展，当地社区居民获得了更多的就业机会和经济收益，同时也更加关注自身生活环境的保护和改善。民宿业还成了生态教育的重要场所。许多民宿通过开展生态教育活动，向游客传授生态保护知识，提升公众的环保意识和参与度。这种生态教育模式不仅有助于培养更多关注生态环境的公民，也为莫干山民宿的可持续发展提供了有力支持。

五、以浙江乌村为代表的乡村度假集群模式效益

（一）经济效益

乌村"一价全包"精品民宿度假模式的推出，极大地提升了乌镇旅游业的竞争力，吸引了大量游客前来消费。有数据显示，2023年乌镇全年接待游客716万人次，同比增长561%，实现营业收入17.4亿元①。同时，该模式还带动了周边产业的发展，如农业、手工艺品等，促进了当地经济的多元化发展。

（二）社会效益

乌村旅游业的发展不仅提高了当地居民的生活水平，还促进了社会和谐稳定。当地鼓励社区居民参与旅游业，社区居民从中获得了更多的就业机会和更好的经济收益，增强了他们的归属感和幸福感。同时，旅游业的繁荣也促进了社会文化的交流和传播，提升了乌镇的文化软实力。民宿业的发展还带动了相关产业的升级和发展。例如，民宿业的发展促进了餐饮、购物、娱乐等相关产业的繁荣；同时，民宿业的发展也促进了旅游产品的创新和升级。

（三）生态效益

乌村注意生态环境保护与旅游发展并重，通过合理规划和绿色经营，实现了对自然环境的低影响开发。民宿经营者普遍采用环保材料和技术进行装修和经营，减少了对环境的污染和破坏。同时，民宿业还通过推广生态旅游理念，引导游客参与环保活动，共同保护乌村的绿水青山。民宿业的发展促进了生态旅游的兴起，使游客更加关注生态环境保护，推动了可持续旅游的发展。

六、以安徽三瓜公社为代表的电商特色产业模式效益

（一）经济效益

近年来，三瓜公社的电商平台年销售额持续保持增长态势，2023年更是达到了1.5亿元，同比增长率高达25%。同时，自建的"三瓜云商"平台年销售额成功突破5 000万元大关，成为推动当地电商销售的重要力量。

---

① 乌镇：从江南水乡到数字经济新高地的蝶变［EB/OL］.（2024-05-14）［2025-04-12］.
https://baijiahao.baidu.com/s? id=1799011128141992995&wfr=spider&for=pc.

电商产业的兴旺发展不仅带动了农业经济的增长，还显著增加了农民的收入，当地农民人均年收入增长了约30%，部分农户更是实现了年收入超过20万元的佳绩。

此外，电商产业的发展还深刻影响了社会民生，有效带动了当地贫困人口脱贫致富，实现了精准扶贫与乡村振兴的紧密衔接。随着电商产业的持续繁荣，三瓜公社的税收收入也实现了稳步增长，为地方财政的健康发展做出了积极而显著的贡献。

（二）社会效益

2017年7月，三瓜公社获评安徽省首批特色小镇第一名。2019年，年接待游客量300多万人次，其中各地考察学习人员超过30万人次①。

1. 促进就业

电商产业的发展直接带动了当地居民就业，包括物流、客服、美工等多个岗位。据估算，电商产业直接带动就业人数超过2 000人②。同时，电商产业的发展还带动了相关产业链上的就业增长，如农产品种植、加工等环节的就业人数也有所增加。

2. 教育与技能提升

三瓜公社与多所高校、职业培训机构合作，定期举办电商培训课程，内容涵盖电商运营、市场营销、美工设计、客户服务等多个方面。2019年，已累计培训超过1万人次，有效提升了当地居民的职业技能和电商创业能力。

在加强本地人才培养的同时，三瓜公社还积极引进外部电商人才，特别是具备丰富经验和创新思维的电商专家和管理人才。通过设立创业基金、提供优惠政策等方式，吸引他们到三瓜公社创业或就业，为电商产业的持续发展注入了新的活力。

3. 文化传承与创新

三瓜公社深入挖掘当地的文化资源，开发了一系列具有地方特色的文化产品，如手工艺品、传统美食、民俗服饰等。这些产品不仅丰富了电商平台的商品种类，还促进了传统文化的传承与创新。为了进一步提升品牌影响力和文化知名度，三瓜公社定期举办各类文化活动，如民俗文化节、

---

① 把农村建设得更像农村：关于安徽电商特色小镇"三瓜公社"的调研与启示［N/OL］.人民政协报，2019-04-01. http://cppcc.china.com.cn/2019/04/01/content_74633013.htm.

② 三瓜公社小镇发展经验向全国推广［N/OL］.安徽日报，2019-07-14. https://www.ahcaijing.com/index.php? a=show&catid=9&id=126219&m=wap&siteid=1&typeid=3.

农产品展销会、电商创业大赛等。这些活动不仅吸引了大量游客和投资者的关注，还促进了当地文化的交流与传播。

（三）生态效益

1. 绿色生产

在电商产业的发展过程中，三瓜公社始终坚持绿色生产理念，推广使用有机肥、生物防治等环保技术，减少化肥和农药的使用量。同时，加强对农产品加工过程的监管，确保产品符合环保标准。

2. 生态旅游

依托优美的自然环境和丰富的生态资源，三瓜公社大力发展生态旅游项目。通过建设生态步道、观鸟平台、自然保护区等设施，为游客提供亲近自然、体验生态的机会。同时，加强对游客的环保教育，引导他们共同参与到生态环境保护中来。

七、以陕西袁家村为代表的村集体组织带动模式效益

（一）经济效益

袁家村村集体组织带动模式在经济效益方面取得了显著成果。2023年，袁家村拥有农副产品加工企业 10 家、旅游服务企业 6 家，建立了油菜籽、大豆、红薯、玉米等优质农产品生产基地 14 个。此外，袁家村还积极开拓农副产品的线上销售与线下销售，致力于培育新的增长动力和发展潜力。凭借乡村旅游与特色产业的蓬勃发展，袁家村的经济实现了快速增长，村民收入也持续攀升。有数据显示，2017 年，袁家村接待的国内外游客数量突破了 500 万人次，旅游总收入达到 3.8 亿元以上，村民的年人均纯收入超过 10 万元。到了 2023 年，游客接待量更是增至 800 万人次，旅游总收入超过 12 亿元，村民的人均年收入也达到了 15 万元以上。这一发展模式不仅极大地促进了袁家村自身的经济繁荣，还对周边地区的发展产生了积极的辐射带动作用。

（二）社会效益

袁家村村集体组织带动模式在社会效益方面也产生了积极影响。通过促进村民就业和创业，该模式改善了村民的生活条件和社会地位。同时，通过加强基层组织建设和民主管理，该模式增强了村民的凝聚力和自治能力。此外，袁家村还注重弘扬传统美德和乡村文化，推动了乡村社会文明进步与和谐发展。袁家村获得了国家 4A 级旅游景区、全国乡村旅游示范村、中国最有魅力休闲乡村、中国十大美丽乡村、中国十佳小康村、国家特色景观旅游名村、全国"一村一品"示范村、中国乡村旅游创客示范基地等美誉，往日的"空心村"已经蜕变为现今的"关中民俗第一村"。

（三）生态效益

在生态效益方面，袁家村十分重视环境保护与生态建设，实现了经济效益与生态效益的双丰收。通过实施生态旅游和生态修复等措施，袁家村保护了村内的自然资源和生态环境，为游客提供了优美整洁的旅游环境。同时，该模式还促进了农业的可持续发展，提高了土地的利用效率和产出效益。

八、以河南郑州泰山村为代表的村集体与社会资本共同撬动模式效益

（一）经济效益

泰山村通过发展文旅产业、高效农业产业园、新型养老产业和培训产业等多元化产业，实现了经济的快速增长。据统计，泰山村现有村集体企业 5 家，固定资产 3 亿多元，年接待游客 300 余万人次，年营业收入 8 500 万元，带动 1 500 余人就业，集体经济收入达到 630 万元，村民人均年纯收入由原来的不足 3 000 元，增长到 2022 年的 3 万多元①。同时，村集体还通过股份合作、土地流转等方式，增加了村集体的经济收入，已实现"家家有产业，人人有活干"的新格局，为村庄的可持续发展提供了有力保障。

（二）社会效益

泰山村的发展不仅带来了经济效益，还产生了广泛的社会效益。首先，泰山村通过提供就业机会和技能培训等方式，帮助村民实现了就近就业和增收致富，提升了村民的生活水平和幸福感。其次，泰山村还注重文化传承与创新，通过举办各类文化活动和节庆活动等方式，丰富了村民的精神文化生活，增强了村民的文化自信和归属感。最后，泰山村的发展还带动了周边地区的经济发展和社会进步，为乡村振兴和城乡融合发展做出了积极贡献。

泰山村先后荣获"中国乡村旅游模范村"、全国"一村一品"示范村、全国生态文明村、河南省"最美乡村"等荣誉。

（三）生态效益

泰山村在发展过程中始终注重生态保护和可持续发展。通过种植林

---

① 郭亮. 河南泰山村："农文旅康"开辟乡村振兴新路子[EB/OL].(2022-10-26)[2025-04-12]. http://www.village.net.cn/news/index/6586.

木、改善生态环境等措施，泰山村打造了一个山清水秀、生态宜居的美丽乡村。同时，泰山村还注重农业生产的绿色化和有机化，推广使用有机肥和生物防治技术等方式减少农药和化肥的使用量，保护了土壤和水源的安全。这些措施不仅提升了泰山村的生态环境质量，也为游客提供了一个优美舒适的旅游环境。

九、以山东淄博中郝峪村为代表的综合发展模式效益

（一）经济效益

中郝峪村通过发展乡村旅游与休闲农业实现了经济效益的显著提升。以前的中郝峪村，村民年人均纯收入仅为 1 800 元，村集体欠账 8 万元，是远近知名的穷山村、"空心"村。统计数据显示，2022 年，中郝峪村的年游客接待量超过 65 万人次，全村旅游综合收入达到 3 900 万元，村民年人均纯收入达到 5.2 万元①。随着旅游产业的不断提档升级，旅游综合收入有望进一步增长。同时，村民通过入股运营公司获得了稳定的分红收入，生活水平得到了显著提升。

（二）社会效益

中郝峪村的发展还带来了显著的社会效益。乡村旅游的发展促进了当地就业创业机会的增加，为村民提供了更多的收入来源和就业选择。此外，乡村旅游的发展还有助于传承和保护乡土文化，使中郝峪村的传统文化和民俗风情得以在现代社会中焕发出新的生机与活力。中郝峪村先后荣获首批"全国休闲农业与乡村旅游示范点""全国农村创业创新园""中国乡村旅游模范村""全国乡村旅游重点村""好客山东最美乡村""全国森林康养示范建设基地""山东省首批中小学生研学实践教育基地"等称号。

（三）生态效益

在发展过程中，中郝峪村始终将生态保护放在首位，坚持绿色发展理念。通过实施森林康养、生态农业等项目，中郝峪村有效保护了当地的自然资源和生态环境，该村森林覆盖率达到 85%以上，绿水青山变成了金山银山。乡村旅游的兴起，进一步推动了生态环保意识的普及，游客们在享受自然美景的同时，也更加注重对环境的保护，为中郝峪村赢得了良好的

---

① 淄博市农业农村局. 喜报！我市中郝峪村获批 2022 年中国美丽休闲乡村[EB/OL].（2022-11-15）[2025-04-12].https://ny.zibo.gov.cn/art/2022/11/15/art_980_2515190.html.

生态效益，也为其他农村地区树立了典范。

十、以山东临沂竹泉村为代表的外部资金撬动模式效益

（一）经济效益

竹泉村采用的路径是发展乡村生态旅游业，实现了村庄经济的快速增长。据统计，自项目开发以来，竹泉村年接待游客量逐年攀升，旅游收入大幅增加。竹泉风景区于 2009 年 7 月开门迎客，并迅速成为沂南旅游跨越式发展的领跑项目，客流量连年保持高速增长，取得了明显的社会效益和经济效益。2023 年，风景区已是国家 4A 级旅游景区，年游客接待量 100 余万人次，直接旅游收入达到 8 000 万元[①]。2007 年，村民的年纯收入不到 4 000 元，2023 年已超过 4 万元，是 2007 年的 10 多倍。

（二）社会效益

"政府+开发商+农户"三方受益的"竹泉模式"成为乡村振兴的典范。2011 年，竹泉村获得水利部授予的"国家水利风景区"称号，原农业部、住房城乡建设部分别授予了"全国休闲农业与乡村旅游示范点"和"中国人居环境范例奖"荣誉。2014 年 10 月，竹泉村又被原国家旅游局、原农业部等六个部门联合评选为"CCTV 中国十大最美乡村"，是当年山东省唯一获此殊荣的单位。

村民的生活品质明显提高。通过参与旅游接待、制作手工艺品、销售农产品等旅游关联产业就业，村民们的收入来源实现了多元化，生活品质明显得到提升。此外，竹泉村的发展还吸引了大量外出务工人员回流，有效缓解了乡村空心化问题，增强了乡村的活力和凝聚力。

（三）生态效益

竹泉村在发展过程中始终坚持绿色发展理念，将生态保护作为首要任务。通过生态修复和严格的环保措施，划定控制建设区域，对控制建设区内地下水开采、矿产资源利用、植被保护等进行严格管理。在景区的精细管理下，村内竹林面积逐步增大，品种逐年增多，原来的臭水沟变成了绿柳垂阴、鱼虾戏水的景观生态河道。竹泉村的自然风貌和生态环境被完好地保留下来。同时，竹泉村还积极推动生态农业和自然旅游的发展，鼓励村民践行绿色环保的生产生活方式，大大减少了对环境的污染和破坏。

---

① 县文旅局：突出特色差异，沂南打造休闲旅游精品，推动乡村振兴 [EB/OL].（2023-06-05）[2025-04-12].http://www.yinan.gov.cn/info/1513/134224.htm.

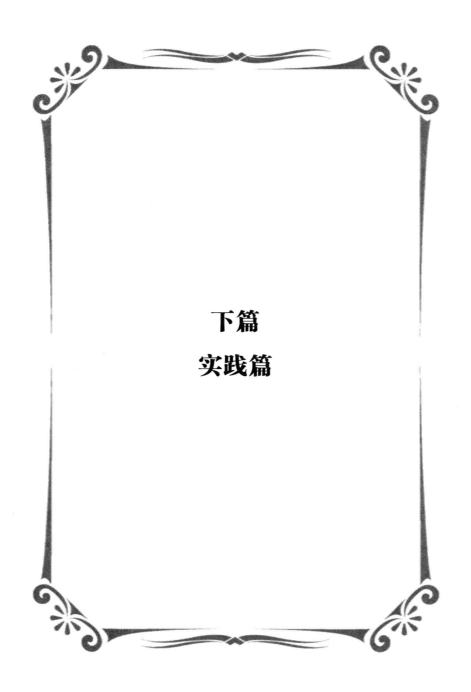

下篇

实践篇

第四章 乐山乡土文化资源概况

乐山乡土文化资源丰富，尤其是非物质文化遗产丰富，包含十大类别，普查发现共有 273 项，其中市级以上非物质文化遗产共有 176 项，分布具有集聚在市中区、峨眉山市、峨边和马边彝族自治县的特征。乐山非物质文化遗产数量和等级在不断变化，与人类挖掘、评估、保护和创新利用密切相关。

第一节 乐山乡土文化资源概述与普查结果

乡土文化资源是乐山独具特色的文化资源，总体数量较多，但高级别、价值大的资源相对较少。

一、乐山乡土文化资源概述

2019 年，四川省文化和旅游厅全面实施全省文化和旅游资源普查工作，乐山在本次普查中摸清了文化资源家底：全市共有六大类文化资源 62 316 个（不含 909 处消失文物点），包含国家级资源（或一级资源）87 个，省级资源（或二级资源）306 个，市级资源（或三级资源）2 343 个，县级资源 9 835 个，未定级资源 49 745 个。其中，新发现的资源量 5 356 个，全为未定级资源，占总数的 8.6%。总体而言，高级别的文化资源数量较少。

二、乐山乡土文化资源普查结果

普查结果发现：古籍类 5 613 部 47 136 册。传统器乐乐种 7 种，其中乐种 1 种、乐器 6 种、演艺团体 5 个、演出人员 88 人、艺术作品 87 个。美术馆藏品 760 件，其中绘画藏品 209 件、书法藏品 256 件、雕塑藏品

6 件、摄影藏品 286 件、民间美术作品 3 件。地方戏曲剧种有峨眉堂灯（四川灯戏）和川剧 2 种。就非物质文化遗产而言，共计 273 项，其中国家级非物质文化遗产 4 项、省级非物质文化遗产 40 项、市级非物质文化遗产 53 项、县级非物质文化遗产 110 项、未定级非物质文化遗产 66 项。就可移动文物而言，共计 12 424 件（套），其中一级文物 71 件（套）、二级文物 235 件（套）、三级文物 2 209 件（套）、一般文物 9 538 件（套）、未定级文物 371 件（套）。就不可移动文物而言，共计 1 714 处，不包含消失的文物点 909 处，其中全国重点文物保护单位 12 处、省级文物保护单位 31 处、市级文物保护单位 81 处、县级文物保护单位 187 处、未定级的不可移动文物点 1 403 处。① 具体见表 4-1。

表 4-1　乐山市乡土文化资源统计

类别	数量/项	占比/%
古籍	47 136	75.64
传统乐器器乐	7	0.01
美术馆藏品	760	1.22
地方戏曲剧种	2	0
非物质文化遗产	273	0.44
文物	14 138	22.69
合计	62 316	100.00

第二节　乐山乡土文化资源分类分级与挖掘拓展

对乡土文化资源予以分类有利于把握不同类型资源的形成规律和本质特征，而分级则为制定保护与开发时序、投入资金等提供了科学依据。乡土文化资源的价值是动态发展的，随着人类研究和认识的不断深化，更多高级别和价值大的资源被发掘出来。

---

① 乐山市文化广播电视和旅游局. 乐山市文化和旅游资源普查报告［R］. 2020.（内部资料，未公开出版）

一、乐山乡土文化资源分类

在六大类乡土文化资源中，非物质文化遗产和文物的分类相对复杂。下文对这两大类资源的分类进行详细阐释。

（一）非物质文化遗产的分类

2020年，乐山市的非物质文化遗产普查结果为273项，有民间文学等10个类别，占非物质文化遗产大类的100%。其中，传统技艺类111项，占总量的40.7%；传统舞蹈类32项，占总量的11.7%，数量最少的是曲艺类，仅5项，占总量的1.8%，见表4-2所示。

表4-2　2020年乐山市非物质文化遗产分类统计

序号	类型	数量/项	占比/%	备注
1	民间文学	18	6.59	省级3项，市级1项，县级9项，未定级5项
2	传统音乐	23	8.42	省级6项，市级5项，县级11项，未定级1项
3	传统舞蹈	32	11.72	省级1项，市级5项，县级13项，未定级13项
4	传统戏剧	8	2.93	省级3项，县级4项，未定级1项
5	曲艺	5	1.83	省级1项，市级1项，县级3项
6	传统体育、游艺与杂技	23	8.43	国家级1项，省级4项，市级3项，县级14项，未定级1项
7	传统美术	13	4.76	国家级2项，省级3项，市级4项，县级4项
8	传统技艺	111	40.66	国家级1项，省级9项，市级21项，县级41项，未定级39项
9	传统医药	9	3.3	省级2项，市级1项，县级4项，未定级2项
10	民俗	31	11.36	省级8项，市级12项，县级7项，未定级4项
	合计	273	100.00	国家级4项，省级40项，市级53项，县级110项，未定级66项

（二）文物的分类

文物分为不可移动文物、可移动文物两类。其中，不可移动文物可细分为古遗址、古墓葬、古建筑、石窟寺及石刻、近现代重要史迹及代表性建筑、其他六种类别。可移动文物是指馆藏文物（或可收藏文物），包括历史上各朝代的重要艺术品、手稿、图书资料、文献、代表性实物等，按照价值高低分为珍贵文物和一般文物。

乐山市共有不可移动文物 1 714 处，不包含消失的文物点 909 处，新发现的不可移动文物有 7 处。乐山市的可移动文物共有 12 424 件（套），此次普查新增可移动文物 102 件（套），见表 4-3 所示。

表 4-3　2020 年乐山市文物普查统计

序号	类型	数量/项	占比/%	备注
1	不可移动文物	1 714	12.12	新发现 7 处，消失文物点 909 个
2	可移动文物	12 424	87.88	新增 102 件
	合计	14 138	100.0	

二、乐山乡土文化资源分级

（一）非物质文化遗产的分级

按乐山非物质文化遗产项目级别统计，国家级非物质文化遗产项目有夹江年画、竹纸制作技艺、沐川草龙、峨眉武术 4 项，省级非物质文化遗产项目有竹麻号子、麻柳堂灯戏、三雄夺魁、峨眉山大庙庙会等 40 项，市级非物质文化遗产项目有纸乡秧歌、操纸竹帘制作技艺、土门泡菜制作技艺、犍为泡子酒等 53 项，县级非物质文化遗产项目有花灯、夹江篆刻书画、金石井手工制陶、犍为俚语等 110 项，未定级的非物质文化遗产有马村鱼头、太平豆腐干、莲花落（莲花闹）、范店中药材等 66 项。其中，乐山的国家级非物质文化遗产 4 项，占全市非物质文化遗产总量的 1.46%；省级非物质文化遗产 40 项，占全市非物质文化遗产总量的 16.88%；市级非物质文化遗产 110 项，占全市非物质文化遗产总量的 40.29%。乐山乡土文化资源结构呈现金字塔形，以市级和县级为主体。

（二）文物的分级

可移动文物分为国家重点文物保护单位、省级重点文物保护单位、市级重点文物保护单位、县级重点文物保护单位。乐山市有峨眉山古建筑群、大庙飞来殿、犍为文庙等 12 处全国重点文物保护单位；有洗象池、峨眉山仙峰寺、峨眉山雷音寺等 31 处省级重点文物保护单位；有黄茅字库塔、遇仙寺、福林包崖墓等 81 处市级重点文物保护单位；有西坡寺、郭家墓地、观音桥等 187 处县级重点文物保护单位。乐山有童尔贵墓、两河村大寨梯地、峨眉山观音桥等 1 403 处未定级不可移动文物点。

可移动文物分级为珍贵文物和一般文物；珍贵文物分为国家一级文物、二级文物、三级文物。乐山市有东汉听琴石俑、战国虎纹柳叶铜剑、战国短骹双耳鱼凫纹铜矛等一级文物 71 件（套），唐铜观音造像、汉浮雕虎纹犀角杯、战国单耳铜錾等二级文物 235 件（套），北宋师著作石墓志铭、东汉陶缸、战国时期青铜柳叶剑等三级文物 2 209 件（套）。乐山还有东汉陶罐、东汉陶鸡、东汉花边砖等一般文物 9 538 件（套），20 世纪嘉阳煤矿木质印章、20 世纪嘉阳煤矿计量办公室木质印章、清黑釉陶罐等未定级文物 371 件（套）。

三、乐山乡土文化资源挖掘与拓展

（一）新增非物质文化遗产名录

2023 年 4 月，在四川省发布的第六批省级非物质文化遗产名录中，乐山市有 13 项非物质文化遗产入选，分别包含传统音乐、传统体育、游艺与杂技、传统美术、传统技艺、传统医药五类（见表 4-4）。2021—2022 年，乐山市新认定的市级非物质文化遗产有 64 项，包含传统音乐等七大类别，具体见表 4-5①。

表 4-4　2023 年乐山市新增省级非物质文化遗产名录

序号	类型	数量/项	项目名称
1	传统音乐	2	毛坪山歌、峨边彝族月琴弹奏技艺
2	传统体育、游艺与杂技	1	岳门武术
3	传统美术	2	井研农民画、小凉山彝族刺绣（马边彝族刺绣）（扩展名录）

---

① 中共乐山市委，乐山市人民政府. 乐山市人民政府关于公布乐山市第七批市级非物质文化遗产代表性项目名录的通知［EB/OL］.（2022-06-30）［2025-04-12］.https://www.leshan.gov.cn/api-static/lsswszf/xxgkcontent/zwgk_content_20220620140825-149304-00-000.shtml？id=20220620140825-149304-00-000.

表4-4(续)

序号	类型	数量/项	项目名称
4	传统技艺	7	畜肉菜肴传统制作技艺（肥肠菜肴制作技艺）、畜肉菜肴传统制作技艺（跷脚牛肉汤锅制作技艺）、四川泡菜制作技艺（土门泡菜制作技艺）（扩展名录）、腐乳酿造技艺（夹江豆腐乳制作技艺）（扩展名录）、峨眉扎染传统技艺（扩展名录）、四川绿茶制作技艺（峨眉茶传统制作技艺）（扩展名录）、四川绿茶制作技艺（马边传统制作技艺）（扩展名录）
5	传统医药	1	三江伤寒学术流派

表4-5　2021—2022年乐山市新增市级非物质文化遗产名录

序号	类型	数量/项	项目名称
1	传统音乐	4	峨边彝族月琴弹奏技艺、佐、阿惹妞（彝族情歌）、小凉山彝族口弦演奏
2	传统舞蹈	1	女子飞龙舞
3	传统体育、游艺与杂技	6	岳门武术、峨眉拳、峨眉通臂拳、峨眉十二桩、峨眉武术罗门、彝族摔跤
4	传统美术	7	清溪剪纸、峨眉山蝶翅画、嘉州田园绘画、"闲梁"面塑、绥山烙画、嘉州绣、峨眉山雕塑
5	传统技艺	38	游记肥肠制作技艺、牟氏家蚕丝织书画纸制作技艺、"面人侯"面塑、杨氏西坝豆腐制作技艺、小凉山老鹰茶制作技艺（峨边老鹰茶制作技艺）、小凉山老鹰茶制作技艺（金口河老鹰茶制作技艺）、峨边彝族传统月琴制作技艺、彝族酸菜制作技艺、犍为茉莉花茶制作技艺、峨眉牛肉汤锅制作技艺、峨眉豆腐脑制作技艺、峨眉鳝丝制作技艺、手工酱油制作技艺、峨眉山尽膳草本四季汤方制作技艺、"古来茗心"手工茶制作技艺、"山久香"泡菜母水制作技艺、马边传统彝茶制作技艺、马边彝族刺绣技艺、嘉州根书画制作技艺、彝族银饰制作技艺、夹江册页制作技艺、峨眉山生漆制作技艺、彝族查尔瓦制作技艺、百年张氏榉卯制作技艺、彝族荞粑制作技艺、峨边风味竹笋制作技艺、犍为百年传统葱油酥与双麻酥制作技艺、钵钵鸡制作技艺（市中区钵钵鸡制作技艺）、钵钵鸡制作技艺（犍为"叶婆婆钵钵鸡"制作技艺）、乐山甜皮鸭制作技艺（纪六嬢、赵鸭子）、乐山临江鳝丝制作技艺、嘉州鱼火锅制作技艺（王浩儿鱼火锅制作技艺）、"伟老汉"小米米花糖制作技艺、牛华麻辣烫制作技艺、牛华豆腐脑制作技艺
5	传统技艺	3	西坝米酒制作技艺、永胜腊肉制作技艺、太平豆腐干制作技艺
6	传统医药	5	乐山三江伤寒学术流派、嘉州传统骨伤疗法、峨眉派江氏分筋拔络术、峨眉临济宗武医、铜河接骨术
7	民俗	3	阿依美格、毕摩祈福、彝族年

（二）新增文物名录

2022 年，四川省文物局公布四川省第二批革命文物名录，乐山市有 10 处文物上榜，其中省级重点文物保护单位有 3 处，分别是嘉阳小火车·芭石窄轨铁路、文庙及老霄顶（武汉大学西迁乐山旧址）、熊克武故居；市级重点文物保护单位有 6 处。随着对文物的多维度研究，人们对文物价值的认识进一步提升，可以实现文物等级提高，因此文物的数量和等级也是动态变化的。

（三）新增资源

非物质文化遗产是存在于老百姓生活中的文化，需要人们在生活中去感受、发现和挖掘，需要对非物质文化遗产的发生、生成、存在、发展和消亡规律进行总结提炼，对价值进行界定并申报定级，多渠道开展宣传和保护传承，以及活化创新利用。2019—2020 年，在乐山市文化资源普查中，新发现了非物质文化遗产 66 处，其中犍为葱油酥双麻酥制作技艺、牛华豆腐脑制作技艺等新发现非物质文化遗产在 2022 年被定级为市级非物质文化遗产，为其保护传承和开发利用提供了更好基础条件。只有拥有发现的眼睛和思维，才能更好地追踪和收集乐山乡土文化资源，并将乡土文化资源转化为乡土文化资本和产品，促进地方社会经济高质量发展。

第三节　乐山乡土文化资源地域分布特征与成因分析

研究乐山乡土文化资源的地域分布规律，有利于挖掘和拓展乡土文化资源，有利于集群保护和创新利用。

一、乐山乡土文化资源地域分布特征

（一）非物质文化遗产地域分布特征

对乐山市级以上乡土文化资源进行统计分析，可以发现其地域分布有如下特征：一是集聚在旅游业较发达区域的市中区和峨眉山市。其中市中区具有市级以上非物质文化遗产 34 项，占市级以上非物质文化遗产总量的 19.32%，峨眉山市有 31 项，占总量的 17.61%。二是集聚在小凉山彝族聚居区。其中峨边彝族自治县有 31 项市级以上非物质文化遗产，占市级以上非物质文化遗产总量的 17.61%；马边彝族自治县有 28 项市级以上非物质文化遗产，占全市非物质文化遗产总量的 15.91%。具体见表 4-6。

表 4-6　乐山市级以上非物质文化遗产地域分布统计

区域	数量/项	占比/%
市中区	34	19.32
五通桥区	8	4.55
沙湾区	6	3.41
金口河区	5	2.84
井研县	4	2.27
犍为县	10	5.68
夹江县	17	9.66
峨眉山市	31	17.61
沐川县	2	1.14
峨边彝族自治县	31	17.61
马边彝族自治县	28	15.91
合计	176	100.00

（二）文物地域分布特征

乐山可移动文物地域分布主要集中在乐山市博物馆内，而不可移动文物的地域分布相对集中，其中峨眉山市有 39 项、市中区有 31 项市级以上重点文物保护单位，两地市级以上文物保护单位占比达到 55%。见表 4-7。

表 4-7　乐山市级以上重点文物保护单位地域分布统计

区域	数量/项	占比/%
市中区	31	24.03
五通桥区	8	6.2
沙湾区	5	3.88
金口河区	1	0.77
井研县	9	6.98
犍为县	13	10.08
夹江县	9	6.98

表4-7(续)

区域	数量/项	占比/%
峨眉山市	39	30.23
沐川县	2	1.55
峨边彝族自治县	4	3.10
马边彝族自治县	8	6.20
合计	129	100.00

二、乐山乡土文化资源地域分布成因分析

深入分析乐山乡土文化资源地域分布特征形成原因，可归纳为：一是地域历史文化的积淀。乐山地区历史悠久，早在3 000多年前的古巴蜀时代，曾是古蜀王开明部落的活动范围。市中区更是乐山地区的政治、经济和文化中心，从古至今始终占据着重要的历史地位。在秦汉时期，乐山地区的制造业已经相当发达。在唐宋时期，乐山地区的农业和手工业十分繁荣，史书记载"山川秀发，商贾喧阗"。在秦惠文王更元九年（公元前316年）统一巴、蜀后，峨眉县就被纳入秦国管辖。市中区和峨眉山市作为乐山市的核心区域，拥有较为优越的地理环境和交通条件，这为文化资源的集聚提供了便利。二是旅游业发展的推动作用。市中区和峨眉山市作为乐山市的经济和文化中心，旅游业的发展相对较为成熟和发达。为了提升旅游吸引力和游客体验，两地注重挖掘和展示本土文化，尤其是非物质文化遗产，以此作为旅游产品的重要组成部分。旅游经济的驱动促使乡土文化资源实现了集中展示和保护。三是小凉山彝族民族文化保护意识强烈。小凉山彝族聚居区人民在长期的生产生活中创造和传承了丰富的非物质文化遗产，这些遗产不仅体现了彝族文化的独特魅力，也是中华民族多元文化的重要组成部分，具有非常高的历史文化、艺术和科学价值。国家对少数民族文化保护工作日益重视，彝族地区的人民对本土文化的保护意识也逐渐增强，他们积极参与到非物质文化遗产的申报、保护和传承工作中来，推动了彝族文化资源的保护和传承。

第五章　乐山古籍资源与乡村文化振兴

古籍在乡村文化振兴中发挥着不可替代的重要作用。通过深入挖掘和传承古籍中的文化精髓，可以促进乡村文化的繁荣兴盛，提高乡村居民的文化艺术修养，促进乡村经济的转型升级和社会的和谐稳定。

第一节　乐山古籍资源概况

古籍是中华传统文化的瑰宝，承载着深厚的历史和文化积淀。在乡村文化振兴过程中，通过传承和弘扬古籍中的文化精髓，可以激发人们对传统文化的认同感和自豪感，增强文化自信。

一、乐山古籍资源概述

乐山市共发现古籍 5 613 部 47 136 册，现分别收藏于乐山市图书馆、峨眉山市档案馆、犍为县图书馆、井研县图书馆和乐山大佛博物馆。经部占比为 39.5%，其次为子部和集部，占比分别为 22.1% 和 24.7%，丛书只占1.7%，还有 33 部类型不详（见表 5-1）；版本年代以清代、近现代为主，占79.3%；版本类型以刻本为主，占 55.1%；装帧方式多为线装，少数为精装。

表 5-1　乐山市古籍分类统计

序号	分类	数量/部	占比/%
1	经部	2 218	39.5
2	史部	640	11.4
3	子部	1 240	22.1
4	集部	1 387	24.7

表5-1(续)

序号	分类	数量/部	占比/%
5	丛书	95	1.7
6	未知	33	0.6

二、乐山重要古籍简介

(一) 明嘉靖刻本《文献通考》348 卷

本古籍为元人马端临著,明嘉靖三年(1524 年)司礼监刻本,现有保存完好的书籍 100 册。书的版框(高×宽)为 25.1 厘米×17.5 厘米,半页行数为 10 行,每行的字数为 20 字,书口的上下为黑口,边栏四周为双边,双对黑鱼尾。此书籍是明朝司礼监雕刻印刷书籍中的佳品。根据《古籍定级标准》中的 3.2.2 条,本古籍被定为二级乙等,已申报"第六批国家珍贵古籍名录"(见图 5-1)。

图 5-1 《文献通考》版样

马端临撰写《文献通考》这一宏伟著作的历程,大约始于元朝至元二十二年(1285 年),他倾注了超过 20 年的心血,直至大德十一年(1307 年),这部皇皇巨著才最终得以完成。又耽搁十余年,到了泰定元年(1324 年),杭州的西湖书院才刊印了《文献通考》,自此该书正式发行流通。从提笔撰写到最终刊印出版历时近 40 年,跨越了元朝的世祖、成宗、武宗、仁宗、英宗、泰定帝六朝,充分展现出马端临的毅力与恒心。在写作《文献通考》时,马端临把史学核心思想作为指导思想。他认为史学宗旨有三条:第一条是坚持"会通因应之道",强调历史知识的融会贯通与指导实践；第二条是重视"典章经制"，致力于梳理和记录历史上的典制、法令制度等；第三条是从理论上对"文献"进行了界定，明确了文献的范畴与价值。

《文献通考》全书共 348 卷，分为 24 门，记录的历史事件从远古时期开始，一直延续到南宋宁宗嘉定年间（1208—1224 年）。马端临创作此书的初衷在于承袭并推进杜佑《通典》所奠定的典制体通史传统。他不仅填补了唐玄宗天宝年间以后至宋宁宗嘉定年间之前的典章制度空白，还增设了新的类别，极大地扩充了典制体通史的内涵，这是他对史学领域的重大贡献。具体而言，他从杜佑《通典》里原有的食货、礼、选举三种类别进一步细分为十种类别，并且新增了五项《通典》未曾涵盖的类别，两项相加，使得《文献通考》的类别总数比《通典》多了 15 个。其中，新增门类中以《经籍考》卷帙最为庞大（共 76 卷），也最具有学术价值[①]。

（二）清康熙五色套印本《古文渊鉴》64 卷

本古籍乃清代徐乾学等人编纂并加注之作，成书于清康熙四十九年（1710 年），由内务府采用五色套印技术刻制，现共有 35 册，保存状况良好。书版框高为 19.0 厘米，宽为 13.5 厘米，每半页编排 9 行字，每行 20 个字，书口设计为上下黑口，四周则以单边边栏装饰。此书版刻工艺精湛，堪称清初内务府多色套印技艺的典范之作，依据《古籍定级标准》3.2.3 条款，被评定为二级丙等，并已入选"第六批国家珍贵古籍名录"。

此古籍另有一名称曰《渊鉴古文选》，是一部集结了历史上各个时期散文精粹的文学大全集。康熙皇帝以为，虽然以前有南北朝时梁朝萧统编纂的《文选》、唐朝姚铉编撰的《文萃》以及宋朝吕祖谦编撰的《文鉴》等选集，但这些书籍所选用的文章大多局限于某一特定的朝代，未能全面反映出古文悠久的历史脉络及其兴衰演变的复杂性。有鉴于此，康熙帝在康熙二十四年（1685 年）亲自挑选了从春秋时代至宋朝末年的文章，涵盖了《左传》《国语》《战国策》等经典著作，以及诏书、表章、书信、议论、奏疏、论文、序跋等多种文体形式，选辞义精纯、能够弘扬六经精神的作品组成正集；同时，将部分文采斐然的篇章列为别集，并从诸子百家中摘录重要论述编为外集，共计 1 324 篇文章。康熙帝逐篇品鉴，并指派徐乾学等人承担编纂与注释任务。在编纂期间，徐乾学等人参考了宋真德

---

① 小夏 ho78b993zg. 典制体通史范围的扩大：马端临与《文献通考》[EB/OL]（2023-09-29）[2025-04-12].http://www.360doc.com/content/23/0929/18/81218910_1098434422.shtml.

秀编撰的《文章正宗》、李善注编撰的《文选》以及楼昉编撰的《古文标注》等经典著作的编写体例，对文章进行严格筛选、详尽考证，内容安排上详略得当，收录了历代名家点评、康熙皇帝的御笔批示以及包括徐乾学在内的 11 位学者的注释。最终，这部著作由武英殿采用五色套印技术印刷出版。其中，正文部分使用黑色印刷，历代评语则以黄色、绿色、蓝色三种颜色呈现在书页顶部，而康熙帝的御批及当朝大臣的注释则以红色置于书页上端的边缘处，正文中的断句也用红色加以标记。康熙四十九年（1710 年），全书印制完成，其雕刻工艺、色彩搭配及印刷质量均达到了极高的水平，红、黑、黄、蓝、绿五色相互映衬，美轮美奂，充分彰显了清初皇家内务府在多色套印技术上的卓越成就①。

（三）清嘉庆刻本《乐山县志》

乐山县为中华民国时期市中区旧称，古有"南安县""平羌县""嘉祥县""龙游县"之称。本古籍为清嘉庆刻本，现存 1 册。书籍版式为：长 24.5 厘米，宽 17.0 厘米，高 5.0 厘米，每页 10 行，每行 20 个字（见图 5-2）。

图 5-2　《乐山县志》版样

① 卓悦凝香没烦恼.《古文渊鉴》的编撰与流传［EB/OL］. 参见：https://mbd.baidu.com/newspage/data/dtlandingsuper? nid=dt_4247137965390423244&sourceFrom=search_a.

乐山原为嘉定州的治所所在地，旧称龙游县，在明朝初期被并入嘉定州，到了清朝雍正十二年（1734年），嘉定州升格为嘉定府，并设立了乐山县。因此，过去只有州志而没有县志。龚传黼到任后，去看望嘉定府知府宋鸣琦时，宋鸣琦向他展示了已经出版的《嘉定府志》，并嘱咐他编纂县志。于是，龚传黼召集了属下的官员和士子，设立了专门机构并启动了编纂工作。他特别邀请了当时正在家中的涂嵩、来自安徽全椒的江之沛担任总纂，将收集到的史料进行整理编排，最终在嘉庆十七年（1812年）完成了县志的编纂并付印。

《乐山县志》共分为十门四十八目，全书约14万字。由于有了《嘉定府志》作为参考，编纂工作相对顺利，县志中的内容与府志中有关乐山县的部分没有太大的差异。其中，艺文门占据了全书三分之一以上的篇幅，约有6万字。辑录的诗文作品时间跨度自汉魏时期直至清代中期，与府志记录的内容大致相当，主要为历代文人骚客吟咏以及记载凌云山、大佛以及岷江、青衣江等知名山水之作。它囊括了从唐代大诗人李白、诗圣杜甫到清代宋鸣琦等文人的诗词著作，尤其是宋鸣琦所写的《重建九峰书院记》及《九峰书院条规》等篇章，展现了清朝时期嘉定府文化教育事业的蓬勃发展，具有珍贵的史料价值。同时，关于山川、古迹等其他类别的记载也十分详尽且富有价值，境内保存着众多唐宋时期名人留下的遗迹与传说①。

（四）清嘉庆刻本《犍为县志》

《犍为县志》在清代由王梦庚等人负责修编，张希珥等人也加入了编纂工作。王梦庚于1812年到任犍为县知县，他遵循朝廷的指示，启动了县志的编纂工作。在他抵达犍为县就职时，前任知县吕朝恩（原籍顺天宛平县，现今的北京市丰台区）已经收集了乾隆五十二年（1787年）以后的相关资料，旨在为后续的县志编纂做准备。但遗憾的是，吕朝恩在县志编纂完成之前就被提拔为四川酉阳直隶州的知州，县志编撰工作搁置。王梦庚接手该任务后，充分利用吕朝恩留下的初稿和资料，亲自对这些资料进行了系统的分类与整理，并邀请张希珥等人辅助开展删减、补充和修正，最终在嘉庆十九年（1814年）完成了县志编纂，两年后正式刊印。

这部县志共包含十门六十五目，大约12万字，门和目的设置基本遵循

---

① 四川省地方志办公室.【嘉庆】《乐山县志》（十六卷·首一卷）［EB/OL］.（2017-05-27）［2025-04-12］.http://scdfz.sc.gov.cn/scfzg/scjzty/lsjzty/content_6585.

省颁体例。发现旧志存在的错误，均进行了考证和修改，并特别设立了艺文门，将旧志中分散于各门类的诗文进行了集中，并进行了筛选，仅保留了与本县相关且质量较高的作品。同时，还加入了少量嘉庆年间创作的诗文，涵盖了嘉定府知府宋鸣琦、犍为县盐运使顾玉栋、犍为县知县王梦庚等人的作品。此外，也附录了犍为县人士的著作、典籍以及县域内的碑刻记录。在"食货门"部分，详细记录了犍为县牛华溪盐场的盐业生产流程、管理措施及销售情况等，是研究四川盐业历史的宝贵资料。而"方舆门"与"建置门"，对犍为县域内的岷江水系及水利工程进行了详细记述，在书的前面配有一幅描绘水利堤堰的插图，具有较高的历史文化和科学价值。此外，"方舆门"中还提到，在犍为县东北八十里（40千米）处的井筒溪有油井，明代时期人们就已开采利用，用于煮盐和照明。犍为县与富顺县之间还发现了火井。这些历史记载无疑具有重大意义，证明了早在400多年前，四川地区就已经掌握了对地下石油和天然气的开发利用技术①。

（五）嘉庆木刻本《峨眉县志》10卷

本古籍为清王燮撰，清嘉庆十八年（1813年）重刻县署藏版木刻版，现存四册。版本有两个样式：26.9厘米×17.4厘米、20厘米×14厘米，半页9行，单行20字，小字双行19字，白口，四周双边，单黑鱼尾（见图5-3）。

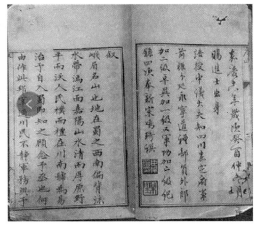

图5-3　《峨眉县志》版样

①　四川省地方志办公室.【嘉庆】《犍为县志》（十卷·首一卷）［EB/OL］（2018-11-07）［2025-04-12］.https://zhongguoguoqing.cn/zsgq/gfz/201811/t20181107_5037886.shtml.

在清代，王燮在嘉庆七年（1802年）、嘉庆十六年（1811）两任峨眉县知县。《峨眉县志》由王燮负责编修，张希缙和张希珝共同参与编纂，在王燮第二次担任峨眉知县期间完成。当时，恰逢省府下发征集地方志的命令，于是王燮邀请希缙、希珝兄弟二人主持此事，他们以乾隆时期的旧志为基础，同时参考嘉庆年间的《嘉定府志》等文献资料，广泛搜集和整理资料，加之亲自采访所得，经过仔细编纂和整理，最终在嘉庆十八年（1813年）完成了县志的编纂并付梓印刷。

《峨眉县志》内容分为十门六十七目，总计约14万字。"艺文门"所占篇幅与乾隆年间编纂的旧志相仿，大约有6万字的内容。除了承袭旧县志既有篇章外，还新增了乾隆、嘉庆年代的诗文作品，例如绵州李化楠、李调元父子到嘉州、峨眉游历时所做的诗文，以及嘉定府知府宋鸣琦、四川学政使吴树萱、张弘肤等人的诗文作品。特别值得一提的是，张弘肤所写的《邑志记闻附考跋》，详细地描述了明朝末年张献忠攻下成都，并建立大顺政权，在峨眉等地设置官职并遭遇地方抵制，以及清朝初年刘文秀等起义军余部与清军在川滇边境相互交战的历史事件，具有较高的历史文献价值。此外，在该县志的其他门类中，对于山川河流与水利工程的记载亦颇为详尽。在书序言的凡例中明确指出："堤堰作为县域内至关重要的事务，关乎民众安危与生活，无论规模大小，均应予以收录。"在卷十"杂著门"的丛谈类中，也记载了诸多珍稀资料，例如峨眉山顶佛现鸟出现的奇闻轶事、清初山中虎牛相争的壮观场面，以及深山采挖黄连的传统方法等[1]。

（六）其他相关古籍资源

一般情况下，古籍是指中华民国成立以前的书籍，但实际上在中华民国时期也有很多书籍具有重要的历史文化价值，比如释传度编辑的刻本《乌尤山诗》（见图5-4）、李基鸿编著的《峨眉游记》等。有些古籍并未收藏在乐山市域内，但是很多与乐山相关的文献记载对乐山乡村文化振兴仍然有重要意义。

---

① 四川省地方志办公室.【嘉庆】《峨眉县志》（十卷·首一卷）[EB/OL].（2018-11-07）[2025-04-12].http://scdfz.sc.gov.cn/scfzg/scjzty/lsjzty/content_6605.

图 5-4 《乌尤山诗》版样

第二节　乐山古籍资源在乡村文化振兴中的作用

科学利用古籍中的文化资源，可以打造具有地方特色的文化地标，开发文化特色鲜明的文旅产品，提升乡村的文化品位和吸引力，实现乡村文化振兴。

一、《乌尤山诗》与大佛景区扩容提质、乌尤坝区域开发和乡村文化振兴

（一）《乌尤山诗》描绘乐山奇丽景色与大佛景区

释传度在 1937 年编辑了《乌尤山诗》，收录了 100 多首关于乐山乌尤山的诗词，其中清代王士祯撰写了《登高望楼》诗词："风流曾说荔枝楼，栏槛高明压四州。峨顶晚霞寒白雪，江心残照出乌尤。云烟早暮还殊态，枫柏丹黄只似秋。自笑心情无赖甚，清晨临眺不梳头。"[①] 这首诗描绘了诗人登临高处，远眺岷江、大渡河、青衣江三江交汇的景象，诗人远远就能望见峨眉山的晚霞与寒雪相互映衬，夕阳余晖给江畔的乌尤寺披上了一层金辉。一天之内，一年四季的景色更迭出现，展现了江山的无限壮丽和千变万化的风姿。王士祯又写了《登高望山绝顶望峨眉三江作歌》七言诗歌："四海复四海，九州还九州。河伯海若更相笑，蝼蛄何足知春秋。今

---

① 杜学元. 四川旅游文献全编：第 1 辑［M］. 北京：国家图书馆出版社，2023：201.

年辞帝蓬莱宫，乘风偶作西南游。中条姑射不足数，失喜太华扬高旄。河潼远坼巨灵跖，钩梯百丈临龙湫。终南太白幻云物，秦栈诘曲哀猿愁。锦城小住五十日，岷山秀色垂帘钩……岷江从东来，奔腾回万牛。沫水汇青衣，颠簸千斛舟……"他用简短几句诗词就勾勒出岷江、大渡河和青衣江三江的壮丽景观，并由衷感叹乐山的山水之美冠绝天下。有关乌尤山的诗作很多，它们成为长江诗性文化的重要组成部分，展现了超越时空、情感与景象完美交融的文化境界①。在乐山大佛景区扩容提质过程中，乌尤山的作用发挥不够，仍需要加大对其历史文化的开发力度，尤其在优化游览路线、深化文化旅游体验等方面加大开发力度，有助于推动乌尤坝地区的乡村振兴进程。

（二）乌尤坝区域开发与乡村文化振兴

乌尤坝区域是乐山大佛景区文旅融合和扩容提质的重要区域，正在开展三大建设项目，分别是鞍山旅游小镇、乌尤坝禅修小镇、南游客中心②。其中，鞍山旅游小镇占地 700 亩，主要新建休闲餐饮、精品民宿、户外休闲运动等服务设施；乌尤坝禅修小镇占地 300 亩，主要打造佛教禅修及休闲度假小镇；南游客中心是游客进入景区的重要门户，配套基础设施和服务，缓解北游客中心的接待压力。三大项目建设均依托区域优美的自然环境和深厚的文化底蕴，多渠道展示地域文化和诗意栖息意境，带动乡村文化振兴和社会经济发展。

二、峨眉山古典诗词与峨眉山文化振兴

（一）峨眉山古典诗词

世界遗产委员会对峨眉山文化遗产诗词的评价是：峨眉山作为天下名山，自古以来就受到名人学士、骚人墨客的咏赞、记载与传播。峨眉山自古以来累积了众多诗词名篇，历史记载共有 2 000 多首。乐山师范学院邱云志教授收集整理了南朝梁至明、清时期有关峨眉山的诗词共计 1 470 首，其中诗 1 358 首、词 112 首。西汉时期扬雄有关于峨眉山的文学作品，汉

---

① 钟晨. 长江：诗性文化与家国情怀［EB/OL］.（2024 - 01 - 24）［2025 - 03 - 11］. https://baijiahao.baidu.com/s? id = 1788919252462143124&wfr = spider&for = pc.

② 乐山发布. 四大项目助推，乐山大佛景区未来可期［EB/OL］.（2019 - 10 - 11）［2025 - 04 - 12］. https://mp.weixin.qq.com/s? __biz = MzAxOTAwMDczNQ = = &mid = 2649821377&idx = 2&sn = a6107aa5b8a2517f335b12fcc36b8cd&chksm = 83c80c31b4bf85272483ef0e66de4d4c8dc3b9fef71ff8effb85af6a9b15844d7c9806e3839e&scene = 27.

代开始峨眉山进入中国主流文学中，但大力发展于唐代，鼎盛于宋代，延续发展至明、清而不绝。

在历代名人名家中，有李世民、康熙、乾隆三位皇帝；有各个诗派的领军人物，有"初唐四杰"，有诗仙李白、诗圣杜甫，有"唐宋八大家"中除王安石外的七大家，有"千古文章四大家"中除柳宗元之外的三大家，还有许许多多的高僧，如贯休、广济、齐已、元温、可闻、普洁、德坚等，也都写下了吟咏赞美峨眉山的诗联，这些作品流传至今，种类繁多，难以尽数。总计起来，作者超过了 600 位。李世民写有《秋日二首》，其中一首写道："菊散金风起，荷疏玉露圆。将秋数行雁，离夏几林蝉。云凝愁半岭，霞碎缬高天。还似成都望，直见峨眉前。"对最后一句"还似成都望，直见峨眉前"，一些人解读为这里的"峨眉"是指峨眉山，意思是"远远望去，本来希望能望见成都的景象，然而映入眼帘的却是那雄伟壮观的峨眉山"；也有人认为应该是唐太宗听说过四川天府之国的秀丽，向西南眺望，终南山一片云山雾罩，遮挡住了视线。古代人用"峨眉"来形容山的形态，也符合对诗词整体的解释和意思连贯。李白创作了 18 首关于峨眉山的诗作，其中最为人所熟知的当属《峨眉山月歌》。这首诗写道："峨眉山月半轮秋，影入平羌江水流。夜发清溪向三峡，思君不见下渝州。"峨眉山是四川省的一座文化名山，常被人们视为四川的象征。李白是四川人，因此峨眉山的月亮也寓意着故乡的月亮。全诗巧妙地串联了五个地名：峨眉山、平羌、清溪、三峡、渝州，借助山月和江水，描绘出一幅跨越千里的长江旅行画卷。

（二）峨眉山古典诗词在峨眉山文化振兴中的作用

峨眉山文化内涵丰富，包括佛教文化、武术文化、传统诗词文化、茶文化以及民俗文化。在峨眉山古典诗词中，将峨眉山视为蜀地蜀乡文化地标形象，是蜀地文旅形象的指代物。峨眉山古典诗词是五级旅游资源，具有国家级影响力和价值。根据峨眉山古典诗词及其历史文化价值，可加大古典诗词应用力度，振兴峨眉山文化。具体措施包括：

1. 新建峨眉山诗词文化馆

峨眉山古典诗词还藏在典籍里，并不为广大市民和游客所熟知，因此有必要对其进行活化和利用。建议利用峨眉山市文化馆或者在新建的旅游项目中选址建设峨眉山诗词文化馆，通过古籍、书画、数字影像、场景模拟、互动体验等方式展示和传播峨眉山古典诗词的文字艺术和中国传统文化魅力。

2. 举办峨眉山诗词朗诵与创作大赛

2019 年，峨眉山风景名胜区管理委员会等单位举办过"天下峨眉·大成弥勒"国际诗词楹联大赛；2024 年乐山市举办"端午诗会暨写意峨眉采风创作"文学活动。但是，当前的峨眉山古典诗词朗诵和创作大赛不具有连续性，其成果也不能有效地作用于乡村文化振兴。建议以峨眉山市文化馆或者峨眉山风景名胜区管理委员会为主办单位，常规化策划和组织举办峨眉山古典诗词朗诵和创作大赛，一方面传承峨眉山古典诗词，另一方面结合新时代创作符合时代特征的诗词，实现传统文化与现代文化的碰撞与交融，满足现代游客到此一游即兴作诗需求，不断丰富峨眉山诗词文化内容，满足人们精神文化生活需求。

3. 创造峨眉山诗词数字化应用场景

2024 年春晚的西安分会场十分抢眼，尤其再现了诗意长安的盛唐景象，动画人物李白与演员张若昀的互动给观众留下了深刻印象。峨眉山诗词也可实现数字化场景应用，将传统诗词文化与现代数字技术相结合，以创新的方式呈现和传播峨眉山诗词的魅力。具体的应用场景包括数字化保护、数字化展示、数字化传播和数字化互动体验等。特别是在峨眉山风景区内，可设置全息投影装置，将诗词或者诗人以立体影像形式投射出来，让游客在欣赏自然风光的同时，与诗人偶遇互动，也能感受到诗词的韵味。

第六章 乐山传统器乐乐种资源
与乡村文化振兴

传统器乐乐种与乡村文化振兴之间存在相互促进、共同发展的关系。通过传承和发展传统器乐乐种，可以推动乡村文化的繁荣和发展，为乡村文化振兴注入新的活力和动力。

第一节 乐山传统器乐乐种资源概述与乐种简介

乐山的传统器乐乐种相对较少，但仍然具有独特的地方特色，特别是小凉山彝族的乐器类型较为丰富。

一、乐山传统器乐乐种资源概述

乐山市有传统乐种 1 种，有传统乐器 6 种，其中佛教音乐为合奏器乐，唢呐为合奏乐器中的吹打乐，均具有悠久的历史，流传于峨眉山市川主、普兴等乡镇及寺庙；演出团体大多为民间团体，常在民间庙宇祭祀、婚丧嫁娶等场合进行表演（见表6-1）。

表6-1 乐山市传统器乐乐种统计表

序号	类型	数量	备注
1	乐种	1 种	使用铛、铰、木鱼、鼓、大磬、引磬、二屋、铃、笛子等乐器演奏
2	乐器	6 种	唢呐、月琴、口弦、竖笛、马布、芦笙
3	演出团队	5 个	婚丧嫁娶、祭祀典仪等民俗活动，多为民间团体
4	演出人员	88 人	周贤彬、周贤福等人
5	艺术作品	87 首	自创 7 首

二、乐山重要传统器乐乐种简介

(一) 峨眉山佛教音乐

林木先生研究发现，自东晋隆安三年（399 年）起，僧人慧持将佛教音乐从江南地区带到了峨眉山。在峨眉山的高僧群体中，有来自江南的唐代慧通大师、宋代行明大师以及明代宝昙大师等人，他们不仅引入了江南地区的佛曲，还巧妙地将其与峨眉山原有的佛曲相结合，丰富了当地的佛曲体系。

峨眉山佛教音乐曲目繁多，在使用中的曲目超过 100 首，而常用曲目则有 60 余首。这些佛教乐曲被广泛运用于课诵、法师宣讲佛法、瑜伽焰口等佛教仪式及各种活动中。经常用到和听到的佛曲有《龙涎藏》《宝鼎热炉香》《赞西方》《起佛偈》和《绕灵山》等，这些佛曲给人们一种或宁静或庄严或肃穆的感受。佛曲的演唱坚持"八梵"准则，即规避男声、女声、高声、低声、清亮声、沉闷声、雌性声与雄性声，追求一种"中庸平和"之声，注重自然与整体的协调统一，演唱技巧相当复杂，难度高。在常见的佛教仪式与活动中，演奏佛曲时，特别重视唱腔，也会用到许多伴奏乐器，诸如木鱼、铛、铰、鼓、二屋、大磬、引磬、笛子以及铃等。

近年来，出现了一种新型的伴奏乐器低音木鱼，给佛曲唱腔伴奏融入新的元素。低音木鱼的伴奏声柔和、深沉，使得佛曲音效更加饱满与浑厚。此外，铃鼓板也是一种伴奏乐器，融合了铃、钟和鼓三类乐器，依据佛曲的节奏快慢，铃鼓板也做出相应的变化，这种演奏方式被称为翻板。

《峨眉山》佛曲是峨眉山佛教音乐的代表性作品，由冬雪儿演唱，歌词由刘书青（悟禅）创作，冬雪儿负责作曲并制作。这首歌曲通过深情的歌词和优美的旋律，传达了人们对峨眉山的崇敬以及对佛教文化的传承。

峨眉山的佛教音乐不只是中国宗教音乐的重要组成部分，也是峨眉山民间音乐的重要组成部分，承载着厚重的历史，体现了峨眉山僧侣对佛教教义的理解与感悟，是峨眉山僧侣精神文化生活的音乐化展现。从某种意义上而言，它映射了我国的历史时期与民众的社会风貌，对于传承民族文化、推动峨眉山文化旅游的发展与建设具有极其重要的研究意义和参考价值。它不仅是中华民族文化宝库中的一颗璀璨明珠，也是四川省的省级非物质文化遗产。图 6-1 表现了峨眉山佛教音乐演奏场景。

图 6-1　峨眉山佛教音乐演奏场景

（二）峨眉唢呐

唢呐常作为领奏乐器或与锣鼓结合演奏。唢呐以其宏大的音量和有力的发声，以及高亢明亮的音色，特别适合演绎豪放、热烈的曲调，能够深入且精致地表达内心的情感与思绪，展现出极强的表现力。它常被用于室外演奏场合，成为民间婚丧庆典及吹打乐队中不可或缺的主要乐器（见图6-2）。

图 6-2　峨眉唢呐表演场景

在很早以前，唢呐由云南传入峨眉地区。经峨眉唢呐先辈们不断融合和创新，形成了具有峨眉本地特色的峨眉唢呐。至20世纪八九十年代，川主镇蔡郎村就有周姓、熊姓2个唢呐表演乐队，并长期活跃在峨眉山市川主、普兴、黄湾、胜利等镇乡及洪雅县桃源与夹江县华头、木城等地，专门为举办婚、丧、寿、宴人家吹奏表演唢呐乐曲。

1988年，川主乡唢呐吹奏人员联合悦连乡（现普兴乡）唢呐吹奏人员参加峨眉县撤县建峨眉山市庆典活动。川主乡政府把唢呐吹奏表演作为一项本土特色文化，组织在学校初中学生中进行培训，以保护传承这一民间特色文化。1997年，川主乡被峨眉山市人民政府命名为"唢呐特色文化之乡"。当年，四川电视台《今晚十分》栏目还进行了专题宣传报道。川主唢呐队在峨眉山市人民政府举办的历届正月十五闹元宵民俗文化大巡游活动中展现风采。2017 年，川主镇再次被峨眉山市人民政府命名为"唢呐特色文化之乡"。峨眉唢呐包含悲调和喜调两种风格，其中喜调欢快愉悦，演奏起来高亢嘹亮、和谐动听；而悲调则深沉哀伤，低回婉转，充满幽怨之情。在峨眉民间，唢呐拥有深厚的群众基础，早些年，寻常百姓家在举办婚丧寿庆或逢年过节时，总会邀请几位唢呐手前来助兴添彩。时至今日，无论是新店开张剪彩还是盛大的喜庆游行活动，也依然少不了唢呐乐队的参与。

（三）彝族月琴

彝族月琴是彝族人民历史悠久的传统乐器，早在宋朝文献《乐书》中就有相关记载。彝族月琴，也称为"腔资""弦子"或"杰猜"等，在凉山地区的彝语中，也被称为"帕别"，"帕"意指弦，"别"则表示弹拨，因此又有"弦子"之称；另有地区将其称作"哦吧"月琴，"哦吧"在彝语中意为青蛙，以形容月琴形似青蛙；还有的称其为"当当"，这是因月琴发出的声音叮当悦耳，也因此得名。在彝族月琴的传统独奏曲中，较为著名的曲目有《刮地风》《一对鹅》《野马过河》《甘洛调》《六背腔》《嘎木调》以及《数西调》等。

月琴的起源可以上溯到一种叫阮的乐器，最早可追溯至汉武帝时期。从秦汉到唐代，这类通过拨动琴弦发声的乐器被统称为琵琶。东汉时期，傅玄在《琵琶赋》中记载了琵琶的构造："中虚外实，天地象也；盘圆柄直，阴阳叙也；柱十有二，配律吕也；四弦。"在汉代，它被称作秦琵琶，敦煌北魏壁画以及甘肃麦积山石窟的浮雕中均出现了琵琶形象。而"月琴"这一名称则始于唐代。北宋时期，陈旸在其所著的《乐书》中描述"月琴，形圆项长，上按四弦十三品柱，象琴之徽，转轮应律"。清朝时期，月琴的琴杆逐渐缩短为琴颈，演变成今天的样式。明末清初，在我国西南彝族地区，月琴开始广泛流传。在大理巍山文龙亭发现的壁画《踏歌图》中，就有演奏月琴的人物形象。在凉山州南部的彝族谚语中，有人将月琴称为琵琶，如"一日琵琶三日弦，学会简简大半年"，这里的"琵琶"实际上指的就是月琴。在彝族的历史文献和民间传说中，也有许多关于月琴的记载，如贵州省彝族古籍《西南彝志》中，出现"蜘蛛弹弦子（月琴）"的描述，文献表明拨弦类乐器在彝族地区的流传历史十分悠久。

全国彝族地区所使用的月琴，在整体构造上基本相同，其长度通常介于 58 厘米至 70 厘米之间。共鸣箱形态多样，大多数设计成扁圆形，但也有扁六角形、扁八角形或其他形状的变体，其直径大约 40 厘米。月琴的主要构件有琴头、琴颈、共鸣箱，这些部件的边框一般采用红木或紫檀木等上等木材制作，而共鸣箱的前后两面则用的是梧桐木薄板。琴头的装饰也比较讲究，经常被雕刻成龙头、凤头或如意头等图案，或是其他精美且富有象征意义的雕像。琴颈的正面安装了一个按弦用的指板，上面放置了四条或更多的琴弦。传统的琴弦材料用的是丝线，但现代多用尼龙钢丝弦。不同地区的月琴音孔开孔方式也有差异，比如贵州的威宁地区，经常在月琴面板的两侧各开出两条垂直的音孔；在云南哀牢山地区，则是在月琴面板的边缘开设圆形的音孔。月琴的面板上还设置有 5~11 个由竹制成的品位。此外，一些月琴还在面板上雕刻龙、凤等动物、植物图案，或是镂空的民族风情图案等，以起到装饰美化作用（见图 6-3）。

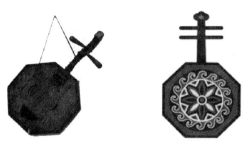

图 6-3　彝族月琴

（四）彝族口弦

口弦属于簧乐器的一种，它独特、简便且便于携带。作为原始社会乐器的遗留，口弦起源于新石器时代。口弦还可以进一步细分为多种类型。其制作材料主要有竹和铜两种，通过将两片及以上相同材质的簧片组合在一起制作而成。竹制的口弦通常长约 15 厘米，宽 1 厘米多，形状类似短剑；而铜制的口弦长度一般约 8 厘米，形状很像树叶。簧片上刻有簧舌，用手指弹拨簧片顶端后，簧舌会振动发声，每片簧片只能发出一个固定的音。口弦的代表曲目包括《彝族口弦》《口弦声声》《口弦情》等。

小凉山彝族口弦演奏技艺是彝族远古先民智慧的结晶，承载着深厚的文化底蕴和历史记忆，被视为一种珍贵的文化遗存。这项技艺不仅仅是音乐艺术的展现，更是彝族人民对生活细腻感受与深刻理解的直接表达。在演奏过程中，彝族口弦以其独特的音色和旋律，诉说着演奏者内心的喜怒哀乐，将生活中的点滴情感转化为动人的乐章。无论是欢快的庆典，还是忧伤的别离，彝族口弦都能精准捕捉并传达出人们内心最真挚的情感。它不仅仅是一种音乐表演，更是一种心灵的沟通，让听众在悠扬的旋律中感受到彝族文化的魅力与深度，体验到彝族人民对生活的热爱与敬畏。

第二节　乐山传统器乐演奏与乡村文化振兴

乐山传统器乐乐种是重要的文化资源，在传承和传播乡村文化中起到了重要的作用，是群众喜闻乐见的乡村文化载体，在乡村文化振兴中有独特的作用。

一、峨眉唢呐演奏与乡村文化振兴

推动非物质文化遗产的传承与发展，促进乡村文化的繁荣，是乡村振兴战略不可或缺的一环。峨眉山市川主镇，被誉为"唢呐特色文化之乡"，在传承与弘扬唢呐非物质文化遗产，推动乡村文化振兴中扮演着至关重要的角色。在满足当代农村居民精神文化需求的过程中，唢呐表演在节假日的民俗活动中展现出了其独特的优势。

随着人民生活方式、审美观念和文化理念的变迁，峨眉唢呐的生存条件也在不断变化。因此，开展多渠道、全方位、多层次的传承探索，使峨眉唢呐在新时代的发展中成为文化自信建设的重要组成部分，是乡村振兴战略实施、乡村振兴目标实现的必然要求①。

具体实践包括：一是依托川主镇的唢呐文化优势，发展特色旅游。通过举办唢呐相关的文化活动和表演，吸引游客，推动乡村旅游业的繁荣。例如，在民俗活动或节日庆典中展示唢呐演奏，为游客提供独特的文化体验，增强乡村旅游的吸引力。二是培养本土唢呐文化继承人。应当重视并保护现有的民间唢呐艺人，在农村精神文明建设的进程中，为他们提供经济上的补助以及政策层面的支持。县级与乡镇政府设立乡土文化发展专项基金，积极策划和组织乡村文化活动发展，以此增强村民的文化自觉性与归属感，培育农民对乡土文化的保护意识。同时，应创建民间唢呐技艺培

---

① 薛苏香，李爱真. 乡村振兴视域下苏北唢呐班可持续发展的实践探索 [J]. 乐器，2022（7）：64-67.

训班，邀请唢呐非物质文化遗产传承人对唢呐爱好者进行专业指导，利用专家的"传授、帮助、带领"作用，提高唢呐艺人的演奏技能水平与演出表现能力。三是要以时代精神为创作背景，进行新的艺术探索。在保护与传承乡村唢呐技艺的过程中，应深入挖掘川主镇乡村唢呐的文化精髓与精神实质，以社会主义核心价值体系为引领，将峨眉山市的新举措、政绩、悠久的"佛教文化"以及"乐山工匠"的先进事迹等融入乐曲创作中①。四是建立校企合作，多渠道宣传唢呐非物质文化遗产。在乐山的大、中、小学开展"民间音乐进校园"等活动，定期邀请民间唢呐班传承人到学校授课；企业与学校合作，开发峨眉山唢呐相关的文化产品，如音乐专辑、影视作品、动漫游戏、文创产品等，通过推广和销售这些文化产品，传播峨眉山唢呐文化，扩大其社会影响力。

二、彝族月琴/口弦演奏与乡村文化振兴

彝族月琴与口弦，作为彝族文化中璀璨的瑰宝，有着悠久的传承历史和极为深厚的文化底蕴。它们不仅是彝族人民的文化象征，更是中华传统文化宝库中的无价之宝。在彝族人民的心中，"口弦会说话、月琴会唱歌"，这两件乐器以它们独特的方式，诉说着彝族老百姓对生活的无限热爱与向往。"思念父辈就吹响笛子，思念母亲就弹响口弦"这句古老的彝族谚语生动阐释了口弦在彝族老百姓心中的特殊地位。在彝族的乐器发展历史长河中，小巧精致的口弦与月琴扮演了举足轻重的角色。它们不只是一种承载着古老记忆的乐器，更是彝族人民表达情感、传递思念的重要工具。无论是口弦那清脆悠扬的声音，还是月琴那深情款款的旋律，都深深烙印在彝族人民的心中，成为他们情感表达的重要载体，同时也是中华传统音乐文化中一道亮丽的风景线。

当前，彝族月琴与口弦这两项珍贵的非物质文化遗产正面临着严峻的生存挑战，它们犹如濒危的古老旋律，徘徊在消失的边缘。面对这一现状，如何采取切实有效的措施来保护和传承彝族口弦与月琴，使之不仅得以延续，还能成为推动乡村文化振兴的重要力量（见图6-4），成为亟待解决的时代课题。这不仅关乎彝族文化的传承与发展，更是让这些古老乐器在新时代背景下焕发新生，更好地适应并融入现代文化环境的迫切

---

① 段人凤. 庆阳唢呐传承研究 [D]. 西安：西北师范大学，2022.

需求①。

图 6-4 彝族月琴元素应用

　　具体做法：一是政府主动打造传习基地和体验基地。例如，举办彝族传统民歌、传统乐器培训班，邀请专家讲授彝族传统器乐背景知识、乐理知识。利用当地中小学生艺术节等舞台，组织非物质文化遗产传承人到学校为师生演奏非物质文化遗产音乐，开展非物质文化遗产乐器制作、演奏等教学活动等。二是成立专门的非物质文化遗产歌舞演出队伍，加强月琴等演奏技艺培养并在继承的基础上创作新的曲目。例如，通过创作新颖的月琴与口弦曲调，以及探索口弦与其他乐器合奏的新形式，来促进两者的共同传承；融入流行音乐元素，吸引更多流行艺术家，特别是彝族本土音乐人，对月琴与口弦音乐进行创新改编，同时充分利用现代传媒手段，展现彝族口弦独特的音色之美，紧跟时代步伐，吸引年轻群体的关注；加大对彝族月琴与口弦文化的宣传力度，不仅要面向本民族，重新激发其在族内的影响力，重塑民族文化自豪感，还要面向外界，组织更多的民间传统文化艺术团体进行宣传，使更多人了解和认识这一文化，从而更有效地传承与保护彝族月琴与口弦音乐文化。例如，在 2024 年乐山高新区啤酒节上的彝族歌舞表演团的很多节目都用到了彝族月琴。三是加大资金扶持力度。通过设立彝族口弦与月琴传承人的专项资助基金，支持他们对制作技艺的传承与保护工作。同时，与文化宣传部门、文化旅游机构等相关部门

---

① 高阳. 四川凉山州彝族口弦音乐文化研究 [D]. 成都：西南民族大学，2017.

携手合作，在一切有助于彝族口弦与月琴传承与发展的领域增加资金投入，例如建立口弦与月琴传统文化村落，以扩大口弦/月琴的认知度；成立相关文化生态旅游区域，将彝族口弦与月琴作为独特的民族风情配饰向游客推广。四是确保传承人之间顺利接力。鉴于彝族青少年因接触多元文化而对彝族口弦记忆淡化甚至缺失的现状，应成立民族艺术专业教育机构，或在中小学课程中增设口弦音乐课程。学校传承不仅成本低廉且效果显著，可邀请资深艺术家为青少年传授彝族口弦的专业知识与制作技艺，确保口弦技艺与文化薪火相传。五是跨越门户界限，打破家族传承的局限。广泛建立彝族口弦/月琴艺术传承基地，招生范围不应局限于本民族或本家族，而应面向广大口弦爱好者开放；同时，拓展彝族口弦/月琴的文化影响力，使其在地域上更加广泛，吸引更多人参与到彝族口弦/月琴文化的宣传与传承中来。六是重构文化生态，确保文化复苏。文化生态是自然与人类共同塑造的整体性人文环境，若其被破坏，不仅预示着自然生态的退化，更意味着其中蕴含的人文关怀逐渐消逝。因此，为了更有效地保护和传承彝族口弦/月琴这一文化资源，必须将重构文化生态纳入日程，以保障彝族口弦/月琴这一文化瑰宝与文化遗产的复兴[1]。

---

① 胡艺兰. 四川彝族月琴音乐及保护传承研究 [J]. 喜剧世界（下半月），2020（9）：30-32.

第七章　乐山美术馆藏品资源
与乡村文化振兴

美术馆藏品资源与乡村文化振兴之间存在着相互促进、共同发展的关系。美术馆在发掘和保护乡村文化资源、传承和教育乡村文化、推动乡村经济发展、增强社会凝聚与文化认同以及促进专业发展与体系建设等方面发挥着越来越重要的作用。

第一节　乐山美术馆藏品资源概述与画派简介

美术馆通过收集、整理、展示美术资源，不仅有助于发掘和认识乡村文化的独特价值，还能促进对乡村文化资源的保护。

一、乐山美术馆藏品资源概述

根据《乐山市文化和旅游资源普查报告》，乐山市现有美术馆藏品 760 件，均收藏于乐山市美术馆和沐川县美术馆，其中，乐山市美术馆绘画藏品 104 件，书法藏品 36 件，民间美术作品 3 件；沐川县美术馆绘画藏品 105 件，书法藏品 220 件，雕塑藏品 6 件，摄影藏品 286 件。但该报告显然没有统计全乐山市的美术（艺术）作品，遗漏掉了乐山市博物馆、峨眉山博物馆、井研县文化馆、金口河区文化馆、中国根书艺术馆、乐山乌木文化博览苑等场馆的藏品。

除了上述馆藏的美术作品外，乐山还有多种独具地方特色的美术形式及作品，属于市级以上非物质文化遗产类传统美术有 19 项，而传统美术作品更是多不胜数。以根书为例，中国根书艺术馆内有毛泽东《沁园春·雪》、苏轼《念奴娇·赤壁怀古》、陶渊明《桃花源记》、《百家姓》等根书艺术作品 1 000 余件，根雕艺术作品 30 件，岷江奇石 10 余方。又比如，乐山乌木文化博览苑内的乌木雕刻艺术品有 300 多件，乌木雕刻精美绝伦。

二、乐山重要画派简介

（一）嘉州画派

在抗日战争期间，徐悲鸿、黄宾虹、张大千、丰子恺、关山月等艺术大师均在乐山进行过美术创作。在他们的艺术熏陶下，乐山的本土艺术家李道熙、李琼久、杨风等人对美术学习产生了浓厚兴趣并积极参与其中。1980 年，李琼久提议并成功创建了四川省首个专业性书画院——嘉州画院，并亲自担任院长一职。在他的引领下，画院创作了一系列展现乐山历史底蕴与自然风光的佳作，这些作品风格独特，自成体系，被赞誉为"嘉州画派"，是现代山水画派的重要分支，在四川乃至中国的艺术史上都占有一席之地。嘉州画派不仅传承了宋元时期文人画的精髓，还通过画作来表达艺术家的个人情感与思绪，巧妙地将文学与书法元素融入其中，形成了雄浑秀丽、清新高雅、淳厚质朴的艺术风格。

嘉州画派的代表性人物包括李琼久、李道熙、盛志中、杨风、卜敬恒、曾冰、李开能、邱竹涛、熊华峰、黄文元以及张庆文等人。李道熙的画作《山珍》《紫藤》被天安门文管局珍藏；画作《吉羊图》《迎春图》被中南海文管局珍藏；画作《峨眉秀色》被全国政协收藏；而他的画作《墨梅》《墨鸡》更是被四川省博物馆定为文物，进行馆内展览。李琼久的代表作如《峨眉山报国寺》《峨眉晨曦》《游峨眉》《峨山绝顶》以及《峨眉高出西极天》等，均展现了他的卓越艺术成就，国家文物局将其书画作品列入限制出境的范畴，实质上即视为文物加以保护。图 7-1 为李琼久作品《高山仰止》。

图 7-1　李琼久作品《高山仰止》（现收藏于乐山市文化馆）

嘉州画院汇聚了书画家百余人，他们才华横溢，技艺精湛，作品广泛涵盖了中国画、书法、油画、水彩画、版画以及雕塑等众多艺术门类，为画院的艺术创作与传承注入了源源不断的活力与创造力。

（二）井研农民画派

20世纪70年代，井研县分全乡人饶绍清跟随亲戚周云鹤学习中国画，先后参加过井研、乐山组织的美术培训班，学成后在分全乡培养了一批农民画家，随后收集了一批农民画家的画作到乐山展览。从此以后，"井研农民画"开始成为地方文化名片，分全乡则是公认的井研农民画发源地。

农民画家采用宣纸、毛笔和国画颜料等中国传统绘画材料的创作手段，深入挖掘农村生活的细节，以细腻的笔触描绘出乡村的宁静与美丽，以及农民的勤劳与朴实。这也是井研农民画有别于国内其他地区农民画创作的特色之一。党的十八大以来，井研农民画发展势头迅猛，是井研县乡土风情和社会正能量的主要表达载体之一，通过画作展示井研深厚的文化底蕴，促进井研乡村文化振兴。图7-2是饶绍清作品《庆丰年》。

图7-2　饶绍清作品《庆丰年》

（三）五通桥根书派

五通桥因盐而兴，文运昌盛，从这里诞生和走出了诸多的知名书画家，如李琼久、李道熙、何康成、杨天开、王白石等。杨绍华出身于书香门第，年轻时受到吴成之的影响，研究过雕刻，对书法亦有研究，利用树根造型组字，将我国笔墨书法创作的法度和要求融入根艺中，丰富了中国书法表达的艺术元素。杨玉冰先生自幼跟随父亲杨绍华学习传统书法，自20世纪60年代起，他便投身于根书艺术的探索与创作之中。由于他具有对中国书画艺术的坚定追求和勇于革新的精神，在继承传统书法的基础上，开创出"气势恢宏、意境悠远、苍古奇特、激情四溢、高雅宁静"的艺术风貌，其根书作品在海内外享有盛誉。根书艺术巧妙融合了中国传统根雕技艺与笔墨书法，创造出独一无二、观赏性强、艺术价值高、值得收藏的珍品。中国根书首次将千百年来仅存在于宣纸上的中国书法赋予了立体形态，使青少年能够直观感受中华汉字及书法的魅力，对教育事业产生了重大而深远的影响。

根书主要选用杜鹃根材、红豆杉根材、金丝楠木、乌木等材质，历经30余道创新工序，最终呈现出精美的艺术作品。具体工序包括精心选材、板块拼接、烘干消毒、清理表皮污渍、细致抛光打磨、上色涂漆等，艺术家们利用树根的自然形态，通过巧妙的拼接技巧，在平面上创作出独具匠心的立体书法艺术佳作。2009年以来，根书艺术已经跨越国界，传播至世界各地，成了乐山一张崭新的文化代表名片。图7-3是根书作品展示。

图 7-3　根书作品

第二节 乐山美术馆藏品与乡村文化振兴

美术馆作为文化传播和教育的重要平台，通过展示具有乡村文化底蕴的藏品资源，可以让更多人深入了解乡村的历史、文化和传统，激发村民和当地中小学生对本土文化的自豪感和认同感。同时，美术相关资源也可得到拓展利用，融入当地的全域旅游之中。美术作品还可以移动展出，促进文化交流与互鉴。

一、嘉州画与乡村文化振兴

（一）乐山大佛博物馆

乐山大佛博物馆也称乐山市博物馆，陈列展示分为文物陈列展和汉崖墓遗址展示区，即一区三馆。一区是汉崖墓遗址展示区，三馆分别是乐山大佛陈列馆、陶瓷石刻艺术馆和书画艺术馆，一共展出各级珍贵文物200余件。

在书画艺术馆内，策划和布置着多个展区，分别展示了当代文学巨匠郭沫若先生的书法作品，其笔力遒劲，气韵生动；展出了嘉州画派创始人李琼久先生的书法与画作，他的作品融合了自然之美与人文情怀，独具一格；此外，历代名家的书画作品也在此呈现，让人仿佛穿越历史长河，感受中华文化的博大精深。每年，乐山大佛博物馆凭借这些珍贵的艺术品，吸引着超过10万人次的游客前来参观，成为传播嘉州画文化、弘扬中华艺术精神的重要平台。

（二）李琼久等名人IP开发

李琼久出生在乐山市五通桥区蔡金乡。李琼久真正走出乐山，成为全国知名的画家，得归功于他的《峨眉绝顶》这幅作品。在他的一生中，对艺术之美有着很高的追求，身边所有人都被他不断探索、求新求变的作风和画风深深地感动了。然而，李琼久名人文化并没有得到有效开发利用。李琼久先生墓地位于东方佛都内某偏僻处，景区内设立了"李琼久纪念室"，纪念室里陈列着李琼久生平简介、生活照片、作品照片及书法碑刻等，但鲜有人知。李琼久故居也没有得到有效保护、修缮和利用。

2022年，五通桥区政府提出依托五通桥古镇的工农街、花盐街古街区建设书画创作基地、交流展示平台等书画群落，将五通桥本土书画家的优秀作品融入古街的每一处建筑，达到移步换景赏书画的效果。用好桥滩"大戏台"，定期面向群众组织现场书画活动。在重要街道、重要地段展示本土书画家作品，营造浓厚书画氛围。与省内外高校美术院（系）合作在古镇打造"美术写生基地"或者为各地美术爱好者提供写生点，定期举办书画比赛或者交流活动，吸引美术爱好者集聚于此安心创作，通过以点带面、"筑巢引凤"，实现"以诗书画为媒，传五通桥之名"的目的①。但上述开发还限于规划阶段，并未全面落地。

建议乐山及五通桥区重视李琼久、李道熙等嘉州画派名人文化品牌建设，专题研究和挖掘李琼久等名人文化内涵、线路和足迹，收集他生前所用物品、画作、事迹等，形成李琼久等嘉州画派名人文化产品开发规划，开发嘉州画与李琼久艺术文化体验系列产品，促进乡村文化振兴。

（三）嘉州画派画展

2010年，乐山市有关部门提出整合文化资源，打造乐山文化品牌，对嘉州画院进行重组，为画院提供了办公、创作展览的场地，组建了新的领导班子，保证了每年的活动经费。自重组以来，乐山每年都举办以嘉州画院画家作品为主的秋季拍卖会，并积极走出去举办画展，与全国各地乃至世界各地人民交流绘画艺术，实现文明互鉴。

2022年6月，"再识·嘉州画派美术作品巡回邀请展"项目被列入四川省艺术基金资助项目；2022年11月4日，"再识·嘉州画派美术作品巡回邀请展"首站在重庆市武隆区博象美术馆拉开帷幕，涉及国画、油画、书法、水彩等艺术门类的70多幅作品华彩亮相，并受到广泛好评。有效加强了成、渝两地艺术交流合作，推动了成渝地区双城经济圈、巴蜀文化旅游走廊的建设和发展。2023年8月，"再识·嘉州画派美术作品巡回邀请展"在安徽省盛大开幕。本次展览汇集了100多幅画作，包括国画、油画、水彩、书法等多种艺术形式的作品，按类别展区分为"先生之风""雄奇峻秀""百花齐放""互鉴共生"四大板块。所有作品主题都聚焦在乐山的人文风情与壮丽自然风光上。通过新颖的视角和表现手法，这些作品生动地展现了嘉州画派的艺术特色。值得一提的是，安徽也是文化底蕴深厚之地，孕育出了黄山画派、新安画派等，也是全国享有盛誉的地方画派。此次"再识·嘉州画派美术作品巡回邀请展"来到安徽，不仅为安徽

---

① 乐山经验｜五通桥区：千年盐城变成文旅"聚宝盆"［EB/OL］.（2020-10-10）［2025-04-12］.https://www.163.com/dy/article/FOJR47G005340L10.html.

的群众提供了近距离欣赏嘉州画派辉煌成就的机会，让安徽人深切体会到乐山四代美术家对先辈美术技艺与创新精神的传承与发扬，同时也成为促进四川与安徽两地文化艺术深度交流的宝贵契机。

二、井研农民画与乡村文化振兴

（一）高石坎村案例①

近年来，在党建工作的引领下，井研县竹园镇高石坎村开展社会主义核心价值观的培育与实践，持续不断地深化乡村文明建设，塑造了一个融空间布局之美、生活便利之美、村容整洁之美、服务健康之美、创业致富之美以及乡风文明之美于一体的美丽乡村。通过不懈的努力，高石坎村成功探索出了一条通往富裕与振兴的"高石坎"道路。该村获得了"省级文化扶贫示范村""省级文明村"以及"市级乡村振兴示范村"等荣誉称号。

一是聚力"人居环境"，美丽"坎上花开"。高石坎村以整治人居环境为抓手，大力实施形象提升行动，筑牢乡风文明底色。以农耕文化和风土人情为内容，彩绘墙体达 500 平方米。在村庄的道路和关键节点种植了紫薇、木春菊、树桩玫瑰、马鞭草、百日草等多种花卉苗木，打造了一条长达 5 千米的花卉长廊和花坡景观。同时，该村大力推进垃圾处理、污水治理和厕所改造"三大革命"，确保全村农户厕所普及与卫生达标率超过95％。此外，积极鼓励村民参与花园、菜园果园、畜禽养殖园"三园"建设，开展道路清洁、庭院整洁、水域清澈"三清"活动，实现了村庄环境的全面清洁与美化，家家户户都拥有了花园、菜园和果园的宜人景致。

二是聚力"乡村文化"，诗意"坎上画卷"。高石坎村以乡村文化为载体，狠抓农村文化建设，增强乡风文明的感召力。对高石坎"一脚踏三县，福禄寿禧财"的山地原乡文化进行深入挖掘，编写了《坎上赋》诗词，发掘了"五福"石像，寻找到"乡村匠人"袁天华，创作书画作品200 余幅，用画笔唤起乡愁。成立了高石坎村文化艺术团，以"庆丰收""吃九大碗""迎新年"等极具乡土气息的喜庆场景为素材，创作歌舞《坎上五星到》、小品《旱船》等文艺节目，实现了以文化育民、乐民、惠

---

① 乐山党建. 井研县："四聚力"谱写"坎上"新画卷——竹园镇高石坎村创建省级文明村工作案例 [EB/OL].（2021－01－21）[2025－03－12]. https://mp.weixin.qq.com/s？_biz=MzUxMTg3NTUzNA==&mid=2247511166&idx=3&sn=dd2f56e2242d5b3a2933c29ee618930&chksm=f96fecdfce1865b92b3e4921a0cfb7b0c5333715354ed1e997087079cd68154464db6d386b59&scene=27.

民的效果，传承发展提升农耕文明。

三是聚力"乡风文明"，幸福"坎上人家"。高石坎村以乡风文明为基调，首创并推行了"一会六员"制度，即成立了六个志愿者团队，分别负责乡村规划管理、清洁卫生监督、本土文化指导、庭院经济发展促进、乡风民俗引导、矛盾纠纷调解工作。这些团队共同发挥着"五共"功能，即共同参与经济发展规划、共同建设基础设施、共同维护村居平安、共同培育文明新风尚、共同帮助困难群众。探索推行村民文明诚信积分制管理，修订完善村民公约，有效激发群众参与乡村治理新动能。

四是聚力"产业兴旺"，绿色"坎上铺子"。高石坎村以产业兴旺为目标，以产业园区为依托，发展壮大集体经济，群众收入不断增加。建成"党建示范园"100亩、"柑橘产业扶贫示范园"200亩、"柑橘品改示范园"100亩以及"柑橘新品种示范园"120亩，带动全村柑橘产业做大做强做优。搭建电商平台，提出"户种百棵柑橘，勤劳治穷又致富"的产业发展口号并题写在道路两旁，标识明显；注册了"坎上铺子"商标；通过电商平台，如翼家小厨平台、天虎云商等平台，实现了高石坎特色农产品的线上线下同步销售。高石坎村形成了"党支部+股份合作社+公司+农户"的发展模式，利用省定贫困村产业扶持资金100万元入股惠涛专业合作社，实现集体经济年收入保底6万元。

（二）校地合作文化育人创新案例

自2015年以来，乐山师范学院与井研县政府、县政协深度合作，从"井研农民画"优秀传统文化育人切入，聚焦创新型应用型文化创意人才培养目标，按照校县一体、五通三融、共建共用的总体思路，积极探索构建"学校+地方""高校专家+民间艺人+中小幼教师""大学生+中学生+小学生+幼儿学生"的校县一体协同育人机制，围绕"阵地贯通、组织相通、课题互通、课程融通、活动联通"与"价值维度、知识维度、能力维度"融合的"五通三融"文化育人要素供给，"师资互聘互培、平台共联共用、经费同列同支"的人才培养资源共用体系，深入推进新艺科人才培养的制度、要素、资源改革，形成校地协同、跨界互动的全主体、全周期、全资源的育人生态系统，着力解决应用型人才培养机制不畅"卡点"、人才培养社会适应性不强"难点"以及培养资源不足"痛点"等教育教学问题。通过校地深度合作与实践，形成了一系列成果。

一是产生一批新艺科人才协同培养教学成果。出版校本教材《金色田园——井研农民画》《井研农民画特色与技法》2 部，形成"乡土手工艺设计与制作""手工印染技法""中国现代漆画"大学生专业选修课程 3 门，"井研农民画创作""井研农民画赏鉴"大学生通识选修课程 2 门，中小学生的"井研农民画"校本课程、"井研农民画绘画"兴趣课程各 1 门，其中"手工印染技法""中国现代漆画"两门课程被列为校级一流协同育人示范课程。设立了 2 个校县合作基地，分别是"农民画写生创作基地"和"农民画培训基地"，并配置了 8 间"乡土手工艺"教师工作室。同时，成立了诸如学生社团"乡土手工艺设计与创作"和兴趣小组"井研农民画"等组织，还授牌了 7 所"井研农民画传习学校"。此外，"优秀传统文化在高校思政教育中的应用探索"项目在四川省基层文化中心获得立项，而"井研农民画的理论构建、流派发展及产业化路径"则被列为乐山市哲学社会科学研究重点课题。"井研农民画画艺人才素质提升研究"成为校县双方共同开展的横向课题，《井研农民画文化价值面面观》《地方优秀传统文化与高校思想政治教育融合研究》《浅析文化认同的时代文化坐标》等教改研究论文先后在《乐山师范学院学报》《中共乐山市委党校学报》《青年时代》等省级学术期刊上刊载。井研县获得 2018—2020 年度四川省民间文化艺术"农民画之乡"称号，2019 年"传统文化育人体系建设改革试点"被省教育厅确定为第二批省级教育体制机制改革试点项目，2020 年"优秀传统文化（井研农民画）传承与推广"入选四川省高校思想政治工作精品项目，乐山师范学院入选四川省"三全育人"综合改革试点高校。

二是培养了一大批高素质应用型新艺科人才。通过五年来"校县一体、五通三融"协同育人的实施，乐山师范学院美术学院 3 000 余名大学生、井研县 20 000 余名中小学生直接受益。随着"井研农民画"师生画作展览、墙绘等活动的开展，乐山师范学院近万名大学生、井研县数十万老百姓间接受益。尤其是得益于"校县一体"协同育人的深入实施，乐山师范学院美术学院与设计学院毕业生五年来就业率年均为 93%，其中高质量就业率达 25%。与此同时，乐山师范学院为井研县培养了"井研农民画"优秀传承人 7 人、大中小学生传习者 5 000 余人。五年来，乐山师范学院美术学院与设计学院学生在全国广告艺术大赛、全国高校数字艺术设计大赛全国总决赛、"国青杯"第四届艺术设计大赛、中国高校美术作品学年展、全国普通高等学校美术教育专业本科学生基本功展示等专业竞赛中屡获佳绩。据不完全统计，仅近三年来，学生获全国性奖励 100 余项、全省性奖励 300 余项。乐山师范学院培养的毕业生扎根乐山及四川文旅产业界，开始展露创新型应用型人才培养优势，涌现出四川海棠智造文化传播有限公司总经理郑伟国、成都立体流艺术创作中心艺术总监刘虎成、眉山东坡宋城文化旅游发展有限公司执行董事兼总经理邱江涛、乐山亿秒文化传播有限公司董事长周旭嘉等优秀企业家。井研县中小学生在"校县一体"协同育人项目中实现了一体进步、同步成长，研城小学被命名为"乐山市艺术特色学校"，成为市级"农民画传承基地"，"七彩乡间农民画社团"被授予乐山市优秀学生艺术社团，研城小学农民画教研课题获得乐山市一等奖。构图饱满、造型夸张、色彩鲜艳、形象生动、通俗易懂的中小学生画作，深受当地老百姓的喜爱。

三是产生了积极广泛的社会影响。本成果受到《人民日报》、《光明日报》、《中国青年报》、中央电视台、人民网、新华网、中宣部"学习强国"、中国精神文明网等中央级媒体，《四川日报》、四川电视台、《封面新闻》、《四川农村日报》、四川新闻网、四川文明网等省级媒体，以及《乐山日报》、乐山电视台、乐山新闻网等市级媒体的广泛报道。其中，2015年井研农民画"画说我们的价值观"公益广告被中宣部采纳并在《人民日报》漫画增刊刊登，同时在 CCTV 官网公益频道展示。2015 年 5 月 14 日，中国精神文明网以"打造农字头核心价值观宣传品牌"为题进行了报道；5 月 16 日《四川日报》1 版以"井研农民画生动传递核心价值观"为题进行了报道。2019 年 11 月 1 日，《四川农村日报》以"激活四乡品牌，唱好文旅大戏"为题进行了报道。2020 年 2 月 6 日，《封面新闻》以"创意抗疫，四川井研农民画也戴上了口罩"为题进行了报道。2020 年 2 月 26 日，中宣部"学习强国"App 以"四川井研：以画聚心再出抗疫精品"为题进行了报道。2021 年 3 月 20 日，《中国青年报》以"乐山师范学院：构建优秀传统文化育人体系新模式"为题对成果进行了专题报道。2019 年 11 月10 日，长江师范学院对本成果进行了学习借鉴与推广应用，并评价说："本成果的具体做法和举措，具有典型示范意义和实践价值，在我校人才培养模式创新中得到很好的借鉴和应用，师生反映良好，取得了比较好的推广应用效果。"

三、五通桥根书与乡村文化振兴

中国根书艺术馆位于五通桥城区的菩提山上，是国家 AAA 级旅游景区，距离乐山城区 20 千米。自 2014 年以来，中国根书艺术馆已接待各级领导、各界知名人士和中外游客 50 多万人次，受到社会各界和游客高度评价，成为五通桥区的一张文化名片。

中国根书艺术馆是由四川根石家文化传播有限公司创立的，该公司可追溯到 20 世纪 80 年代的嘉州工艺美术社。经过多年的积淀和发展，公司现注册资本为 1 000 万元，已成为以根书法艺术为主导的文化知名品牌企业。公司荣获了多项荣誉，包括国家版权局授予的"全国版权示范单位"、全国社会科学普及工作组委会颁发的"全国社会科学普及基地"、中国基本建设优化研究会命名的"全国文化艺术创意示范基地"。此外，公司还是四川省人民政府指定的创意设计产业重点培育企业，荣获四川省人民政府颁发的"金熊猫奖"先进集体称号，并被认定为四川省文化产业实验园区。同时，公司还被四川省社科联授予"四川省社科根书艺术普及基地"、四川省文联授予"四川杨玉冰根书艺术创作培训基地"。在乐山市层面，公司被认定为乐山市"文化产业示范企业""青少年爱国主义教育基地""第一批中小学生研学实践教育基地"，与台湾地区中国文化大学等院校合作，成为"海峡两岸青少年艺术教育交流与实习基地"。

公司拥有中国乡土艺术大师、中国"德艺双馨"艺术家杨玉冰先生领衔的创作团队。杨玉冰先生引领颠覆性创新中国书法艺术，他创始的中国根书深入浅出、可触可摸，成为"根固文脉"的鲜活华夏新艺术灵魂。公司多次成功策划、组织举办了全球巡展、艺术交流和学术研讨等大型活动，将中国根书生动传续延展至亚、欧、美各洲不少国家和地区，成为国礼、对外文化交流和海内外人士及藏家的首选。中国国家博物馆、中国农业博物馆、法国达·芬奇博物馆、世界华人联合总会、外交部礼宾司、钓鱼台国宾馆等分别收藏了杨玉冰先生精品根书。公司除创作适合博物院馆、艺术场所、各类企业、酒店宾馆、酒楼茶肆等的高端藏品外，还不断供应家庭居室、厅堂、书斋等不同场所装饰美化的各类根文化作品，更为馈赠亲友创作出不少人见人爱的上佳礼品。

公司建成全球唯一的中国根书艺术馆并向社会开放。旗下子公司四川根石人家旅游开发有限公司打造的根石人家艺术村，融根书艺术主题餐饮、老茶馆、客栈、展销和文化演艺于一体，极受欢迎；与中国根书创作基地、中国根书主题老茶馆相结合，形成中国根书文化创意产业，已成为乐山和华夏根文化的一张名片。图7-4为中国根书艺术馆藏品展示与研学活动场景。

图7-4　中国根书艺术馆藏品展示与研学活动场景

第八章 乐山地方戏曲剧种资源与乡村文化振兴

传统戏曲艺术与现代元素的融合，不仅能够焕发戏曲艺术的新生，还能够满足人民群众日益增长的精神文化需求。地方戏曲也为乡村文化振兴开辟了新的道路。

第一节 乐山地方戏曲剧种资源概述与重要剧种简介

乐山地方戏剧剧种资源比较贫乏，但不失地方特色，对其价值的发掘仍不够深入。

一、乐山地方戏曲剧种概述

乐山市现存地方戏曲两种即峨眉堂灯和川剧。峨眉堂灯（又称四川灯戏），是四川省级非物质文化遗产，其起源地是峨眉山市的普兴乡、双福镇、绥山镇，流传地区还包括夹江县麻柳、华头以及洪雅县的高庙、柳江等地。峨眉堂灯与四川民歌、民间舞蹈密切相关，特别是在花灯歌舞的基础上演化而来，具有活泼、幽默以及载歌载舞的特点，是一种独特的地方传统戏曲。乐山市市中区的川剧团，作为嘉阳河川剧艺术的杰出代表，同样享有省级非物质文化遗产的荣誉。该团拥有1名川剧专业正高级职称人员、16名副高级职称人员以及4名省级非物质文化遗产代表性传承人和8名市级非物质文化遗产代表性传承人。犍为县川剧团前身为犍为县戏剧曲艺家协会，2012年被核定为财政差额拨款的副科级事业单位，2018年划入犍为县文化馆，挂犍为县川剧团牌子，现有2个国有戏曲表演团体、1个民办戏曲表演团体，各类戏曲从业人员63人。

二、乐山重要剧种简介

（一）峨眉堂灯

关于"堂灯"的确切起源，既缺乏文字记载也未见口碑传承的明确线索。据峨眉山市普兴乡村民、当代堂灯技艺传承人余井泉所述，其家族源自清朝顺治年间湖广地区向四川的移民，全家皆擅长演唱湖广花灯。在花灯的演唱过程中，逐渐与峨眉山地区文化融合，演化出一种适合在大户人家堂屋内演出的形式，并被命名为"堂灯"。尽管堂灯起源的说法不一，但据《四川省地方灯戏志》中记载，四川灯戏对川剧的孕育和成长起到了重要的滋养作用。川剧汲取了堂灯的部分曲调作为自己的声腔，并且灯戏中的众多经典剧目和表演艺术极大地拓展了川剧的表演技巧与形式。因此，堂灯与川剧之间存在着源与流的紧密联系。

作为一种戏曲艺术表现形式，堂灯生动地描绘了当地劳动群众的生活面貌、道德准则及民俗习惯。其剧目内容丰富多样，既有反映对封建礼教的抗争和颂扬自由恋爱的剧目，例如《三儿子打鱼鳅》和《鲤鱼哥哥讨亲》；也有倡导孝顺行善的戏曲，诸如《晒佛帕》和《断机教子》；还有宣传破除迷信主题的作品，像《打神》和《审哑》；更有展现社会新风气、批判贪财恶习的《退彩礼》，以及赞美忠贞爱情、讥讽不忠不贞的《还是妻子好》《贤妻至上》；此外，还包含许多取材于民间传说与历史故事的剧目，如《打渡》和《湘子渡妻》等。

堂灯演出的器具丰富多样，主要包括弦乐、吹奏乐和打击乐三大类。弦乐方面，以胡琴为主要乐器，其悠扬的音色为演出增添了浓厚的情感色彩，同时也可根据需要配以扬琴、树叶琴等，使音乐层次更加丰富。吹奏乐则包括唢呐、笛子、箫等，它们各自独特的音色相互交织，为演出营造出热烈或悠扬的氛围。打击乐部分则有大锣、梆子、碰铃、皮鼓、钹等，这些乐器在演出中起到了掌控节奏、增强气氛的重要作用。

至于服饰，本应严格按照剧情和人物设定来选择，但经济条件有限，往往只能因陋就简，导致服饰五花八门，无法完全还原剧情场景。布景和道具同样随剧情而定，但受限于资源和资金，通常也只能做到简单实用，难以达到精细逼真的效果。尽管如此，堂灯演员们依然凭借精湛的演技和饱满的热情，为观众带来了一场场精彩的演出。

堂灯表演有独特的艺术形式，融合了唱、白、歌、舞等多种元素，展现出丰富的艺术魅力。演员人数根据剧情需要灵活调整，但最为常见的形式是"丑""旦"二人台式表演，演员们通过跳跳唱唱的方式，将剧情生动地呈现在观众面前。在传统剧目中，女角通常由男角"反串"，这一独特的表演方式不仅考验了演员们的演技，也为观众带来了别样的观赏体验。堂灯的舞蹈动作同样别具一格，如"蛾蛾儿扇翅""仙人背剑"等，这些动作既富有表现力又充满趣味性。演员们在走步时多采用十字步，这种步伐与跳花灯有着异曲同工之妙，使得堂灯表演在视觉上更加流畅和谐。

峨眉堂灯在唱腔上别具一格，其中最具标志性的便是其主调"胖筒筒"。在这一唱腔中，男女声均以一种固定的形式作为"帮腔"来收尾，共同塑造出了一种独特的音乐韵味。此外，堂灯还巧妙地融入了民间小调曲牌、本地山歌以及劳动号子等元素，诸如《鲜花调》《卖苏花》以及《麻柳湾》《迎亲》等曲目，这些元素的加入使得堂灯的唱腔更加多元且富有层次感。

堂灯的调式，遵循了中国传统民歌以"五声"（"宫""商""角""徵""羽"）为主的原则。它的唱腔与川剧有相似之处，而道白则完全采用了当地的方言，使得堂灯更加贴近民众的日常生活，充满了鲜明的地方色彩。堂灯的唱腔高亢悠扬，帮腔部分则显得洪亮激昂，为观众提供了极为震撼的艺术体验。

峨眉堂灯有着悠久的历史，可溯源至明嘉靖年间，至少有 400 多年的历史。这一地方戏曲剧种，是民间艺人巧妙地将中原花灯文化与本地民俗文化相融合而诞生的新剧种，它如同一部生动的典籍，展现了当地人民的精神风貌和社会的发展历程。峨眉堂灯为川剧的孕育与发展提供了丰富的营养，被誉为"川剧之母"，与川剧之间存在着源与流的紧密联系。1987年，《四川省地方灯戏志》编写委员会召开会议，专门对峨眉堂灯的源流与沿革进行了深入的研讨，而在 2004 年和 2005 年，四川电视台和中央电视台对原生态的堂灯进行了录制与播出。图 8-1 为堂灯表演场景。

图 8-1 峨眉堂灯表演场景

（二）川剧

川剧，作为中国传统戏曲的瑰宝之一，广泛传播于四川东部与中部地区、重庆市，以及贵州省、云南省的部分地方。2006 年 5 月 20 日，这一宝贵的艺术被正式列入首批国家级非物质文化遗产的名单之中。而嘉阳河川剧艺术，则发源于四川盆地西南部的岷江、大渡河、青衣江一带，深受乐山地区民众的喜爱。在川剧的众多流派里，嘉阳河川剧凭借其独特的剧本内容与唱腔风格，在地方戏曲领域占据了重要的位置。从抗日战争时期直到改革开放初期，"新又新科社"是嘉阳河川剧流派的领航者，不断推出传统的折子戏、现代的新编历史剧目以及新型的儿童现代剧目，将乐山塑造为远近闻名的"川剧之乡"。

川剧是一种融入了昆腔、高腔、弹戏、胡琴、灯调五种声腔的综合性戏曲艺术。其表演体系细致入微，分为小生、须生、旦角、花脸、丑角五大行当，每一行当都拥有自己独立且完整的表演功法程序。在这五大行当中，小丑、小生和小旦的表演尤为出色，被誉为"三小"。他们在戏剧表现手法和表演技法上均展现出卓越的创造力，通过精湛的演技，将中国戏曲虚实相生、遗形写意的美学特色体现得淋漓尽致。无论是细腻的情感表达，还是生动的角色塑造，都让观众在欣赏过程中感受到了川剧独特的艺术魅力和深厚的文化底蕴。

据历史资料记载，1403—1424 年，乐山地区已经有了戏曲艺术的表演活动。最早出现的是川主庙古戏台，随后众多为酬神赛会而建的古老戏楼，如万年台，在城乡各地相继涌现，为戏曲的演出提供了必要的场所，并涌现出"聚歌儿演喜剧""做彩楼演梨园为神寿"等演出盛况。这些活动无须宣传就能够吸引众多的观众，场场表演座无虚席。经过长时间的学习积淀与广泛交流，逐渐形成了独具乐山特色的唱腔——乐山川剧中的嘉阳河流派。

近年来，一大批川剧文化领军人物相继涌现，包括著名戏剧导演谢平安，以及知名表演艺术家陈书舫、傅幼鳞、刘云深、邱福新等。2008 年，嘉阳河川剧艺术被乐山市人民政府纳入市级非物质文化遗产名录，2009 年又被列入省级非物质文化遗产扩展项目，2012 年更是被四川省川剧艺术研究院授予国家级非物质文化遗产"川剧传习展示基地"的称号。现已 90 高龄的赵修新老师，是 20 世纪乐山嘉阳河流派的花旦领军人物，她在戏曲表演中对嘉阳河流派的唱腔与步法进行了诸多创新，为该流派的持续发展做出了巨大贡献。谢平安导演则是川剧嘉阳河流派的重要代表，他 10 岁起在乐山川剧团学艺，56 岁时调至四川省青年川剧团担任专职导演，后又转至四川省艺术职业学院任教，并在全国各地执导戏曲。作为中国戏曲导演界的佼佼者，谢平安巧妙地将川剧元素融入其他剧种，同时也积极吸收其他剧种的精华以丰富川剧，深刻体现了"植根传统，面向现代，展望未来"的导演哲学。他的导演艺术如同一根魔杖，点燃了中国不同剧种的火花，让它们焕发出勃勃生机。在 60 多年的艺术生涯中，谢平安参与演出、编剧、执导的剧目超过 300 部，涵盖 30 多个剧种，为中国戏曲界留下了宝贵的财富。

乐山市川剧团创作了多部优秀剧目，如《天下一佛》《大佛传奇》《桃村新歌》《五十七》《郑姑姑》《杜鹃啼月》等，这些剧目不仅在省内获得多项奖项，还受邀赴日本演出，获得广泛好评。剧团的艺术成就不仅体现了乐山川剧的艺术水平，也为乐山川剧的传承和发展做出了重要贡献。图 8-2 为嘉阳河流派川剧表演场景。

图 8-2　乐山嘉阳河流派川剧表演场景

第二节 乐山地方戏曲与乡村文化振兴

乐山地方戏曲以川剧为主要形式，具有深厚的文化底蕴和独特的艺术风格，通过多种形式的推广和演出，不仅丰富了当地群众的文化生活，也为保护和传承地方传统文化做出了积极贡献。

一、峨眉堂灯与乡村文化振兴①

峨眉堂灯有着悠久的历史，且在全国范围内具有唯一性。20世纪90年代末，峨眉山市双福镇的农民企业家刘成华对双福堂灯产生了浓厚兴趣，并成为首个投身于双福堂灯挖掘与整理工作的人士。自1998年起，刘成华独自开始了拯救堂灯的征途，十多年来坚持不懈，他收集了大量堂灯的原始资料，并精心编纂成书籍。2004年和2005年，原生态的双福堂灯相继获得了四川电视台和中央电视台的报道；2009年，经峨眉山市文化馆申报，堂灯成功列入四川省非物质文化遗产保护名录。

为了复兴堂灯艺术，刘成华持续努力创作堂灯剧目，巧妙地将传统元素与现代元素相结合。在他的积极推动下，专业机构如峨眉堂灯队、峨眉山市堂灯协会相继诞生，为堂灯艺术的保护和传承提供了新的动力。刘成华掌握了大量的堂灯原始资料，涵盖了文字记录、堂灯剧目、作品以及他自己的创作成果。特别值得一提的是，2019年他创作了现代堂灯戏《第一书记》。该剧描绘的是村民送别"第一书记"，并展现扶贫工作成果的情节，生动描绘了现代乡村在脱贫攻坚战中的显著变化和蓬勃发展态势。

2020年5月，在峨眉山市委宣传部与市文体旅游局的精心策划下，一场别开生面的"峨眉山市戏曲进校园活动"顺利走进了双福镇小学、峨山镇小学以及黄湾镇小学，为孩子们带来了一场戏曲艺术的盛宴。活动中，堂灯演员们不仅详细讲解了堂灯戏的道具及其背后的故事，还精彩演绎了堂灯戏麻柳小调《第一书记》以及创意十足的三句半《防控复课两手抓》，这些节目不仅让孩子们大开眼界，更激发了他们对传统戏曲文化的浓厚兴趣。许多学生还有机会亲自上台体验堂灯表演，亲身感受这一非物质文化

---

① 峨眉堂灯"老腔调"唱出新故事[N/OL].乐山日报，2020-07-12. https://leshan.scol.com.cn/ttxw/202007/57849924.html.

遗产的独特魅力。

峨眉堂灯这一古老艺术形式已赢得了社会各界的广泛认可与赞誉。它从以往深藏于人家堂屋的私密表演华丽转身，登上了乡镇大舞台乃至更高规格的剧院，成为展现地方文化魅力的重要窗口。峨眉堂灯的表演队伍日益壮大，吸引了众多具备音乐、舞蹈基础的中青年人才加入，为这一传统艺术注入了新鲜血液，使其呈现出更加年轻、充满活力的面貌。同时，峨眉堂灯的剧本创作也在不断探索与创新中，更好地满足了城乡居民日益增长的精神文化需求。

二、川剧表演与乡村文化振兴

尽管嘉阳河川剧艺术是独特的艺术形式，近年来却一直面临着人才流失、"造血"能力不足等问题。近年来，乐山市各级部门正在积极探索嘉阳河川剧振兴之道。

一是开展嘉阳河川剧代表性人物与事迹等理论研究。乐山市成立了乐山文化发展研究中心，在乐山师范学院成立了谢平安艺术研究中心，举办了"谢平安艺术暨戏曲传承发展研讨会"等，探索研究谢平安先生的导演艺术成就和艺德人品，为振兴川剧和推进传统戏曲创新发展提供理论支撑，同时也是为了进一步弘扬中国的传统戏曲艺术，为戏曲文艺的繁荣发展提供更大的精神文化力量。

二是复兴川剧艺术研究院和新又新大戏院，两者都是嘉阳河川剧艺术的主要阵地。乐山文化发展研究中心川剧艺术研究院（原乐山市川剧团），始建于1935年，其前身是享誉全川的"新又新科社"，有着深厚的川剧文化底蕴，也是嘉阳河川剧艺术流派的保护传承单位。川剧艺术研究院展陈了乐山川剧发展历史、主要艺术成就；新又新大戏院是上演川剧的剧场，正在更新设备，提升配套。2023年，在乐山肖坝要码头，新建了平江剧场，常态化演出川剧节目，为游客和市民带来一场场文化盛宴。

三是加大人才培养力度。2023年8月24日，嘉阳河川剧委培班举行开班仪式，这是近32年来第一次专题培养嘉阳河川剧人才，首批学员35人，学员来自云、贵、川、渝等地，将练就一身真本领，成为新时代重艺德、技艺精、能交流、懂传承的川剧文艺生力军。

四是戏曲进校园。自2015年起，乐山市率先启动戏曲进校园项目。首先，该项目在乐山市实验中学、乐山市实验小学落地，在两所学校内设立了"文瀚嘉州·百姓直通车——嘉州古艺萌春传承培训基地",并开始了面向学生的川剧传习普及教育教学工作。2018—2019 年,又在西南交大竺可桢书院、乐山艺术实验学校增设了"省级非物质文化遗产嘉阳河川剧艺术普及展示基地",进一步加大了川剧艺术的校园传播力度。2022 年 3 月,由乐山市委宣传部主办的"嘉阳河川剧艺术普及展示基地"授牌仪式顺利举行,乐山市实验小学、乐山市实验中学、乐山市嘉州学校、沙湾小学、井研县师范学校附属小学及犍为县南门小学等学校均被授予了基地称号。此外,乐山市还成立了专业的嘉阳河川剧传习教学团队,选派优秀教师前往各基地开展川剧传习教学,旨在让更多学生领略川剧艺术的魅力,培育更多的川剧爱好者和传承者①。

---

① 乐山文旅. 2022 乐山十大非遗保护传承基地 ｜ 乐山新又新大戏院［EB/OL］.（2022-12-02）［2025-04-12］.https：//mp.weixin.qq.com/s? __biz＝MjM5MDE2NDgyMw＝＝&mid＝2650449238&idx＝4&sn＝01d6a29a97e147e667a5429a0a071bd8&chksm＝be46f76e89317e78715c3bd30b3944676937fb35f14564486670b6fba1edb496f0ab43125f64&scene＝27.

第九章　乐山非物质文化遗产资源
　　　与乡村文化振兴

习近平总书记强调："要加强非物质文化遗产保护和传承，积极培养传承人，让非物质文化遗产绽放出更加迷人的光彩。"[①] 非物质文化遗产是乐山乡土文化资源的重要组成部分，需要加强挖掘、保护、传承和创新利用。

第一节　乐山非物质文化遗产资源简介、概述及分类
　　　　与分级

乐山非物质文化遗产相对丰富，拥有国家级、省级、市级、县级四级非物质文化遗产，美食类非物质文化遗产资源最为丰富。

一、乐山重要非物质文化遗产简介

（一）峨眉武术

峨眉武术这一古老而璀璨的武术瑰宝，深深植根于风景秀丽的峨眉山，其历史可追溯至春秋时代，历经南宋的成型，至明、清时期达到鼎盛，流传至今已有近 3 000 年的悠久历史。它不仅是四川武术的代名词，更是中华武术文化的重要组成部分。峨眉武术博采众长，巧妙地将儒家、佛家、道家的哲学思想与民间武术的精髓融合，形成了一套独特的武术体系。在这一体系中，拳术种类繁多，器械技法各异，养身功法丰富多样，

---

① 让非物质文化遗产绽放更加迷人的光彩[EB/OL].（2024-06-13）[2025-04-12].https://baijiahao.baidu.com/s? id=1801696382027584528&wfr=spider&for=pc.

拳种超过上百种，门派林立，共同构建了一个博大精深、兼容并蓄的峨眉派武术体系。峨眉武术与少林武术、武当武术并驾齐驱，被赞誉为中国的三大武术流派。2008年，峨眉武术凭借其独特的文化价值和社会影响，被正式列入国家级非物质文化遗产保护名录。

（二）夹江年画

据传夹江木刻门神年画题材来源于明代，其说法有三：一说木刻彩绘门神像和木版年画的盛行，来自外省移民，从明代起陆续到四川来的外省移民中，有善画能刻的人，把移民从原来居住地中带来的门神画像临摹下来，雕成木版并拓印成图，涂上颜色贴在门上，带动夹江的乡民们也开始张贴门神像，逐渐形成习俗；二说县人张庭（亦说为宿进）从京城带彩绘门神像回夹江，经过临摹、木刻流传下来；三说夹江县出了天官（县人对张庭的尊称），朝廷才准予同梁平、绵竹等县同时制作门神年画。三者之说，不知谁为真相。夹江的木刻年画过去主要由帖扎行（找扎铺）兼营。大约在明代万历、天启时期，夹江地区就已经存在年画制作工坊，工匠们依托当地丰富的手工造纸资源，创作出了一些较为朴素的年画作品。据一些资深艺人回忆，到了清朝末期，在夹江县城周边的谢滩村、杨柳村等地，已经出现了大量的年画作坊，并开始大规模地生产、销售年画，其名声在历史上与绵竹年画、梁平年画相提并论，共同被誉为四川的三大年画。2008年，夹江木版年画被正式列入第二批国家级非物质文化遗产名录。

夹江年画源自民间，其创作素材广泛而不拘泥于现实生活，超越了时间和空间的界限，以高度的艺术概括和夸张的形象手法，生动展现了丰富多样的文化元素。这些作品不仅记录了历史的风貌，还蕴含了深厚的文化内涵，具有极高的历史文化价值和独特的艺术价值，是中华文化宝库中的一颗璀璨明珠。

（三）竹纸制作技艺

夹江县竹纸制作技艺，作为国家级非物质文化遗产，具有深厚的历史文化底蕴和地域特色。这一技艺保留了完整的手工造纸术传统工艺流程，从精选原材料到最终成纸，共计经历15个关键环节和72道精细工序。其生产流程严格遵循明代《天工开物》中的记载，每一道工序都体现了对传统的尊重与传承。夹江竹纸在选材上极为考究，生产工艺更是复杂多变，成品纸张质地优良，品质卓越。特别是夹江竹纸中的书画纸，与安徽宣纸齐名，共同被誉为"国之二宝"，彰显了其在艺术领域的独特地位。此外，夹江竹纸制作技艺还曾多次走出国门，在美国、加拿大、意大利等多个国家进行展示，以其精湛的工艺和独特的艺术魅力，赢得了"东方艺术瑰宝"的美誉。

（四）沐川草龙

沐川草龙编扎技艺历史悠久。据考证，"沐川草龙编扎"的传统至少可追溯至唐朝，历经千年风雨，至今仍熠熠生辉，传承不息。沐川草龙又被称为"黄龙"，是匠人们从当年丰收的稻草中精挑细选，只取无瑕疵、色泽金黄的稻秆，通过一系列繁复而精细的手工技艺编扎而成。在制作过程中，需运用编、织、镶、绕、缠等十余种高超技法，即便是编扎一条仅50米长的草龙，也需要10位匠人倾注20天的心血与智慧。

沐川草龙的艺术魅力源自深厚的民间传说，它集精、妙、奇、神于一身。精在于龙头、龙身、龙尾的匠心设计，每一处都透露出匠人的巧思与智慧；妙则体现在龙眼炯炯有神、龙须飘逸灵动、龙角锋利威严、龙鳞错落有致、龙爪锋利有力，栩栩如生，仿佛随时都能腾云驾雾，翱翔天际。而草龙的舞耍更是别具一格，由体格健壮、经过严格训练的男子身着草编服饰，在激昂的锣鼓声中，演绎出古朴原始、气势恢宏的舞龙场景，表达人们对吉祥、安康、美好生活的无限向往与追求。2008年6月，沐川草龙凭借其独特的艺术价值与文化内涵，被正式列入国家级非物质文化遗产名录。

二、乐山非物质文化遗产资源概述

2020年，乐山市全市非物质文化遗产普查结果为273项，其中，传统技艺类111项，占总量的40.7%，其中大多是美食制作技艺，如牛华豆腐脑制作技艺、夹江豆腐乳制作技艺、苏稽香油米花糖制作技艺等；传统舞蹈类32项，占总量的11.7%；民俗有31项，占比为11.4%；传统体育、游艺与杂技和传统音乐均为23项，占比均为8.4%；民间文学18项，占比为6.6%；传统美术13项，占比为4.8%；传统医药和传统戏剧分别为9项和8项，占比分别为3.3%和2.9%；数量最少的是曲艺类，仅5项，占总量的1.8%。

三、乐山非物质文化遗产资源分类与分级

乐山非物质文化遗产包含民间文学等10个类别，占非物质文化遗产大类的100%。按级别统计，国家级非物质文化遗产有夹江年画、竹纸制作技艺、沐川草龙、峨眉武术 4 项，省级非物质文化遗产有竹麻号子、麻柳堂灯戏、三雄夺魁、峨眉山大庙庙会等 40 项，市级非物质文化遗产有纸乡秧歌、操纸竹帘制作技艺、土门泡菜制作技艺、犍为泡子酒等 53 项，县级非物质文化遗产有花灯、夹江篆刻书画、金石井手工制陶、犍为俚语等 110 项，未定级的非物质文化遗产有马村鱼头、太平豆腐干、莲花落、范店中药材等 66 项。

第二节　峨眉武术与乡村文化振兴

峨眉武术与少林武术、武当武术并列为中国的三大武术流派，在国内外享有盛誉。2008 年，凭借其源远流长的历史传承、深厚的人文底蕴以及巨大的产业文化发展潜力，峨眉武术被正式列入国家级非物质文化遗产保护名录，成为峨眉山市的一张亮丽文化名片。

一、峨眉武术概述

峨眉武术发祥于峨眉山，起源于春秋时期，南宋时期成型，明、清时期达到鼎盛，至今已有近 3 000 年的悠久历史，已成为四川武术的代名词。峨眉武术吸纳了儒、释、道三教文化的精髓以及民间武术的精华，形成了包含上百种拳术、器械和养生功法，拥有超过 1 000 个徒手套路和 500 多个器械套路，形成了庞大而深奥的峨眉派武术体系，有峨眉武术的理论体系和技术标准体系。

相较于少林武术与武当武术，峨眉武术在起源上具有其独特性，并非由某一宗师在短期内创立，而是经历了漫长的时间沉淀与演化。峨眉武术的起源可追溯至远古时期，直至明、清时期方达到成熟，并延续至今。它融合了四川本地的武术传统与外来武术元素，形成了现今我们所见的峨眉武术。可以说，巴蜀民族的生存需要、历史上的军事冲突、原始宗教的影响以及巴蜀地区特有的大规模人口迁徙和南北武术文化的交融，共同孕育了享誉中外的峨眉武术。

在明代以前，峨眉武术的概念尚未在历史文献中被明确提出或受到广泛认可，相关文献记载较为匮乏。但进入明、清时期，峨眉武术逐渐走向成熟阶段，开始出现在多种历史文献中，并涌现了一批峨眉武术技艺的代表性人物，形成了明确的传承脉络。这一时期标志着峨眉武术的首次显著发展。随着大量移民涌入四川，各种拳法和器械武艺也被带入四川，与峨眉当地武术融合，极大地丰富了峨眉武术的内容，成为峨眉武术蓬勃发展的首个重要阶段。在这一阶段，峨眉武术内部的门派分支与结构体系逐渐健全，整个峨眉武术体系也愈发成熟。

峨眉武术享有"一树开五花，五花八叶扶"的盛誉，其体系可划分为本地武术与客家武术两大板块。本地武术涵盖了四川本土孕育的武术流派，同时也包括那些虽源自外地但在巴蜀地区流传已久，技术风格深受本土文化熏陶而发生显著变化的武术拳种。相对而言，那些新近传入巴蜀、技术风格保持原貌未变的外来拳种，如查拳、太极拳等，则归类于峨眉武术中的客家武术。时至今日，峨眉武术展现出种类繁多、内涵丰富、地位显赫的特点，在巴蜀地区广泛传播，深受广大武术爱好者的喜爱。诸如峨眉枪、峨眉拳、峨眉刺、峨眉剑、峨眉十二桩、黄林武术、盘破门、化门、青城武术、法门以及松溪武术等，均为当下流传甚广、影响力巨大且极具典型意义的峨眉武术流派。

峨眉武术作为一项传统的体育与竞技项目，是中华民族文化的瑰宝，在中国武术的三大流派中，以其起源之早、理论体系与实战体系之完备、武术文化内涵之深厚而著称，构成了中华武术不可或缺的一部分。

二、峨眉武术在乡村文化振兴中的作用

20 世纪 80 年代以来，四川省武术协会、各级政府尤其是峨眉山市政府以及巴蜀许多武林人士和社会人士对峨眉武术的传播振兴做出了积极贡献。峨眉武术的保护与开发形式多样，在乡村文化振兴中起到了积极作用。

（一）黄湾峨眉武术小镇

位于峨眉山脚下的黄湾小镇，以国家级非物质文化遗产峨眉武术为文化主题，巧妙地将峨眉武术文化融入小镇风貌，是黄湾镇新农村建设项目。这座占地 1 100 亩、总投资达到 12 亿元的小镇，其街巷命名灵感源自峨眉武术的不同派别，诸如武林山庄、点易坊、黄陵坊、铁佛坊、青城坊、岳门坊、洪门坊、八门坊、会门坊等，打造出"一镇一庄，九坊八街十六巷"的独特空间布局。在小镇的公共空间如武林广场，以及廊道或关键节点处，武术文化主题的雕塑或武林高手形象栩栩如生，营造出浓郁的江湖气息，让整个小镇充满了武侠风情。

黄湾小镇精心策划并推出了丰富多彩的武术体验课堂，让游客能够亲身感受武术的魅力；还举办了武术养生讲座，向大众传授武术养生的奥秘；更有武术禅修活动，让人们在修行中领悟武术与心灵的和谐统一。这些特色活动不仅吸引了来自五湖四海的武术爱好者，也让黄湾小镇成了追求康养健身的理想之地。此外，小镇内汇聚了超过300家风格各异的民宿，构成了峨眉山市内一个重要的民宿集群，为游客提供了多样化的住宿选择。2019年，黄湾小镇接待游客50余万人次，实现旅游收入1 500余万元。

（二）峨眉武术大赛

与峨眉武术相关的大赛有世界传统武术锦标赛、峨眉武术传承大会、四川峨眉山国际武术节等（见表9-1），其中影响力最大的是世界传统武术锦标赛。2023年8月25—27日，在峨眉山举办了第八届世界传统武术锦标赛，参赛选手来自53个国家和地区。在大赛期间，还开展了武术名家讲堂、武术功夫表演秀、"武动峨眉·金顶论剑"武术展演、智能长短兵对抗项目（大学组）、武术文化旅游商品展销等活动。参赛选手与游客线下感受传统武术的悠久历史、深厚底蕴和无限魅力，而武术TV、脸书等十五家媒体平台则向世界各地人群在线传播武术文化。

表9-1　峨眉武术大赛一览

编号	大赛名称	活动内容	参与人数	备注
1	峨眉武术传承大会	—	—	常设
2	中国·四川峨眉山国际武术节	传统武术套路比赛、"峨眉论剑"传统武术擂台赛两项	2023年，21个国家的123支代表队、1 671名选手参赛	非常设
3	世界传统武术锦标赛	设境内、境外两大部分和个人、对练、集体三大类项目，涵盖传统武术多个流派，其中个人项目分设男女组，按儿童、少年、青年、中年、老年等五个年龄段比赛	2023年，吸引了来自53个国家和地区的6 649名运动员、教练员报名参加比赛	常设

（三）峨眉武术演艺

峨眉武术功夫演艺历史悠久。1982年，成都武术名家黄明生成立峨眉劲功绝技研究会，并带领弟子开展高难度和充满危险性的武术表演，使

"黄家班"在全国武术界声名鹊起。峨眉劲功绝技研究会演出节目有：腹上开石、银枪刺喉、汽车过身、头撞石碑、口吐烈火等，在 20 世纪 80 年代辉煌一时①。

　　峨眉山市的武术功夫演艺可追溯到 1994 年。现峨眉武术国家级非物质文化遗产传承人王超等人于 1994 年 6 月赴山东梁山县参加国际武术节，并获最佳表演奖。此后，王超团队每年都会参加一些武术赛事或者进行武术表演。其中较为重大的演出事件有：1997 年 5 月 19 日，在 '97 乐山国际旅游大佛节峨眉朝山会开幕式上，《峨眉武功》演出规模宏大、特色突出、热情奔放，受到中外来宾的欢迎和好评。1999 年 12 月 29 日，王超组织近百人的武术代表队参加峨眉山冰雪节的开幕式武术表演，这是武术队首次在金顶海拔最高点表演。2003 年 2 月，受深圳锦绣中华运营公司之邀，少林、武当、峨眉三大门派齐聚深圳中国民俗文化村，在为期 12 天的表演中，峨眉武术功夫团每天表演 3 场，共表演了 21 场，4 000 人的座位每天都有 5 000~6 000 人观看。此次赴深表演，充分展示了峨眉武术的新形象，本次赴深表演同时也是峨眉武术功夫团成立以来的第一次外出表演。2007 年 5 月 30 日，峨眉武术功夫团组队参加了首届中国成都国际非物质文化遗产节博览会。在非物质文化遗产节文化主题日的文艺演出中，峨眉武术进行了 12 分钟的精彩表演，峨眉卫寺刀、峨眉白眉剑、地堂拳、九节鞭等技艺，获得了数万观众的阵阵掌声，并引起了中央电视台等众多新闻媒体的关注。2007 年 8 月 26 日，由中国武术协会、四川省体育局、乐山市人民政府主办，峨眉山市人民政府、峨眉山风景区管理委员会、乐山市体育局等承办的中国四川国际峨眉武术节在峨眉山市隆重举行。中央候补委员、中国奥委会副主席、国际武联名誉主席、国家体育总局原党组书记李志坚亲临峨眉，参加武术节开幕式，宣布 2007 年中国·四川国际峨眉武术节开幕，王超团队主创并表演大型文艺演出《峨眉武魂》，四川卫视做了现场直播②。

　　在峨眉山象城大剧院，采用公司化运作，以峨眉武术为主体，峨眉武

<hr/>

　　①　邓光路. 巴蜀武术天下奇 [M]. 北京：北京联合出版公司，2022：311-313.
　　②　四川非遗. 峨眉武术：王超[EB/OL].（2020-08-28）[2025-04-12].https://mp.weixin.qq.com/s?＿＿biz＝MzU4MzA5NTA0MA＝＝&mid＝2247509508&idx＝1&sn＝61766d83f9eddace9770055a291e9c61&chksm＝fdaca06bcadb297dba612a8d307db982957f5055e57827f14af4a4d46d43a35b2bfb859c2616&scene＝27.

术功夫团编排了《圣象峨眉》等多个大型武术演艺节目，并且持续演出多年。2024 年 4 月 29 日，第四届峨眉武术传承大会在风景秀丽的峨眉山盛大开幕，并在开幕式上正式揭牌成立了峨眉女子功夫团。这是峨眉派女子功夫团的首次公开亮相，她们展播了精心准备的概念宣传片《武韵峨眉》。这场演出巧妙融合了传统武术与武侠世界的元素，利用时空交叉叙述的手法，从峨眉女弟子来了、单人表演、峨眉兵器展示，到全体成员共同表演武术达到高潮部分，全方位展示了峨眉武术的独特韵味和深厚的历史底蕴。《武韵峨眉》视频得到网络传播，不仅获得了外交部的肯定，还在网络上获得了 4.5 亿次的播放量，标志着峨眉武术成功地从峨眉山迈向了国际舞台。展望未来，峨眉武术演艺有望实现产业化和品牌化发展，进一步推动峨眉武术文化的传承与创新。

（四）峨眉武术养生

峨眉武术养生主要是推动武术与"儒、释、道、山、药、茶"等文旅资源深度融合，打造峨眉武术"身心皆养"产品和品牌形象。一是依托峨眉药王谷，建设武术医药文化养生中心；二是开发峨眉武术内外康养训练体系和课程体系；三是建设一批峨眉武术养生场地体系。

（五）峨眉武术培训与研学

峨眉山市有峨眉武术非物质文化遗产传承人 43 人，获得武术段位人员 4 000 多人，建有武术健身站点 59 个，习武人数约 2.5 万人。已成立了中国武术研究院峨眉武术研究中心，编制了《峨眉山市武术"六进"教程》，在 8 所中小学成立了业余武术代表队。有武术学校峨眉文经武略学校，常年在校生 400 余人；有武术馆团体 12 个，其中青龙馆有一定名气。根据《峨眉山市"十四五"武术产业发展规划》，峨眉山市将打造武术研习产业体系：峨眉武术传承工程、峨眉武术传习体系、峨眉武术研学体系①。

1. 峨眉武术传承工程

以峨眉山为发源地，构建"一轴四圈层"的空间体系。一轴为峨眉武术文化核心轴线，以峨眉武术发源地中峰寺为核心，打造报国寺—雷音寺—纯阳殿—神水阁—中峰寺的峨眉武术文化景观廊道，全长 10 千米。沿途通过石碑刻字、图谱、雕塑等方式展示峨眉武术文化内涵。四大圈层分别是

---

① 峨眉山市人民政府办公室. 关于印发《峨眉山市"十四五"武术产业发展规划》的通知 [EB/OL].（2023-02-20）[2025-04-12].https://www.emeishan.gov.cn/emss/xxgklby/contentxxgkinfo. shtml？id=20230222110607-892249-00-000.

指核心圈层峨眉山市、次核心圈层乐山市、省内圈层和西南圈层，展现峨眉武术发展脉络。

2. 峨眉武术传习体系

一是做好峨眉武术理论体系建设，为峨眉武术标准化发展提供理论基础。二是推广传习峨眉武术，包括支持武校武馆建设和发展，新增 5~10 家峨眉武术传习基地；推进武术进校园，将峨眉武术融入峨眉山市乃至乐山市体育教学、大课间及课外活动中；建立武术传承人和武术名师名录，开展社会武术培训，普及群众武术。

3. 峨眉武术研学体系

一是构建"一核心三基地两基地多点位"的研学场地体系。一核心是指中峰寺，三基地是指还完小镇、大佛禅院、罗目古镇，两基地是指峨眉文经武略学校、峨眉武术研学基地，多点位是指各个武馆、武术机构。二是打造峨眉武术研学课程体系，打造最具代表性的峨眉拳、峨眉剑、峨眉刺、峨眉十二桩、峨眉太极拳等课程，培养学员峨眉武术精神和运动健身理念。三是推出峨眉武术文化体验研学线路和产品，深度感受峨眉武术文化底蕴，深度参与峨眉武术体验。

（六）峨眉武术文创与影视

普通民众对峨眉武术的认知大多源于金庸小说以及根据金庸小说拍摄的影视作品，如《神雕侠侣》《倚天屠龙记》等。依托峨眉武术文化，可拓展特色文创产品与影视产品。从文创产品来看，一是可产业化生产峨眉武术器械和服饰，二是可生产穿戴式武术健身设备，三是撰写峨眉武术相关题材小说、手绘图册、手游、动漫等。从影视产品来看，可拍摄峨眉武术短剧、峨眉武术养生视频，将峨眉武术融入《神雕侠侣》《倚天屠龙记》等经典作品的翻拍中，甚至可策划拍摄一部峨眉武术题材电影《功夫峨眉》。

第三节　夹江竹纸制作技艺与乡村文化振兴

夹江竹纸制作技艺是国家级非物质文化遗产之一。竹纸的制作工艺完整地保留了传统技法，采用手工舀纸的方式完成，整个过程涵盖了从原料挑选到成品纸张的 15 个主要环节及 72 道精细工序，这一流程与明代《天工开物》所记载的工序完全吻合，并且在此基础上衍生出了多种非物质文化遗产。2021 年以来，竹纸制作技艺在推动乡村振兴中扮演着举足轻重的角色。

一、夹江竹纸制作技艺概况

夹江地区的"竹料手工造纸"技术可追溯到唐朝中期。756 年，即唐天宝十五年，随着唐明皇入蜀的工匠大军，将两晋时期已趋成熟的"竹纸"制造技术带到了四川。进入宋代，四川的竹纸制造业蓬勃发展，夹江所产的竹纸已被广泛应用于书籍印刷。明、清时期，夹江的造纸业已形成相当规模，明代《名胜志》中记载：嘉定（夹江在明代隶属于嘉定府）尖山脚下遍布造纸作坊，所产纸张薄如蝉翼且坚韧耐用，品质优良，可长久保存……。清代以来，夹江手工纸的生产量持续增长。据 1939 年的有关统计，夹江手工纸已分为三大系列，涵盖 50 多个品种。至中华民国三十四年（1945 年），夹江手工纸的生产达到鼎盛，年产量超过 8 000 吨。著名画家张大千在抗战时期曾亲临夹江，参与改进并研发了夹江的国画纸，该纸品经大师之手后声名远扬，张大千先生更是赞誉其为"宣纸与夹江纸，均为国之瑰宝"。然而，抗战胜利后，由于市场需求骤降及机制纸的竞争，夹江手工纸业陷入低谷，年产量从 8 000 吨急剧减少到约 1 000 吨。新中国成立后，夹江纸业经历了曲折的发展道路。至 1985 年，其产量回升至 3 000余吨，夹江手工书画纸又创新出众多新品种。

夹江竹纸的制作工艺，严格遵循了明代科学家宋应星在《天工开物》中所记载的 24 字工序："砍其竹，去其青，渍以灰，煮以火，洗以水，舂以臼，抄以簾，刷以壁。"这 24 个字精炼地概括了从砍伐竹子到最终制成纸张的整个过程，而这一过程实际上包含了多达 72 道精细的工序。这套传统工艺在夹江地区被代代相传，一直沿用了将近 400 年的时间，展现了夹江竹纸制作技艺的深厚文化底蕴与较高的社会经济价值。图 9-1 为夹江竹纸制作场景。

2008 年和 2009 年，原中国文化部、中国文房四宝协会先后授予夹江县"中国书画纸之乡"的称号。2016 年，"夹江书画纸"获国家地理标志证明商标。夹江书画纸与安徽宣纸同被誉为"国之二宝"。夹江竹纸制作技艺曾多次到美国、加拿大、意大利等国展示，被誉为"东方艺术瑰宝"。

图 9-1　夹江竹纸制作场景

二、夹江竹纸制作技艺及其衍生品在乡村文化振兴中的作用

（一）竹纸制作与延伸产业

夹江千年纸乡深厚的历史文化底蕴，成为竹纸产业发展的强大引擎。近年来，夹江县书画纸产业发展态势良好，主要分为三个部分，手工书画纸、机制书画纸一级深加工业、书画纸销售，现有各类加工销售企业 400余家，书画纸年产能 15 万吨，占全国产能的 60%，从业人员 3 万余人，年综合收入达 60 亿元。同时，延伸出书画装裱、书画拍卖等产业链。

（二）大千纸故里国家 AAA 级景区与研学活动

1. 景区简介

大千纸故里国家 AAA 级旅游景区位于乐山市夹江县马村镇方沟村，距离乐雅高速木城出入口 13 千米，距离夹江县城 12 千米，距离乐山北站 11千米，有省道 S305 对外联通，已经被纳入乐山半小时经济圈、成都一小时经济圈、可进入性强景区。距离千佛岩—东风堰景区 10 千米，距离峨眉山景区 38 千米，旅游区位优势突出。

景区占地面积 330 亩，一期工程占地 30 亩，建筑面积 12 000 平方米，依托夹江县的国家级非物质文化遗产——竹纸制作技艺，已修建大千古法造纸陈列馆、汉文化体验馆、古法造纸体验中心、年画拓印装裱中心、名家书画作品展览馆等；开发了古法造纸研学旅游体验、手工高端书画纸研发和生产、餐饮（大千私房菜）、纸乡民俗等体验产品。二期计划占地 300亩，拟修建造纸博物馆、大千纪念馆、游客中心和旅游环线停车场、"千竹园"、民宿和户外拓展训练营地等。大千纸故里景区已成为乐山市知名的研学旅游基地。

大千纸故里景区具有很高的历史文化科学价值，具体表现在：一是景区是依托夹江县的国家级非物质文化遗产竹纸制作技艺精心打造的高端研学基地。中国的四大发明之一为造纸术，时至今日，夹江竹纸制作还保持着传统的手工制作工艺。2006年，竹纸制作工艺被纳入首批国家级非物质文化遗产代表性项目名录。二是当地的建筑保存较好。建筑风格多采用穿斗式结构，特征为斜坡屋顶、薄巧的封檐，设计开敞通透，轻盈灵活。这些建筑通过雕刻、雕塑及绘画等多种艺术形式，展现当时的文化风貌，诠释历史典故，营造浓厚的文化氛围，重现历史场景，深刻反映了其深厚的历史根源。三是拥有丰富的研学活动，让访客能够深入了解从竹子到纸张需要经过的72道精细工序，亲身体验从竹子转化为纸张，并进一步制作成艺术作品的完整流程。最后，访客还可以亲手进行拓印与装裱，将这份独特的作品带回家中珍藏。访客来此，可领略1 300多年夹江造纸的文化和传承，和四大发明对人类文明发展的影响；体验汉文化的拜师仪式和团队协作活动；可以体验打竹麻、喊竹麻号子、打碓、抄捞、压纸、火焙工艺流程，感受从传统手工到机械化生产的时空演变。四是开展传统文化传播。景区把手工造纸技艺主题化、故事化、科普化与趣味化，形成了一套"行前导学、行中研学、行后评学"的研学课程体系。同时，景区开发了许多与手工纸相关的旅游特色商品，如特种高端书画纸、笔、墨等。

2. 研学活动

（1）古法造纸研学旅游

时间：全年。

内容：以"研习古代造纸术，传承工匠精神"为主题，依托国家级非物质文化遗产——夹江竹纸制作技艺、夹江年画资源，引领孩子们深入了解夹江竹纸起源、兴盛、衰落、再次复兴的演变历程。孩子们将身着汉服，向造纸业的先驱蔡伦致敬，深度体验传承千年的夹江竹纸造纸文化。此外，孩子们还可以观赏竹麻号子表演，并亲身体验抄捞纸张的过程、夹江年画的创作，以此丰富他们的研学之旅。

（2）研学课堂

时间：全年。

内容：有古法造纸之操捞纸张、竹浆花草纸制作、书法艺术等不同主题的课堂，有古法造纸的"臼捣""抄纸""晾晒"三道工序的实践操作。

（3）古法造纸生产器具、传统造纸和现代造纸工艺流程观光

时间：全年。

内容：依托景区内的古法造纸生产器具、传统造纸和现代造纸工艺流

程等实物展示，以及景区良好的环境和景观，是开展观光旅游的理想之地，可欣赏到独特的国家级非物质文化遗产——竹纸制作技艺。

（4）各项团队游戏

时间：全年。

内容：根据团队成员的不同年龄层次组织游戏活动，开展团队建设。

（三）竹纸制作文化村

1. 石堰村

石堰村坐落于夹江县马村镇的东南部，距离夹江县城大约 8 千米，海拔 436 米，属浅山丘陵，并拥有亚热带季风气候特征。石堰村拥有深厚的历史文化底蕴，是夹江县竹纸制作技艺这一国家级非物质文化遗产的重要保护地。其手工造纸的传统可以追溯至唐代，历经宋代的延续，明代的兴盛，直至清代的鼎盛，距今已有超过千年的历史。近年来，石堰村充分利用自身的生态优势和竹纸制作技艺的文化底蕴，积极推动文化和旅游融合，大力发展以手工造纸文化体验、研学旅游以及乡村民宿"文家乐"为代表的特色文化旅游产业，旨在实现乡村文化的振兴以及乡村全面振兴的目标。

2023 年，夹江县正加速建设"中国纸乡"文旅项目，以石堰村为核心区，建设包括村史馆（见图 9-2）、纸乡集市、传统工艺工作站、造纸遗址、纸乡民宿等在内的手工造纸大地生态博物馆，打造"中国纸艺第一村"品牌。该项目以石堰河为轴线，将石堰村内的多个景点串联起来，如游客中心（村史馆）、村委会、栯档老街（纸乡集市）、书画新村、石子清纸坊、云中山庄等，游线长达 10 千米。

图 9-2　石堰村村史馆（游客中心）

枷档老街（纸乡集市）始建于民国时期，由当地石姓四大家族出资修建，全长200余米，街道沿石堰河展开，以红砂条石为河堤堡坎，堡坎上建设双层木结构民居建筑，街上还有石族宗祠，古色古香，特色鲜明，保存较完好。枷档老街曾是当地的小集市，商业贸易发达，方便当地民众生活采买。2021年1月，枷档老街入选四川省住房城乡建设厅发布的第三批"四川最美古村落"名单。在枷档老街入口处有枷档桥，为红砂条石单拱桥，历经上百年的风雨，见证了枷档老街的兴衰历史。在枷档老街的河对岸，是夹江手工造纸陶瓷艺术墙，是用夹江特有的瓷砖绘制拼贴而成的。艺术墙清晰地展现了夹江手工造纸技艺工序，从选料到成纸历经15个大环节、72道工序。夹江是西部瓷都，创新性地让夹江瓷砖与夹江造纸工艺结合，在瓷砖上作画，生动地展现造纸的工艺流程，赋予瓷砖新的生命内涵。

石子清纸坊位于石堰河旁，是石子清的曾孙石利平传承祖辈遗风，于2012年修建而成。纸坊内仍以传统手工造纸工艺生产高级书画纸"大风堂"，生产特种净皮、特种皮棉、特制棉纱宣等纸品，也陈列展示了手工造纸的器具和流程。2018年，在第41届全国文房四宝艺术博览会上，"子清"牌书画纸荣获国之宝——"中国十大名纸"称号。

大千纸坊（石子清纸坊旧址，也称为大千寓居）（见图9-3），始建于1922年，是四合院布局，五间七柱，共有房间16间，至今仍保存完好。国画巨匠张大千先生，为寻求优质纸张，分别于1939年与1942年两次造访夹江，寓居于叠山沟造纸世家石子清宅邸中。在此期间，他亲自指导造纸工匠，在竹浆中融入麻纤维，以增强纸张的韧性与浸润性，并特别添加了暗纹以区别于其他纸品。最终，张大千成功研制出"大风堂""蜀笺"等名噪一时的高级书画纸。这些纸张以其独特的帘纹、强劲的拉力、适宜的承重性、洁白细腻的质地、优良的浸润性以及书画皆宜的特性而著称。三年后，张大千先生使用夹江纸创作的书画作品在成都展出。从此，他在夹江研发的书画纸在画坛声名鹊起，深受人们喜爱。多年后，张大千先生在台湾用此纸绘制了一幅"墨荷花"，并在画中题跋感慨："此大风堂五十年前所制宽纹纸也，大有宋楮风韵，不可多得矣！"为纪念张大千先生对夹江书画纸改良所做出的贡献，夹江县人民政府于1983年张大千先生逝世后，将夹江生产的掺有麻纤维的高级书画纸命名为"大千书画纸"。1994年，政府又将张大千先生制纸的作坊命名为"大千纸坊"，作为展示夹江竹纸手工造纸技艺的窗口对外开放，以此传承和弘扬夹江纸乡的传统文化。

图 9-3　大千纸坊

夹江县有造纸遗址多达90处，但是石堰村遗址最具有代表性。一是在步道旁，还保留着正德七年（1512年）的石头纸槽、石头滑缸；二是这里陈列了许多清代的造纸石制品器具，如一口用来蒸煮竹麻的篁锅至少也有上百年的历史；三是作坊后面有保存完好的取水堰，据说是明代朱由校（明熹宗，1620—1627年在位）时期的产物，距今已有400年左右的历史。这些造纸遗物和遗址是石堰村历代人民共同保护和传承下来的珍贵文物，见证着石堰村手工造纸技艺的演变和发展。

2. 杨湾村

杨湾村位于夹江县马村镇，正在建设杨湾纸坊项目，建有20余个古法纸槽，以复原"大千竹纸"古法技艺生成场景。杨湾纸坊积极探索"集中制浆、分户造纸、集中治污"模式，破解造纸污染难题，通过"公司+农户"合作模式，年生成手工纸5万刀，直接带动周边80余户纸农就业，年产值约3 000万元，助力乡村振兴。

（四）纸乡秧歌

纸乡秧歌是由夹江县文化部门根据竹纸制作技艺自行创作的健身秧歌，独具浓郁的地域文化特色。自2001年开始推广，仅用几年的时间，具有浓郁原生态魅力的纸乡秧歌实现了从无到有、从有到特，2008年被列入市级非物质文化遗产名录。纸乡秧歌不但在夹江县得到普及，还三次在国内秧歌比赛中夺冠，走进中央电视台，舞到韩国，并成功申报"全国健身秧歌之乡"。

　　根据《夹江县志·文化志》的记载，早在唐天宝十五年（756 年），源自晋代并已成熟的竹纸制作技艺便在四川地区广泛传播，而夹江作为纸乡，更是成了唐朝十分重要的竹纸生产基地。到了清朝，康熙帝、乾隆帝亲自试用后，将夹江纸定为宫廷及科举考试的专用纸，这一地位持续了 250 多年。在夹江，造纸的槽户与纸农将东汉的蔡伦尊为"纸圣"，并每年举行祭祀活动。在空闲的时间里，槽户和商民们会点亮灯火，在音乐伴奏下，沿街表演唐灯、花灯、龙灯、狮灯、"扭连扭"（"柳连柳"）等舞蹈以及小戏，这些表演可以说是纸乡秧歌的早期形式，是夹江各种民间艺术的综合体现。与北方源于农耕生活的秧歌不同，纸乡秧歌更多的与古代的农神祭祀、祈求丰收以及消灾祈福的仪式相关联。历史上，纸乡秧歌并未广为人知。

　　纸乡秧歌既源于生活又超越生活，它植根于民众之中，服务于民众，紧密关联着现实、生活与民众，实现了文化、艺术、娱乐与日常生活的和谐交融。经过长时间的推广，纸乡秧歌已经深深植根于夹江人民的经济、社会与文化生活之中，起到了激励、鼓舞、熏陶与教育民众的重要作用。夹江县巧妙地将纸乡秧歌与全民健身活动相结合，在推广秧歌的同时传播健身理念，通过组织各类秧歌竞赛与表演，将健身、娱乐与竞技巧妙融合，使纸乡秧歌真正成了全民参与的体育运动，全县随处可见群众欢快扭秧歌的热闹景象，形成了秧歌健身的浓厚氛围。纸乡秧歌不仅是夹江全县经济社会发展水平提高的产物，也是夹江全县文化发展的亮丽名片。现今，纸乡秧歌经常在经贸会上演出、对外交流演出，并为企业冠名扩大品牌影响，在扩大开放、对外宣传、吸引投资、企业品牌塑造等方面发挥着举足轻重的作用。

　　2017 年 11 月 27 日至 30 日，"2017 香港赛马会助力全民健身公益系列活动——全国社会体育指导员健身技能交流展示大会"在羊城广州举行。夹江县秧歌队代表四川参加了此次大会，新创编的《纸乡秧歌》在会上一举夺冠，知名度得到大大提升。图 9-4 是纸乡秧歌表演场景。

图 9-4　纸乡秧歌表演场景

（五）夹江竹麻号子①

夹江地区广为传唱的竹麻号子，是一种源自手工造纸过程中的劳动号子，其发展与夹江手工竹纸产业的兴衰紧密相连。大约自明代中叶起，随着夹江手工造纸业的兴盛，一种源自造纸环节的劳动歌谣——"竹麻号子"在当地逐渐盛行。竹麻号子是特指在手工造纸的 72 道工序中，在"打竹麻"工序所吟唱的劳动号子的总称，即将蒸煮过的竹料用杵杆捣碎的工序。作为省级非物质文化遗产，竹麻号子是一种传统音乐形式，其曲牌和腔调独具特色，有高腔、平调、"当当且""扯麻花""连环扣""石王调""银丝调"等十余种，既可一曲单独演唱，也可将多曲串烧演唱，号子节奏鲜明多变，洋溢着浓郁的夹江纸乡风情。歌词内容与山歌有相似之处，既可套用传统歌词，也可即兴创作，灵活多变，即便是路过的行人也能成为歌词的内容。

夹江的手工造纸工艺包含选竹麻、打竹麻、抄纸、晒纸等 72 道工序，其中，打竹麻环节既是最为重要也是最为辛苦的一步。此步骤需要 6~8 名身强力壮的男子站上超过 3 米高的篁锅顶端，手握木制杵杆，不断锤击锅内堆积的近万斤竹料，整个过程需耗时一天方能完成。当工人们体力渐感不支或疲惫之时，他们便会放声高歌，唱出激昂的劳动号子——竹麻号子。号子的演唱通常由一名工人起头领唱，随后其他工人齐声应和，以此激发工作热情、协调动作节奏、表达内心情感并缓解身体疲劳。随着号子节奏逐渐加快，工人们的动作也愈发刚劲有力，直到竹麻被打完为止，工人们的情绪与竹麻号子的演唱均达到了高潮，表现出一种齐心协力、热烈

---

① 夹江县文化体育和旅游局，四川峨眉山四零三建设工程有限责任公司.夹江县文化和旅游资源普查报告 [R]. 2020.（内部资料，未公开出版）

奔放的艺术感染力。尽管打竹麻工作单调且繁重，竹麻号子的歌词内容却十分丰富，来源广泛，具有即兴创作的特点，工人们可以随心所欲地选择歌唱主题，而优秀的歌词则会被广泛传播，成为造纸人家的热门曲目。爱情是竹麻号子中的重要主题，歌曲里对爱的表达有的含蓄温柔，有的直白热烈，《这山望见那山高》便是其中的佳作。夹江作为国内手工纸的重要产地，其纸张不仅畅销国内，还远销海外，《云南巷口》便是对夹江纸昔日销售盛况的生动写照。而夹江人幽默风趣、开朗直爽的性格，则在诸如《银丝调》这类歌颂劳动生活的歌曲中得到了淋漓尽致的展现。

20 世纪 80 年代，根据竹麻号子的特征，当地的音乐工作者创作改编了一些歌曲，并在省市的文艺调演中多次获奖，深受人们喜爱。竹麻号子虽已脱离了劳动生产，却因新的表现形式而进入到新的发展时期，在大千纸故里、石堰村等多地得到传承与展示。图 9-5 为竹麻号子表演场景。

图 9-5　竹麻号子表演场景

第四节　乐山钵钵鸡制作技艺与乡村文化振兴

2023 年底，网络神曲"钵钵鸡，钵啊钵钵鸡，一元一串的钵钵鸡"在社交媒体上迅速走红，因歌词朗朗上口和易于记忆，掀起了钵钵鸡美食热潮。钵钵鸡也是乐山代表性美食之一。

一、钵钵鸡制作技艺概述

关于钵钵鸡的起源有不同的说法。通过整理各类文献资料我们发现，关于钵钵鸡的起源有四种说法：一是成都起源说，二是乐山起源说，三是洪雅起源说，四是邛崃起源说。乐山、洪雅、邛崃的钵钵鸡起源时间大致相当，都是清末民初时期，而成都起源说的时间是唐代①，但是仅有一篇文献介绍成都钵钵鸡起源，没有其他文献作为佐证，因此并不可信。乐山钵钵鸡制作技艺分为两个流派，分别是嘉州古真记钵钵鸡和犍为叶婆婆钵钵鸡。

嘉州古真记钵钵鸡（也称乐山钵钵鸡）发源于青神县汉阳坝古镇。汉阳坝在1949年前后是青衣江连接岷江的重要码头。汉阳坝盛产花生，农家土鸡吃花生地里未收尽的花生，肉质特殊，因此又称"花生鸡"，至今名声远播。由"花生鸡"的美誉又衍生出与鸡有关的美食制作技艺，川菜"棒棒鸡""椒麻鸡""钵钵鸡"皆发源于此。

"叶婆婆钵钵鸡"起源于犍为县。清朝晚期民国初年，中国处于半封建半殖民地时期，因为家中生活拮据，第一代传承人叶启培（1903—1986）为了家庭生活开支，从17岁起，他便踏上了经商之路。他改变了人们对传统美食的追求，将原本用于美食的竹片替换为竹签，并将单片扩展为几片，创造出了当时极为风靡的街头小吃。接着，他选取当地的土鸡，将鸡肉煮至八分熟而不烂，随后晾干并切片，用竹签细致地按类别串起，肉片归肉片，内脏归内脏，鸡腿与鸡翅各自独立，然后浸入藤椒油汤中再快速提起，举至唇边，只见油光闪闪，诱人之极。"叶婆婆钵钵鸡"这一品牌正式诞生于1980年的犍为，正值改革开放初期，品牌的创立者叶春南女士，肩挑扁担，手提两个竹箩筐，在乐山市犍为县走街串巷，凭借着从父亲手上传承下来的传统钵钵鸡技艺，售卖犍为薄饼和钵钵鸡，开启了"叶婆婆钵钵鸡"的餐饮之路。

随着钵钵鸡美食的盛行，相关地域开始重视钵钵鸡美食品牌打造，挖掘钵钵鸡背后的历史文化底蕴，重视钵钵鸡制作技艺的保护和传承。乐山钵钵鸡制作技艺在2022年6月成功入选乐山市第七批非物质文化遗产名录；峨眉山市鲜氏钵钵鸡制作技艺在2023年9月成功入选峨眉山市第九批非物质文化遗产代表性项目名录。

嘉州古真记钵钵鸡制作技艺特征：一是选材独特，只用青神汉阳跑山鸡（生长时间8个月以上）做原材料食材，该鸡肉质细嫩紧凑。二是工艺独特，以汤料制作、原料竹签串制加工为核心工艺，以老母鸡、老母鸭、

---

① 一枚吃货的旅行. 不只是美味，更是一种文化：探索成都钵钵鸡的起源和演变［EB/OL］.（2023-10-11）［2025-04-12］. https://baijiahao.baidu.com/s? id = 1779467418727563756&wfr = spider&for = pc.

猪棒骨、猪皮等为原料，配制料酒、生姜等 10 余种香料熬煮 2~3 小时制汤料，将鸡切片等荤素菜穿串浸泡，形成独特的嘉州古真记钵钵鸡制作技艺。

"叶婆婆钵钵鸡"制作技艺特征：一是选材独特。"叶婆婆钵钵鸡"选用乐山市犍为县本地的土鸡种（"跑跑鸡"），这些鸡总是散放在乡下山坡，得以自由奔跑，经常进田地偷食谷麦或在林下啄虫，一身紧实的鸡肉，嫩香无比，颇耐咀嚼。因此，选料便要选"跑跑鸡"。还有一种重要的原材料是藤椒，要选用天然生长在犍为县及周边山区的藤椒。叶春南遵循传统制作技艺并创新开发了"叶婆婆钵钵鸡"这一绿色健康食品。二是工艺独特。"叶婆婆钵钵鸡"传统制作技艺相当完整，且具有地方特色，主推两种口味：红油味、藤椒味。

二、钵钵鸡制作技艺在乡村文化振兴中的作用

（一）钵钵鸡餐饮品牌塑造与产业化

1. 嘉州古真记钵钵鸡品牌塑造与产业化发展

嘉州古真记钵钵鸡的制作技艺经过近十多年的沉淀，发展迅猛，影响力扩大至四川以外的多个省份，嘉州古真记预包装钵钵鸡调味料已销往全国各地，让更多人了解并喜欢上了乐山味道。在"企查查"查询"古真记钵钵鸡"（https://www.qcc.com/web/）可以得到 49 条记录，加盟门店分布在北京、山西、辽宁、山东、广东等 16 个省市，其中四川省有 18 家、广东省有 12 家、贵州省有 4 家，品牌影响力日渐扩大。嘉州古真记钵钵鸡总店的钵钵鸡文化通过墙绘、口述等方式进行传播和展示。

2. "叶婆婆钵钵鸡"品牌塑造与产业化发展

"叶婆婆钵钵鸡"品牌始创于 1980 年，叶春南女士在乐山市犍为县走街串巷，开启了"叶婆婆钵钵鸡"的餐饮之路。2016 年，"叶婆婆钵钵鸡"在稳步经营的情况下，在成都的人民南路成立了第一家分店。不到两年时间，凭借良好的口碑、先进的管理，"叶婆婆钵钵鸡"先后在美食云集的建设巷，高端品牌荟萃的太古里、万象城，素有成都名片之称的锦里、宽窄巷子等地开设了七家分店。2019 年，"叶婆婆钵钵鸡"走出四川，在重庆、深圳等地开设了分店。"叶婆婆钵钵鸡"店面主要分布于四川省乐山市犍为县以及成都市武侯区、成华区、锦江区、青羊区，产品销往全国各地。

（二）钵钵鸡调味料产业化发展

钵钵鸡调味料品类近几年都保持了 2 位数以上的成长率。2022 年开始，入局钵钵鸡调味料赛道的企业越来越多，也让赛道变得越来越宽。下面介绍重点介绍知名钵钵鸡调味料企业——四川厨丰食品有限公司（"臻鲜"钵钵鸡调味料）。

四川厨丰食品有限公司以"传播川味特色美食文化"为己任。2017年，公司研发工程师跑遍四川各地的知名特色餐饮店，以"钵钵鸡"川味特色美食为核心，历经上百次反复研发调试、改良配方，终于制作出口味标准化的"臻鲜"钵钵鸡调味料系列产品。产品一经推出，就获得了广大消费者的喜爱，并长期霸榜各大电商平台，更是在"抖音""小红书"等社交平台收获了大量消费者的好评和主动推荐。2020 年，公司确立了"以品类塑品牌，打造大单品"战略打造"臻鲜"品牌，让"臻鲜"品牌与钵钵鸡调味料品类画上等号，"'臻鲜'就是钵钵鸡调味料，钵钵鸡调味料就选'臻鲜'"。经过几年的发展，"臻鲜"已实现线上+线下全渠道布局，先后斩获了"iSEE 全球美味奖三星大奖""钵钵鸡调味料细分品类标杆品牌"等荣誉，成长为钵钵鸡调味料赛道的标杆品牌。2023 年，为满足市场需求多元化、个性化的需求，四川厨丰食品有限公司研发出多种产品组合，在经典麻辣和藤椒口味的基础上，陆续推出蒜香、微辣、泡椒、甜辣、儿童款等多种口味①。

（三）钵钵鸡文创产品

钵钵鸡文创产品还基本处于空白状态。肖俊在川渝大学生文创产品设计大赛上的作品《乐山之美》以乐山味道为主题（见图 9-6 左图），将峨眉山、乐山大佛和乐山优质名小吃钵钵鸡融于折扇上，让观者可以用视觉感受景味、食味、文化味，用眼睛品鉴山美、水美、佳肴美②。市场上推出"钵问+三星堆文化生活馆"联名钵问古蜀风外带杯③（见图 9-6 右图），这种杯子还可制作陶瓷杯等文创产品。此外，钵钵鸡的主要食材如土鸡（小鸡手机支架、小鸡桌面摆件、小鸡捏捏乐、小鸡存钱罐等）、串

---

① 钵钵鸡调料赛道群雄逐鹿，臻鲜何以笑傲江湖？［EB/OL］.（2024-04-29）［2025-04-12］. https://baby.ifeng.com/c/8ZAiQT9bajx.

② 乐山味道.川渝大学生文创产品设计大赛作品展示来啦！［EB/OL］.（2022-09-02）［2025-04-12］.https://weibo.com/7763555247/M3ToaA3vX.

③ 钵问钵钵鸡.四川特色小吃乐山钵钵鸡升级外带版本，钵问古蜀风外带杯装串串上新！［EB/OL］.（2019-12-30）［2025-04-12］.https://www.sohu.com/a/363627872_120415579.

串都可制作设计和研发出受市场喜爱的文创产品，创新钵钵鸡文化，延伸产业链。

图 9-6　钵钵鸡文创产品图

第五节　乐山跷脚牛肉制作与乡村文化振兴

一、跷脚牛肉制作技艺概述

跷脚牛肉（汤锅）制作诞生于乐山市市中区苏稽古镇，是极富特色的原产地特色美食，其以口味鲜美享誉全球。跷脚牛肉汤锅的制作对火候要求极高，牛的不同部位需要不同的火候，以保证最适宜的口感及味道。苏稽跷脚牛肉（汤锅）制作技艺的形成，有一段特别的历史及习俗。

根据历史记载，跷脚牛肉汤锅的起源可追溯至清代光绪年间，地点则位于四川西南部的古镇怀苏镇（即现今的苏稽镇）。在清代中叶，苏稽镇是连接乐山与峨眉的重要交通枢纽，水路和陆路运输业十分繁荣，许多人以售卖跷脚牛肉汤锅为生计。乐山五通桥的盐业发展蓬勃，盐商常用牛来拉运制盐所需的卤水，而这些牛在年老后往往被屠宰并被吃掉。在苏稽境内，有一个村庄世代以杀牛为生，男女老少都擅长杀牛，因而得名"杀牛周村"（现为杨湾乡长春村，因村里约有70%的村民姓周，故俗称"周村"）。周村所屠宰的牛肉，大多销往乐山、沙湾、牛华、水口、镇子场（峨眉符溪镇）等地。但由于牛的内脏不易运输且不易保鲜，故多就地进行处理。在苏稽场峨眉河西岸的河滩上，周村的周天顺是第一个开设汤锅摊位、煮制并售卖牛杂的人。当时，苏稽的体力劳动者（苦力）比较多，牛肉汤锅因价格亲民且非常下饭而深受欢迎。

跷脚牛肉的制作流程看似简单，其实每道工序都蕴藏着很多诀窍，配料丰富，程序讲究。这些生产工艺是劳动人民智慧的结晶，是一代代制作者不断累积、发展、传承的经验结晶。2023 年，跷脚牛肉（汤锅）制作技艺被列入四川省非物质文化遗产名录。跷脚牛肉已有市级非物质文化遗产传承人 4 名、代表性传承基地 1 个，已初步形成点线面结合的非物质文化遗产保护利用和传承创新体系。

二、跷脚牛肉制作技艺在乡村文化振兴中的作用

（一）跷脚牛肉品牌化与产业化发展

在四川及乐山的大街小巷，几乎随处可见跷脚牛肉餐饮店，跷脚牛肉成为乐山地区代表性美食之一。苏稽镇有 280 多家跷脚牛肉特色门店，乐山市有 1 000 多家跷脚牛肉特色餐饮店，全国有 6 000 多家跷脚牛肉特色餐饮店，从业人员达到 10 万人，跷脚牛肉产业链年产值达到 17 亿元。跷脚牛肉品牌企业主要包括"牛到头"跷脚牛肉、"冯三妹"跷脚牛肉、"杨三嬢"跷脚牛肉、"牛劲道"跷脚牛肉和"全牛匠"跷脚牛肉等。

1. "牛到头"跷脚牛肉[①]

20 世纪 80 年代，一对夫妻在苏稽街头支起一个市井小摊，一大锅香味四溢的跷脚牛肉汤香遍大街小巷，叫卖的声音也响彻街头。一锅一摊，三五座椅，来往过路的人被这道美味吸引，来上一碗清鲜味美的跷脚牛肉，优良食材搭配鲜香的味道更是填补了来往食客的辘辘饥肠。2005 年，"牛到头"转入乐山继续摆设摊点，4 年后，"牛到头"在嘉兴路美食街开启了第一家"牛到头"跷脚牛肉门店。到 2024 年，"牛到头"已经有了 37 年的发展历史，历经三代传承，不仅获得了苏稽跷脚牛肉协会认证的非物质文化遗产传承单位的称号，"牛到头"跷脚牛肉也已发展成为具有文化名片价值又不失人间烟火气的乐山美食名店。

2024 年，"牛到头"跷脚牛肉门店已经在全国 20 多个大中小城市拥有 100 余家门店，分布于深圳、西安、武汉、南京、厦门、长沙、沈阳、徐州、上海、济南、宿迁、阜阳、泸州、成都、乐山、无锡、中山、漳州、吉安、马鞍山等城市。

---

① 跷脚牛肉 201801. 传承乐山非遗美食，牛到头跷脚牛肉走向全国［EB/OL］.（2023-08-21）［2025-04-12］.https://weibo.com/ttarticle/p/show？id=2309404937189518868626.

作为具有传统特色的地道美食，"牛到头"跷脚牛肉多次被乐山美食节目报道，此外，还曾荣获省市及行业颁发的多项荣誉，如"最受网友喜爱的跷脚牛肉十佳店""十大经典味道品牌""全国重点推荐诚信品牌（单位）""非物质文化遗产传承单位"等。

2. "全牛匠"跷脚牛肉①

"全牛匠"川小馆成立于 2017 年 6 月，用"跷脚牛肉"这个单品撬开"特色餐"市场，创新"精致小馆"新模式。2020—2024 年，"全牛匠"川小馆门店数实现了接近 10 倍的增长，从围绕北京开出的 13 家门店，已经逆势拓展到全国 13 个省市的 120 家门店，成了跷脚牛肉品类的头部品牌。

"全牛匠"之所以能够在商场中持续保持逆势增长，离不开在"坪效"上屡创新高。在定位上，围绕"川小馆"用品类包容性不断增加新品；在产品上，采用"1+N"模式，提高出餐效率；在选址上，锚定商场不动摇，只选 TOP2 的高端商场打品牌；在外卖上，做产品聚焦，用两款套餐组合撬动健康养生市场。

（二）跷脚牛肉特色小镇——苏稽古镇

苏稽古镇为乐山市市中区保存完好、历史悠久的西南古镇。在外观上，苏稽古镇以明清古建筑为主，保留着吊脚楼、悦来旅店、王家大院、谢家大院、梁家大院、儒公桥等多个明清古建筑，使苏稽古镇成为一个古色古香的小镇。小镇中央，清澈的峨眉河缓缓流过，为这个西南小镇注入了生机。另外，青衣江、临江河也流经苏稽，让这里彻底成为"江南水乡"。小镇上有很多纵横交错的小巷，巷道里吆喝声不绝，一家家百年老店，让苏稽成为一个热闹的小镇。一座石桥横跨在峨眉河上，连接着杨码头街和桂花路，桥头是整个苏稽镇最热闹繁华的地方，开设了多家跷脚牛肉店，一缕缕牛肉香味到处飘散。

苏稽古镇是跷脚牛肉的发祥地。2023 年，苏稽古镇建设了跷脚牛肉非物质文化遗产博物馆（见图 9-7）。跷脚牛肉非物质文化遗产博物馆位于苏稽古镇杨码头街的一座清代四合院内，展陈面积约 1 000 平方米。非物质文化遗产博物馆内共设有"县桥灯火下程迟""百年流转至味芳""世

---

① 职业餐饮网."不走社区，只进商场"，它靠川小馆模式连开 120 家门店，日翻台 13 次！[EB/OL].（2024-03-07）[2025-04-12].https://www.163.com/dy/article/ISN75OGK0522AR9E.html.

代浓情香满堂""传承技艺初心长"四个展示单元，从诞生背景、历史变迁、匠心技艺、传承发展等角度，全面呈现跷脚牛肉的历史文化。漫步于非物质文化遗产馆内，你可以了解跷脚牛肉如何从简陋的码头食摊走进餐吧店堂，从草根走向大众，从普通菜肴演变为非物质文化遗产美食，并发展成为遍及全国、远销世界的经典川味。

2021年，苏稽古镇被四川省人民政府评为"苏稽跷脚牛肉特色小镇"。

图9-7　跷脚牛肉非物质文化遗产博物馆

（三）周村

如前所述，周村是跷脚牛肉的发源地。早在20世纪90年代，周村凭借跷脚牛肉美食开始发展乡村旅游，在村内汇集了几十家乡村餐饮店，成为乐山远近闻名的美食旅游村。知名的乡村美食店有周村古食。自1999年开业以来，周村古食跷脚牛肉店在保留传统美食精髓的同时，融合了嘉州餐饮的独特风味，持续进行改良与创新，其多样化的菜品深受全国各地美食爱好者的青睐。周村古食不仅提供餐饮服务，还融住宿、购物、娱乐于一体，打造了一座大型的园林式"农家乐"，并被原省旅游局评为四川省四星级乡村旅游景点。

第六节　小凉山彝族刺绣与乡村文化振兴

小凉山彝族手工刺绣，是彝族文化的重要组成部分，已成为彝区群众脱贫致富的好门路，正加大挖掘、整理力度，并不断传承和创新。

一、小凉山彝族刺绣概述

彝族刺绣作为彝族文化的重要组成部分和表现形式，是由彝族女性创造并代代相传的一种传统民间手工艺。在凉山等彝族聚居地区，彝族人所崇尚的图案大多源自日常生活和信仰中的图腾，以黑、红、黄三色为基本色调，其中黑色作为底色，红色与黄色则作为主要的装饰色彩，被巧妙地绣制在各种布料、衣物及饰品之上。彝族刺绣涵盖了服饰、鞋履、围裙、马甲、头巾、钱包、枕头、手提包以及各类装饰品。在彝族地区，黑色象征着肥沃的土地，孕育着无限的希望；红色则如同炽热的火焰，代表着光明与活力；而黄色则寓意着丰收的喜悦。彝族刺绣以其独特的工艺、精细的制作、鲜明的色彩以及深远的寓意，以黑、红、黄三色为主，展现了彝族人民千百年来积累的智慧与创造力，是对本民族文化全面而深刻的表达，兼具高度的实用性、观赏性和收藏价值。

据考证，彝族刺绣的起源可追溯至三国时期之前，它与原始绘画、记事符号及服饰文化之间存在着紧密的联系。在彝族的克智（一种古老的说唱艺术形式）里，流传着这样的说法：阿约阿西是弹毛擀毡的发明人，俄木阿火发明了金银饰品，阿火且且创造了三色漆器，支格阿龙设计了马鞍辔具，格莫阿尔是铁器金属的创造者，兹咪阿基是兵法征战的智者，金觉乌基擅长剪裁缝补，普莫妮依精通纺线织布，普伙惹索改良了土地耕作技术，布卢惹赤是造房建屋的能手，合罗尼渣发明了酿酒技术，吉尼多子则是狩猎捕兽的专家。其中，普莫妮依的纺线与织布技艺，以及金觉乌基的剪裁与缝补技术，共同为彝族刺绣的诞生奠定了基础。根据这些传说，从其起源算起，彝族刺绣已有上千年的历史。

小凉山地区的彝族刺绣，作为彝族四大传统民间手工艺之一，在乐山的峨边、马边以及凉山州的雷波及云南的屏边等小凉山地区广泛流传。根据《新唐书·南诏传》的记述，彝族刺绣与汉族刺绣不断实现交流与融合，实现了更进一步的发展。到明、清时期，刺绣技艺在彝族女性中尤为普及，逐渐形成了别具一格的艺术特色，并一直延续至今。2023年，小凉山彝族刺绣中的马边彝族刺绣更是被列入了省级非物质文化遗产，这不仅是对其艺术价值的认可，更是对彝族传统文化的保护与传承。

二、小凉山彝族刺绣在乡村文化振兴中的作用

（一）小凉山彝族刺绣产业（基地）

在政府和保护单位的支持下，小凉山彝族刺绣逐渐走出了一条"刺绣+妇女+专业合作社"的新模式，推动妇女居家就业，实现增收致富，促进了乡村振兴战略的实施。

位于乐山市马边彝族自治县城区的花间刺绣合作社是马边第一家刺绣专业合作社。从2015年至今，花间合作社累计带动800多名彝族妇女就业，实现增收，其中优秀绣娘的月收入超过1万元。马边县妇联组织绣娘到广东、江苏等地学习，学成归来的绣娘们再开展再培训，带动其他绣娘提高技艺。2023年，约3万名彝族绣娘活跃在马边彝族自治县、峨边彝族自治县、金口河区，人均年增收超过10 000元[①]。

2023年，马边花间刺绣非物质文化遗产工坊制作的宣传片《彝族刺绣：让绣娘们的日子越过越美》[②]成功入选文化和旅游部、人力资源和社会保障部、国家乡村振兴局共同组织开展的"非遗工坊典型案例"名单。

未来，小凉山刺绣产业还需要科技赋能，实现传统与现代融合、手工与科技融合，多场地体验刺绣文化（特别是形成核心基地+线路），多渠道展示刺绣作品，多平台销售刺绣文创产品，带动刺绣实现创新发展，带动乡村振兴。图9-8是优秀绣娘绣制的《自画像》。

---

① 同心四川."乐山"四川马边：彝族刺绣入选2022年"非遗工坊典型案例"［EB/OL］.
（2023-02-13）［2025-04-12］.https://new.qq.com/rain/a/20230213A046RS00.
② 同心四川."乐山"四川马边：彝族刺绣入选2022年"非遗工坊典型案例"［EB/OL］.
（2023-02-13）［2025-04-12］.https://new.qq.com/rain/a/20230213A046RS00.

图9-8　优秀绣娘绣制的《自画像》（作者：乔进双梅）

（二）记忆峨边特色街区彝族刺绣非物质文化遗产体验基地

记忆峨边街区致力于深入挖掘峨边丰富的历史文脉与传统优秀文化基因，旨在激活并扩大当地优秀传统文化、红色文化及民俗文化的活力与影响力。该街区精心策划了"远古呼唤""一步千年""走向新生""燃情岁月""沐浴春风""奔向小康"六大主题篇章，通过这些篇章展现了峨边六个关键时期的经济发展特色及典型文化生活场景，同时融入了彝族独特的历法体系、毕摩文化、古彝文字等文化精髓，深刻揭示了彝族人民"一步跨千年"的伟大历史变迁，凸显了峨边县鲜明的民族特色与深厚的文化底蕴，进一步坚定了当地民众的文化自信。借助现代科技手段，街区还生动展示了小凉山彝族刺绣、甘嫫阿妞的传说、彝族月琴演奏技艺等9项非物质文化遗产；游客可沉浸式体验银饰工艺、敬酒歌、泡水酒制作等传统技艺的独特魅力，有力地推动了峨边非物质文化遗产的传承与发展，实现了在传承中发展、在发展中传承的良性循环。

记忆峨边街区凭借其独特的魅力和良好的营商环境，成功吸引了来自大小凉山、乐山等多个地区的企业和经营商户共计40余家前来投资兴业，极大地丰富了街区的业态和产品种类，为消费者提供了更多元化的选择和体验。这一举措不仅促进了街区的繁荣发展，还创造了显著的社会效益。

截至 2024 年底，街区已累计提供了 500 多个就业岗位，有效带动了当地居民就业，进一步提升了居民的经济收入，人均年增收额达到了 5 000 余元，为峨边地区的经济发展注入了新的活力。

第十章　乐山文物资源与乡村文化振兴

　　文物资源是指按照《中华人民共和国文物保护法》等有关法律、行政法规规定，被认定为文物的有形资产，以及考古发掘品、尚未被认定为文物的古籍和按照文物征集尚未入藏的征集物。文物资源是乡村历史文化的物质载体，承载着丰富的历史信息和文化内涵。它们见证了乡村的发展变迁，是乡村文化的重要组成部分。通过保护和利用文物资源，可以推动文旅融合赋能乡村振兴，使文物保护成果惠及更多人民群众。乐山文物资源丰富，其中被认定为全国重点文物保护单位的包括夹江县千佛石窟、井研雷氏民居和郭沫若故居等。

第一节　乐山文物资源概述

　　习近平总书记强调："要把凝结着中华民族传统文化的文物保护好、管理好，同时加强研究和利用，让历史说话，让文物说话。"① 文物资源是乐山市旅游资源的重要组成部分，需要加大保护力度，传承优秀文化。

一、乐山可移动文物资源概述

（一）可移动文物的特征

　　可移动文物，又称馆藏文物或可收藏文物。对可移动文物的研究涉及考古学、历史学、地理学等多学科内容②。当前对可移动文物的概念较为统一，即可以通过外力移动且移动后不改变其价值和性能的文物，主要包

---

　　① 上观. 学习图说｜让历史说话 让文物说话 [EB/OL]. (2022 - 05 - 18) [2025 - 04 - 12]. https://export.shobserver.com/baijiahao/html/487949. html.
　　② 高劲松，杨慧娟，付家炜，等. 数字人文视域下可移动文物时空数据模型构建研究 [J]. 数字图书馆论坛，2022（1）：37-46.

括馆藏文物和流动文物，如历史上各时代的重要实物、艺术品、文献、手稿、图书资料、代表性实物等①。

可移动文物具有可移动性、多样性、珍贵性和脆弱性。其最显著的特征在于可以移动、携带和运输，这与不可移动文物（如古建筑、古墓葬等）形成鲜明对比。这种特性使得可移动文物在展览、研究、交流等方面具有更高的灵活性和便利性。可移动文物的种类繁多，包括但不限于实物、艺术品、文献、手稿、图书资料等。这些文物在材质、形态、功能等方面都呈现出丰富的多样性，反映了不同历史时期、地域和文化的特色。许多可移动文物具有极高的历史、艺术和科学价值，被视为国家和民族的瑰宝。这些文物往往承载着重要的历史信息和文化内涵，是研究历史、文化、艺术等方面的重要实物资料。相较于不可移动文物，可移动文物在保存和运输过程中更容易受到损害。它们对环境的要求较高，需要严格控制温度、湿度、光照等因素，以确保其安全保存和长久传承。

（二）乐山可移动文物概述

乐山市有可移动文物共 12 424 件（套），本次普查新增 102 件（套），有东汉听琴石俑、战国虎纹柳叶铜剑、战国短骹双耳鱼凫纹铜矛等一级文物 71 件（套）（见表 10-1），唐铜观音造像、汉浮雕虎纹犀角杯、战国单耳铜鉴等二级文物 235 件（套），北宋师著作石墓志铭、东汉陶缸、战国时期青铜柳叶剑等三级文物 2 209 件（套），东汉陶罐、东汉陶鸡、东汉花边砖等一般文物 9 538 件（套），20 世纪嘉阳煤矿木质印章、20 世纪嘉阳煤矿计量办公室木质印章、清黑釉陶罐等未定级文物 371 件（套）。

市中区有可移动文物共 5 724 件（套），有明永乐青花莲花纹瓷盘、宋豆青釉莲瓣纹瓷笔洗等一级文物 49 件，明青花寿字瓷碟、明青花人物瓷罐等二级文物 121 件（套），元龙泉窑豆青釉瓷碗、明影青瓷盘等三级文物 1 133 件（套），一般文物 4 314 件（套），未定级文物 107 件（套）。峨眉山市有可移动文物共 5 051 件，有东汉听琴石俑、战国带盖鸟纹铜罍、战国带盖单耳铜鉴、战国巴蜀图语铜钺、战国龙纹有胡铜戈、1935 年徐悲鸿创作的《达摩图轴》等一级文物 21 件，宋景德镇湖田窑青白釉卷草纹碟等二级文物 101 件，宋四川广元窑黑釉茶盏等三级文物 950 个，清蓝釉白彩梅花纹带盖瓷罐等一般文物 3 979 件。市中区和峨眉山市的可移动文物数

---

① 王云霞. 文化遗产的概念与分类探析 ［J］. 理论月刊，2010（11）：5-9.

量占乐山全市可移动文物总量的 86.73%。

表 10-1 乐山一级文物名录

序号	名称	年代	类别	文物级别	保存状态
1	北宋武士陶俑	北宋	雕塑、造像	一级	状态稳定，不需修复
2	东汉听琴石俑	汉	雕塑、造像	一级	部分损腐，需要修复
3	战国带盖鸟纹铜罍	周	铜器	一级	腐蚀损毁严重，急需修复
4	战国带盖单耳铜鍪	周	铜器	一级	部分损腐，需要修复
5	战国巴蜀图语铜钺	周	武器	一级	部分损腐，需要修复
6	战国龙纹有胡铜戈	周	武器	一级	部分损腐，需要修复
7	战国虎纹有胡铜戈	周	武器	一级	部分损腐，需要修复
8	战国人虎纹有胡铜戈	周	武器	一级	部分损腐，需要修复
9	战国鱼凫纹无胡铜戈	周	武器	一级	部分损腐，需要修复
10	战国虎纹柳叶铜剑	周	武器	一级	腐蚀损毁严重，急需修复
11	战国虎斑纹柳叶铜剑	周	武器	一级	腐蚀损毁严重，急需修复
12	战国旋涡手纹柳叶铜剑	周	武器	一级	部分损腐，需要修复
13	战国旋涡手纹虎纹铜剑	周	武器	一级	部分损腐，需要修复
14	战国短骹双耳龙纹巴蜀图语铜矛	周	武器	一级	部分损腐，需要修复
15	战国短骹双耳鱼凫纹铜矛	周	武器	一级	部分损腐，需要修复
16	战国短骹双耳龙纹巴蜀图语铜矛	周	武器	一级	部分损腐，需要修复

表10-1(续1)

序号	名称	年代	类别	文物级别	保存状态
17	战国短骹双耳虎纹巴蜀图语铜矛	周	武器	一级	部分损腐,需要修复
18	战国长骹双耳铜矛	周	武器	一级	部分损腐,需要修复
19	战国短骹双耳形虎纹巴蜀图语铜矛	周	武器	一级	部分损腐,需要修复
20	1935年徐悲鸿创作的《达摩图》卷轴	20世纪	书法、绘画	一级	部分损腐,需要修复
21	元至正七年(1347年)马文璧创作的山水图轴	元	书法、绘画	一级	腐蚀损毁严重,急需修复
22	1977年李琼久创作的《灵山又一天》斗方	20世纪	书法、绘画	一级	状态稳定,不需修复
23	明永乐青花莲花纹瓷盘	明	瓷器	一级	状态稳定,不需修复
24	宋豆青釉莲瓣纹瓷笔洗	宋	文具	一级	状态稳定,不需修复
25	五代十国画像陶棺(残)	五代十国	陶器	一级	腐蚀损毁严重,急需修复
26	汉音乐陶俑	汉	雕塑、造像	一级	部分损腐,需要修复
27	汉抚耳听琴陶俑	汉	雕塑、造像	一级	状态稳定,不需修复
28	汉陶房(残)	汉	雕塑、造像	一级	腐蚀损毁严重,急需修复
29	汉提罐陶俑	汉	雕塑、造像	一级	部分损腐,需要修复
30	汉抚琴陶俑	汉	雕塑、造像	一级	部分损腐,需要修复
31	汉抚耳听琴陶俑	汉	雕塑、造像	一级	状态稳定,不需修复

表10-1（续2）

序号	名称	年代	类别	文物级别	保存状态
32	汉庖厨陶俑	汉	雕塑、造像	一级	部分损腐，需要修复
33	汉音乐陶俑	汉	雕塑、造像	一级	部分损腐，需要修复
34	汉陶房	汉	雕塑、造像	一级	状态稳定，不需修复
35	汉吹箫陶俑	汉	雕塑、造像	一级	部分损腐，需要修复
36	汉陶马	汉	雕塑、造像	一级	状态稳定，不需修复
37	汉陶马	汉	雕塑、造像	一级	部分损腐，需要修复
38	汉执锸陶俑	汉	雕塑、造像	一级	部分损腐，需要修复
39	汉执锸陶俑	汉	雕塑、造像	一级	部分损腐，需要修复
40	汉执锸陶俑（残）	汉	雕塑、造像	一级	腐蚀损毁严重，急需修复
41	汉陶马	汉	雕塑、造像	一级	部分损腐，需要修复
42	汉陶房	汉	雕塑、造像	一级	部分损腐，需要修复
43	汉舞蹈陶俑	汉	雕塑、造像	一级	状态稳定，不需修复
44	汉陶龟	汉	雕塑、造像	一级	状态稳定，不需修复
45	汉抚耳听琴陶俑	汉	雕塑、造像	一级	状态稳定，不需修复
46	汉陶马（残）	汉	雕塑、造像	一级	腐蚀损毁严重，急需修复
47	1965年郭沫若创作的行书《登庐山》卷轴	20世纪	书法、绘画	一级	部分损腐，需要修复

表10-1（续3）

序号	名称	年代	类别	文物级别	保存状态
48	1942 年徐悲鸿创作的《骏马图》卷轴	20 世纪	书法、绘画	一级	部分损腐，需要修复
49	1985 年李琼久创作的山水卷轴	20 世纪	书法、绘画	一级	状态稳定，不需修复
50	1965 年陈子庄创作的山水卷轴	20 世纪	书法、绘画	一级	部分损腐，需要修复
51	汉画像石棺	汉	石器、石刻、砖瓦	一级	部分损腐，需要修复
52	汉画像石棺	汉	石器、石刻、砖瓦	一级	部分损腐，需要修复
53	汉画像石棺（残）	汉	石器、石刻、砖瓦	一级	腐蚀损毁严重，急需修复
54	汉持囊石俑（残）	汉	雕塑、造像	一级	腐蚀损毁严重，急需修复
55	汉执锸石俑	汉	雕塑、造像	一级	部分损腐，需要修复
56	汉持囊执扇石俑	汉	雕塑、造像	一级	部分损腐，需要修复
57	汉石狗（残）	汉	雕塑、造像	一级	腐蚀损毁严重，急需修复
58	汉提罐石俑	汉	雕塑、造像	一级	部分损腐，需要修复
59	汉庖厨石俑（残）	汉	雕塑、造像	一级	腐蚀损毁严重，急需修复
60	汉庖厨石俑	汉	雕塑、造像	一级	部分损腐，需要修复
61	汉石仓房	汉	雕塑、造像	一级	部分损腐，需要修复
62	汉石马	汉	雕塑、造像	一级	部分损腐，需要修复
63	汉庖厨石俑	汉	雕塑、造像	一级	状态稳定，不需修复
64	汉陶鳖	汉	雕塑、造像	一级	部分损腐，需要修复

表10-1(续4)

序号	名称	年代	类别	文物级别	保存状态
65	汉吹箫石俑	汉	雕塑、造像	一级	状态稳定，不需修复
66	汉石田	汉	雕塑、造像	一级	状态稳定，不需修复
67	汉带座石马	汉	雕塑、造像	一级	已修复
68	汉带座石武士俑	汉	雕塑、造像	一级	已修复
69	汉石舞俑	汉	雕塑、造像	一级	部分损腐，需要修复
70	汉石俑	汉	雕塑、造像	一级	部分损腐，需要修复

（三）乐山重要可移动文物简介

1. 抚耳听琴石俑

东汉晚期墓葬出土，通高54.5厘米，为男性，头束发髻，身着右衽长衣，腰束带，席地而坐。左手扶膝，右手作掩耳状，面部表情专注，略带微笑，正在全神贯注地聆听琴声。一级文物。见图10-1。

图10-1　东汉抚耳听琴石俑

2. 带盖单耳鍪

该铜鍪高度为15.1厘米，其特征是宽阔的口部、紧缩的颈部、鼓起的腹部以及圆形的底部。整个器物表面朴素无纹，肩部连接有一个以陶纹装饰的环形单耳,与盖子相连。盖子形状如倒置的盘子,中央略微隆起,顶部设有一个扣形圆纽。圆纽上刻有阴文的十字图案,而靠近盖子边缘的部分,则装饰有一圈由回纹与连珠纹组成的图案,其中嵌有巴蜀特有的图形文字。这件铜鍪充分展现了战国时期蜀文化的独特风貌,为探索相关历史文化的发展演变提供了宝贵的实物证据。一级文物。见图 10-2。

图 10-2　战国带盖单耳铜鍪

3. 北宋武士陶俑

这件陶俑作品原名为北宋武士俑,是宋代的雕塑与造像艺术品,由单一的无机质材料制成。其长度为 15 厘米,宽度为 18.5 厘米,高度达到 98 厘米。整体上保持了基本的完整性,仅在局部区域存在磨损和小型的缺损,但整体状态稳定。一级文物。见图 10-3。

　（正面）　　　　　　（背面）

图 10-3　北宋武士陶俑

二、乐山不可移动文物资源概述

（一）不可移动文物的特征

根据 2002 年颁布的《中华人民共和国文物保护法》，采用不可移动文物作为标题，突出了文物保护单位的不可移动性，强调了文物保护单位的"原址保护"。"不可移动"的内涵是法律上的"不可以移动"，而不是技术上的"不可能移动"①。不可移动文物是先民在文化、建筑、艺术方面的具体遗产或遗址②，具有不可移动的特性，涵盖了古建筑物、传统聚落、古街区、考古遗址及其他历史文化遗迹。这些文物在政治、经济、军事、宗教、社会生活等方面有着重要的历史价值。

不可移动文物与其所处的环境紧密关联，兼具结构性与非结构性的特点，且价值损失难以衡量。据第三次全国文物普查，全国不可移动文物有76.7 万余处，包含古遗址 19.3 万处、古墓葬 13.9 万处、古建筑 26.3 万处、石窟寺及石刻 2.4 万处、近现代重要史迹及代表性建筑 14.2 万处、其他类 0.4 万处③。不可移动文物具有丰富的历史文化价值、艺术价值和科学价值。不可移动文物是历史的见证，它们记录了人类社会的发展历程，对于研究历史、传承文化具有重要意义。

（二）乐山市不可移动文物概述

乐山市有不可移动文物 1 714 处，不包含消失文物点 909 处，新发现不可移动文物 7 处。有大庙飞来殿、峨眉山古建筑群、犍为文庙等 12 处全国重点文物保护单位；有洗象池、峨眉山仙峰寺、峨眉山雷音寺等 31 处省级重点文物保护单位；有黄茅字库塔、遇仙寺、福林包崖墓等 81 处市级重点文物保护单位；有西坡寺、郭家墓地、观音桥等 187 处县级重点文物保护单位；有童尔贵墓、两河村大寨梯地、峨眉山观音桥等 1 403 处未定级不可移动文物点。

市中区共有 229 处不可移动文物，当前实际存在的不可移动文物为228 处，另有 59 处文物点已不复存在，不过最近新发现了 1 处文物点，即首座受控核聚变实验装置旧址。在这些文物中，有 4 处被列入全国重点文

---

① 汤国华. 不可移动文物的移动保护 [J]. 建筑学报，2006（6）：28-32.

② 李翱. 不可移动文物的保护与利用 [J]. 文化产业，2024（4）：10-12.

③ 孙延忠，乔云飞. 不可移动文物脆弱性的概念及内涵 [J]. 自然与文化遗产研究，2022，7（5）：26-31.

物保护单位，6 处为省级文物保护单位，21 处为市级文物保护单位，还有 6 处为县级文物保护单位。峨眉山市则现存有 221 处不可移动文物，自第三次全国文物普查（"三普"）后，有 67 处文物点消失，同时新增了 1 个文物点。峨眉山市拥有大庙飞来殿和峨眉山古建筑群这 2 处国家级文物保护单位，以及灵岩寺石牌坊、洗象池等 11 处省级文物保护单位，还有宋家蒸功德碑、罗氏祠堂等 21 处市级文物保护单位，西坡寺等 36 处县级文物保护单位，大乘寺遗址等 151 处尚未核定等级的不可移动文物。

（三）乐山市全国重点文物保护单位简介

1. 大庙飞来殿

大庙飞来殿坐落于峨眉山市绥山镇大庙村的飞来岗之上，距离峨眉城北约 2.5 千米。其初建年代已无从考证，但曾于北宋淳化四年（993 年）进行重修，并取名为"天齐王行庙"；后又于元大德二年（1298 年）再次重修，直至元泰定元年（1324 年）才最终竣工，并更名为"东岳庙"。据元泰定四年（1327 年）的碑文记载，该庙的选址似为神灵自选，曾在一夜之间因风雷之变而出现了一座小殿。自此之后，当地民众便免受蒺藜之苦，且年年五谷丰登，故被称为"飞来殿"。"飞来殿"这三个字由明代嘉州太守郭卫宸题写。明万历三年（1575 年），该庙开始供奉佛像，被称为"飞来寺"。由于此地佛、道并存，故后来被俗称为"大庙"，现在仍保留着宋、元、明、清各代的木结构建筑遗产，建筑面积为 2 119.6 平方米，总占地面积达到 19 432.18 平方米。1988 年 1 月 13 日，该建筑群被国务院认定为第三批全国重点文物保护单位（见图 10-4）。

图 10-4　大庙飞来殿

2. 峨眉山古建筑群

峨眉山古建筑群位于四川省峨眉山，始建于东晋，目前仍然存在的有 30 余座寺庙，其中的代表性建筑包括报国寺、伏虎寺、万年寺、清音阁以及洪椿坪等。2002 年 12 月 27 日，这些寺庙被列为四川省第六批省级重点文物保护单位。2006 年 5 月 25 日，这些寺庙与首批全国重点文物保护单位——峨眉山圣寿万年寺的铜铁佛像一同被合并命名为"峨眉山古建筑群"，并入选第六批全国重点文物保护单位。该建筑群主要涵盖以下九个保护点：报国寺、圣积铜钟、伏虎寺、圣积寺铜塔、万年寺、无梁砖殿、圣寿万年寺的铜铁佛像、清音阁以及洪椿坪。

（1）报国寺。明万历四十三年（1615 年），明光道人创立了一座庙宇，初名会宗堂（亦称会宗坊、问宗坊），寓意儒、释、道三教融合之地。其最初位置位于现今伏虎寺右侧，后于清顺治九年（1652 年）迁至今址。清康熙四十二年（1703 年），康熙帝玄烨根据《释氏要览》中"报国主恩"的典故，亲笔题写了"报国寺"三字。这一题字在清同治五年（1866 年）由王藩代书，并悬挂于寺庙的山门之上，自此"报国寺"取代了"会宗堂"的旧名。报国寺内藏有七贤诗碑、古慈福院碑、竹画碑、世守勿替碑、汉甘陵相尚府君之碑等重要碑刻。寺前还置有一对明代石狮，原存放于峨眉县城隍庙，1984 年迁至此。报国寺的整体建筑采用木结构，平面布局为矩形，由多个四合院组合而成，占地面积达 18 000 平方米，建筑面积为 11 600 平方米。寺庙内设有五重殿宇，沿中轴线依次排列着山门、弥勒殿、大雄宝殿、七佛宝殿和普贤殿，四周辅以厢房、廊屋、亭子等辅助建筑。其中，七佛殿为木结构重檐悬山顶，采用穿斗式梁架，四穿五柱，面宽七间 38.2 米，进深四间 16 米，整体高度 12.3 米，台基高 3.8 米，配备 23 级垂带式踏道。报国寺的整体建筑设计精妙，结构复杂，巧妙融合了官式建筑与民间建筑的特色，形成了独特且鲜明的建筑风格（见图 10-5）。

图 10-5　报国寺

（2）圣积铜钟。该铜钟铸造于明嘉靖四十三年（1564 年），铸造资金由别传禅师筹集。三年后，即明隆庆元年（1567 年），铜钟被悬挂在圣积寺老宝楼（宋朝时称为真境楼，距离峨眉城南2.5千米）。1913年，四川都督尹昌衡曾尝试将此铜钟熔化以制作钱币，虽未成功，钟顶却因此被击穿一个洞。1959年，随着圣积寺的废弃，铜钟被搁置在路边。在1966年7月，钟顶再次被人击穿一个洞。1978年，峨眉县文物管理所将铜钟迁移到报国寺外，并对钟身的孔洞进行了热修补，但遗憾的是，铜钟上原有的铭文部分损坏已无法恢复。1982年，原四川省文化局下拨经费3万元，在凤凰堡专门修建了一座亭子，取名"圣积晚钟"亭；同年12月20日，这个重达1.25吨、被誉为"巴蜀钟王"的铜钟被放置在"圣积晚钟亭"内。该铜钟高2.6米，腹径2.1米，钟壁唇厚0.2米，钟纽高0.31米。钟体内外铭刻有从西晋太康二年（281年）至明嘉靖三十四年（1555年）间的许许多多信息，包括与峨眉山有关联的一些帝王、文武官员、高僧的姓名，以及资助铸造铜钟的信徒姓名，还铭刻有《阿含经》经文、佛偈和《洪钟疏》，共计超过6.16万字（见图10-6）。

图10-6　圣积铜钟

（3）伏虎寺。据传说，该寺始建于晋代，初名龙神堂，后于南宋绍兴年间重建。因寺庙常受虎患困扰，名叫士性的寺僧特建"尊胜幢"以镇压，并改名为伏虎寺。别的说法是因寺庙后山形似俯卧之虎而得名。明代，该寺被称为虎溪禅林，但于明末时期荒废。清顺治八年（1651年），贯之和尚带领其徒弟可闻等人在原址上重新修建了伏虎寺。伏虎寺整体建筑采用木结构，由多个四合院组合而成，占地面积达25 000平方米，建筑面积为13 000平方米。沿中轴线依次排列着三重殿宇，分别是弥勒殿、普贤殿和大雄宝殿，四周环绕着厢房、廊屋和亭子等建筑。其中，弥勒殿采用木结构重檐歇山顶，覆盖着小青瓦屋面，采用抬梁式三架梁，前后乳袱扎牵，设有六柱，面宽九间达42.4米，进深三间为13.1米，整体高度为13.1米，台基高0.35米，配备两级垂带式踏道。大雄宝殿的西侧建有

"华严宝塔"亭和五百罗汉堂，北侧则是御书楼。伏虎寺在佛教四大名山中占据着重要地位，是专门供女性僧侣修行的寺院，也是峨眉山尼众佛学院的所在地。

（4）圣积寺铜塔。这座塔铸造于元朝末年，最初放置于峨眉县城南2.5千米处的圣积寺内，1982年4月被迁移到了现在的地点。该塔的名字来源于其所在的圣积寺，且由于塔内外铸刻有《华严经》经文及超过4700尊佛像，因此也被人们称为"华严宝塔"。此塔采用紫铜冶铸工艺打造，高达5.8米，结构是八方十四层，为一种结合了藏式佛教建筑喇嘛塔与中原佛教建筑楼阁式塔特色的密檐塔，由塔基、塔身、相轮和塔刹四个部分组成。塔基原本为须弥座样式，但已经遭到了破坏。塔的下部覆钵部分较为粗壮，而上部塔身则设计为双重楼阁形式，中间以巨大的塔檐分隔为上、下两层，每层各有7层，仿佛是两座七层楼阁式塔相互叠加。塔顶装饰有三重巨大的金珠。塔体内外的《华严经》文字依然清晰可见。塔身表面雕刻的佛像、菩萨像、人物形象以及狮象等动物形象，均栩栩如生，造型生动，雕饰精细，层次感强烈，且每一尊都独一无二，是研究中国古代冶金技艺的珍贵实物资料。

（5）万年寺。在东晋隆安三年（399年），道安门下弟子慧远的弟弟慧持初建了这座寺庙，名为普贤寺。唐僖宗乾符三年（876年），慧通禅师对其进行了重建。鉴于周围山形如同火焰，且寺庙屡遭火灾而屡建屡毁，慧通禅师便将普贤寺更名为白水寺，意在用水来压制火势。宋朝时期，寺庙名称又更改为白水普贤寺。明神宗朱翊钧赐名"圣寿万年寺"，简称"万年寺"，一直沿用至今。寺内藏有一块碑刻，上面刻有宋代书法家米芾所书写的"第一山"三个大字。万年寺占地面积广阔，达2.4万平方米，而建筑面积则为1.002万平方米。该寺庙巧妙地依山势而建，其布局以砖殿为核心，沿着中轴线由低至高依次排列着山门、弥勒殿、砖殿、巍峨宝殿和大雄宝殿。此外，寺庙四周还修建了厢房、廊屋、亭子等多种辅助性建筑。

（6）万年寺无梁砖殿。始建于北宋时期，目的是保护一尊巨大的普贤骑象铜像。它在明代经历了重建，并在清代以及民国时期都进行了修缮。该建筑占地面积250平方米，采用单体布局，砖石结构，设计灵感来源于"天圆地方"的哲学理念，没有设置横梁，而是采用了穹隆顶设计。建筑的宽度为15.97米，进深为16.06米，整体高度达到17.12米。在砖殿的东侧建有藏经楼，西侧建有行愿楼，东南方向则是般若堂，西南方向为斋堂。在砖殿的后方，则是由巍峨宝殿和大雄宝殿组成的复合四合院布局（见图10-7）。

图 10-7　万年寺无梁砖殿

（7）圣寿万年寺铜铁佛像。万年寺的无梁砖殿内，有一尊铜像，其铸造时间可追溯到北宋太平兴国五年（980 年），是宋太宗赵光义下旨，派出内侍张仁赞携带大量黄金前往成都进行铸造，并随后运送至此地进行组装而成的。这尊铜像整体高达 7.35 米，重约 62 吨，全身敷以金箔，其中佛像高 3.64 米，以双膝盘坐之姿安坐于一头六牙大象背负的、同样敷金箔的莲花座上。佛像头戴饰有五佛的官帽，帽檐周围还铸有小型金佛像；双眼微闭，嘴角微微下垂，展现出庄严、肃穆而又慈祥的神态；胸前佩戴着璎珞，身披袈裟；右手持握如意，左手则掌心向上结印。六牙大象的四蹄强健有力，鼻子卷曲，尾巴舒展，仿佛即将踏上遥远的旅程，动感十足；象背装饰有精美的雕鞍和彩带辔头。整个铜像的各个部分比例匀称，锻铸工艺极为精湛，展现出极高的艺术水平（见图10-8）。

图 10-8　圣寿万年寺铜铁佛像

（8）清音阁。唐朝时期，该寺被称为牛心寺，而现在的牛心寺，实际上是后牛心寺（又称延福院）。北宋乾德三年（965年），天寿院的僧人继业三藏对其进行重建，并将其命名为前牛心寺。明洪武二年（1369年），从安徽凤阳县龙兴寺来的广济禅师，选择峨眉山作为他禅修隐居之地。广济禅师根据寺庙周围山水环绕的自然景致，采用了晋代左思《招隐诗》中"何必丝与竹，山水有清音"的意境，将寺庙更名为清音阁，这一名称一直沿用至今。目前所见的清音阁建筑群建于清代，占地面积1 500平方米，建筑面积870平方米。这是一座单体建筑，其主殿采用木结构重檐歇山顶设计，覆盖着小青瓦，梁架采用穿斗式，共六穿七柱。建筑的宽度为7间共计33.4米，进深为3间共计11.5米，整体高度达10.4米。清音阁的台基高度为2.5米，配备有垂带式踏道，共计12级。

（9）洪椿坪。实名千佛庵，亦称千佛禅院，因寺庙前矗立着一棵千年洪椿古树，故又名洪椿坪。此寺首次建造是在明朝初年，由楚山和尚主持建设。至明崇祯四年（1631年），得心和尚、锐锋和尚相继进行了扩建。然而，在清乾隆四十三年（1778年）正月初三，该寺不幸遭遇火灾而被焚毁。随后，在乾隆四十七年至五十五年（1782—1790年）间，经过峨云禅师、圆瑞禅师的募捐和修复，寺庙才逐渐恢复了现今的规模。该寺占地面积达2 880平方米，建筑面积为2 320平方米，整体建筑采用木质结构，依山势而建，坐落于四级平台上，呈现出四合院的空间布局。寺庙内共有四重殿宇，主体建筑依次是山门、观音殿、大雄宝殿、普贤殿，两侧则分布着厢房、五观堂等辅助建筑。其中，观音殿是重檐悬山顶样式，小青瓦屋面，抬梁式梁架，3架梁前后乳栿扎牵用6柱。观音殿旁有"林森园"，为观音殿厢房改建而成，现用作洪椿坪上客寮，1939年7月23日起，原国民政府主席林森在此寓居半年之久。山门上悬挂的匾额题刻"千佛禅院"，再下悬挂一匾题刻"洪椿坪"，都是林森书写的。观音殿对面墙壁上有"洪椿晓雨"四个字，院中左右各一池名"锡杖泉"，康熙皇帝为此泉御题一联"锡飞常近鹤，杯渡不惊鸥"，现刻碑立于林森园右侧。旁边还有忘尘虑碑和林森碑。忘尘虑碑上阴刻"忘尘虑"三个大字，"忘"字正上端钤印"康熙御笔之宝"一方，碑文乃康熙皇帝亲笔所书，于康熙四十一年（1702年）赐赠洪椿坪，后寺僧将其刻制成碑。林森碑刻立于1944年，主要记载了1939年7月国民政府主席林森在洪椿坪居住数月期间发生的一些要事。

3. 夹江千佛岩石窟

夹江千佛岩石窟坐落于距离夹江县城西 2.5 千米的大观山，沿江石壁之上雕刻着摩崖造像，在这些造像紧贴着青衣江的北岸。它们从东边的水文站开始，一直延伸到西边的万咏岩，绵延了 600 米。在这些造像中，最高的距离地面约有 20 米，是用红砂石雕刻而成的，采用了深浮雕技法，现今仍保存有 162 个佛龛，有佛像 2 470 尊。这些佛像的题材来源广泛，包括观音龛、净土变、说法庄严龛、地藏龛、毗沙门天王龛以及一佛二菩萨等多种类型。其中，最大的佛龛尺寸惊人，高为 3.4 米，宽为 2.2 米，深为 1.8 米，而多数佛龛的面积才为 1 平方米左右。夹江千佛岩的佛像主要是由民间自发组织雕刻的，因此其内容丰富多彩，形象也各具特色，展现了极高的艺术多样性。

夹江千佛岩的开凿历史可以追溯到唐代。清康熙二十三年（1684 年）的《重修千佛岩记》中记述："唐时，好事者刻佛于岩上，累若千数，后人遂以佛名之千佛岩。"在千佛岩的造像题记中，最早的造像开凿于唐玄宗先天元年（712 年），而大多数佛龛和石窟则是在盛唐时期建造的。在保留较好的造像中，可以辨别的年代包括开元、大历、大中、会昌、咸通等年号。此外，还有几处佛龛雕刻于清朝与民国时期。1956 年，夹江千佛岩石窟被四川省人民政府认定为省级文物保护单位，并在 1981 年经过再次审核后重新公布。2006 年 5 月 25 日，它又被列入第六批全国重点文物保护单位（见图 10-9）。

图 10-9　夹江千佛岩石窟

4. 杨公阙

杨公阙坐落于四川省夹江县甘江镇的双碑村，其建造时间可追溯到东汉晚期。在距离双阙东南方向大约 300 米的一个凸起的平台上，曾经出土了包括汉砖、古代陶器、石雕辟邪以及铜铁器皿等零散的文物，据此推断，这里可能是与杨公阙相关的墓葬所在地。

杨公双阙相距13米，各自的高度均为4.68米，宽度为1.2米，厚度则为0.88米，均由十块体积庞大且质地坚固的红石层层堆叠构筑而成。这两座阙的主体部分保存良好，结构上可细分为阙身、阙楼及阙盖三大部分。阙身呈现方形设计，阙楼上则雕有多种精细的浮雕图案，诸如仿木结构的横梁斗拱浮雕，其雕刻工艺极为精湛，图案生动逼真，线条流畅，刚劲有力。其中一座阙上镌刻有"汉故益州太守杨府君讳宗字德仲墓道"共计16字，而另一座阙上则刻有"汉故中宫令杨府君讳畅字仲普墓道"共计15字。

杨公阙整体保存状况良好，具有极高的历史文化价值。1956年，被认定为四川省文物保护单位，2006年被列入第六批全国重点文物保护单位名录（见图10-10）。

图 10-10　杨公阙

5. 犍为文庙

犍为文庙这座承载着深厚文化底蕴的古建筑，其历史可追溯至明代洪武四年（1371年），历经数百年的风雨沧桑，又在清乾隆、康熙、宣统等时期经过多次精心维修与扩建，逐渐形成了今天这样规模宏大、气势磅礴的面貌。文庙坐北朝南，占地面积达到了24 000平方米，整体建筑采用宫殿式风格，布局严谨对称，展现出中国古代建筑的独特韵味。文庙的建筑群由灵星门石坊、大成门、大成殿、东西庑、启圣宫等部分组成，这些建筑共同构成了三进四合院的格局，与庙东南的奎星阁、庙东的节孝坊以及焕文街相互映衬，形成了一片蔚为壮观的古建筑群及仿古一条街。这些建筑不只具有极高的历史价值，更是研究中国古代建筑风格特色的宝贵资料。然而，随着时间的推移，原建筑中的木构部分出现了朽损。幸运的是，在 2004 年，犍为文庙经历了一次大规模的维修，得以恢复原貌，重现昔日辉煌。2006 年 5 月 25 日，犍为文庙更是获批为全国重点文物保护单位。这不仅是对其历史价值的肯定，更是对其未来保护与传承的期许（见图 10-11）。

图 10-11　犍为文庙

6. 三江白塔

三江白塔亦称三江雁塔，巍然矗立于乐山市井研县城以南 13 千米的三江镇东侧小山之上，因其能远眺茫溪河、月波河与木瓜河三条河流而得名"三江白塔"。此塔的历史可追溯至 1206 年以前，在明代成化与天启年间历经两次修缮。2013 年 5 月 3 日，它被国务院正式列入第七批全国重点文物保护单位名单。三江白塔设计为密檐式砖木结构，塔身为须弥座四方形，整体高度达到 28 米，共 13 层。塔底边长 5.8 米，自底向上逐层递减，略呈内收之势。底层内部空间高达 4 米，同样遵循逐层递减的规律。塔内设有螺旋式梯道，可直达第 10 层。每一层的四面均设有假窗及一方形透光孔，并以斗拱作为装饰元素。塔身的转角巧妙运用圆砖与三角形砖拼接，每砌三层便用抓钉嵌扣固定，直至塔顶。这样的设计赋予了它出色的抗震性能。整座塔的建筑风格严谨而朴素，线条流畅匀称，结构异常坚固，是井研县境内现存年代最早、保存相对完好的唯一宗教型古建筑。

据史书记载，昔日荣县、威远、井研三地曾同属一个行政区域，且有一个共同的习俗：每当当地人考中进士，便需前往三江白塔在碑上题刻自己的姓名，这一传统被后人称为"雁塔题名"。三江白塔不仅是一座承载着深厚宗教意义的塔，更是一座见证了航运繁荣与人文荟萃的塔，塔身上每一处镌刻的痕迹，都仿佛在诉说着该地区宋代盐业的辉煌成就以及经典人文的璀璨光芒。白塔周围，是占地 700 亩的乡村振兴示范区，这里不仅有曾国藩麾下将军吴履廉的遗址、金井坪宋代墓群、般若寺等丰富的旅游资源，还与雷氏民居相距仅约 7 千米，共同构成了一幅绚丽多彩的文化画卷（见图 10-12）。

图 10-12　三江白塔

7. 井研雷氏民居

雷畅故居坐落于乐山市井研县的千佛镇，于 2019 年 10 月 7 日被国务院正式认定为第八批全国重点文物保护单位。雷畅曾任清乾隆时期的内阁侍读学士，乃四品高官，被誉为"天子近臣"，于乾隆三十四年（1769 年）被任命为内阁侍读学士。乾隆三十八年（1773 年），他因脚部疾病告老还乡。其子雷翀霄为侍奉父亲，以翰林院编修的身份乞求一同归乡。次年春天，雷翀霄在自家宅邸前的空地上建造了随春园以供父亲消遣。园内有池塘，四周遍植珍稀花卉与树木，池中奇石堆砌成埠，其上建有月到亭与香光阁，更有梅林与花坞，构成了一幅极为幽雅的景致。当时，众多名士雅客纷纷前来游玩，流连忘返，这里一时之间竟成了名胜之地。

据资料记载，雷畅故居距离千佛街道约 500 米，大门朝西，背倚青山，面朝碧水，被高高的城墙环绕，气势恢宏，从远处望去，宛如一座城堡。城墙高达 4 米，厚 0.6 米，全由石头砌成，周长接近 1 000 米。这座旧居占地面积宽广，超过 4 000 平方米，包含 12 个天井及 121 间房间。道光初年，雷家因家境衰败，不得不将这座宅邸出售给当时担任犍为五通盐课提举司职务的王敬庭。王家后代回忆："这座宅邸在经过王家的进一步扩建后，才达到了现在的宏伟规模。"时至今日，大门中梁内侧的檩条上依然保留着"大清道光二十二年壬子大戌申癸丑大吉"的刻字。宅邸转手至王家之后，被重新命名为"槐盛号"，这是王家在五通桥所经营的盐商商号的名称。

雷畅故居距今已有 200 多年的历史，是川西南地区规模最大且维护良好的一座民居建筑。该故居的建筑布局严谨有序，木石雕刻技艺高超，堪称清朝时期川西南民居建筑的杰出代表，具有极高的保护意义和实用价值，被人们赞誉为川西南民居建筑的"活化石"（见图10-13）。

图10-13　雷氏民居

8. 郭沫若故居

郭沫若的出生地及少年时期的居所，坐落于乐山市沙湾区铜河街道，这里被尊称为郭沫若故居。郭沫若，作为中国现代文化史上一位卓越的文学家、诗人、戏剧家、历史学家、古文字学者、政治家以及著名的社会活动家，与鲁迅共同被誉为"中国新文化运动的两面旗帜"。他的一生留下了丰富的著作，总计约2 300万字，其中包括广为人知的《郭沫若全集》。2006年5月25日，郭沫若故居被国务院列为第六批全国重点文物保护单位。

郭沫若故居的名匾最初由邓颖超题写，后来改为启功题写。故居正门上方的"贞寿之门"大匾，是在1980年故居恢复时，由蜀南知名人士罗孟汀亲笔题写。面向街道的商业店铺，取名为"郭鸣兴达"，寓意着兴旺与繁荣。步入故居内部，第二进的横匾之上镌刻着"汾阳士第"，昭示着郭氏家族乃唐朝汾阳王郭子仪之后。第二进与第三进的厢房，不仅是郭沫若的诞生之所，亦是他与张琼华结婚时的婚房，同时还承载着其父母居住与烹饪的记忆。继续前行，便可见到郭家客厅，这里挂满了郭沫若生平的照片。往后院行去，则是绥山馆及其花园，郭沫若的启蒙教育便是在此进行的。花园内还种植了一片绚烂的樱花林。而在花园的左侧，则是郭沫若书法碑廊，上面精心镌刻了他数十幅经典的书法作品。

这座故居始建于清朝嘉庆时期，是一座典型的中式穿斗结构平房，由四进院落、三个天井以及一个后院共同构成，至今仍然保持着古朴的风貌。故居建筑群内共有36间大小不一的房间，总建筑面积1 108平方米，总占地面积达到2 148平方米。所有这些房间均采用了天楼地枕的结构，而过道则铺设了三合土。屋顶采用了单檐悬山式设计，并覆盖着小青瓦。临街的门房宽度为4柱3间，共计12.37米，进深7.8米，整体高度为5.6米。左右两侧的厢房呈现出对称布局，面宽40.3米，进深4.75米，高度为4.7米。名为"绥山馆"的建筑，其面宽同样为4柱3间，共计13.25米，进深6.9米，高度为5.3米。粮仓的面宽为4柱3间，共计26.7米，进深5.15米。这座故居是川西南民居建筑的典型代表。它从清代嘉庆年间开始建造，并经过逐步扩建，直到郭沫若的父亲郭朝沛经营家业时，才达到了如今的规模。

郭沫若故居主体结构保存完好，2015年对故居本体进行了全面落架维修，拆除了南、北面的封火墙，北面新增保护面积1 100平方米，改造了原有排水设施，改善了故居排水和通风条件。2018年完成故居安防和消防工程（见图10-14）。

图10-14　郭沫若故居

9. 乐山大佛

该造像位于长约400米、宽约200米的临江峭壁上，大佛左右两侧共有81龛，约362尊造像，龛从左至右、从上至下编号为1~81号龛。乐山大佛开凿于唐玄宗开元初年（713 年），竣工于唐贞元十九年（803 年），经历了四代皇帝（唐玄宗、唐肃宗、唐代宗、唐德宗）、三个建造者（海通、章仇兼琼、韦皋）的共同努力，历时 90 年方才大功告成，至今已有 1 300 多年的历史了。该佛基质为红砂石质，造型为弥勒座像，系"一佛二天王龛像"，坐东向西，头作螺髻状，身着双颐下垂袈裟内著僧祇枝同，双手抚膝，善跏趺坐。佛高为 71 米，头径为 10 米，肩宽为 28 米，眉长为 3.7 米，眼长为 3.3 米，鼻长为 5.6 米，嘴宽为 3.3 米，耳长为 7 米，脚面宽为 5.6 米。左右峭壁上的 45 号龛内凿有飞天殿堂建筑、佛教造像等，48 号龛内凿有佛像 165 尊，62 号、68 号中型龛内为天王像，右侧临江峭壁上有石碑一通，风化严重，仅有"南康郡王韦皋……贞元十九年"九个字较清楚。乐山大佛在设计与建造过程中所展现的"天人合一、圣洁无垠"的艺术境界，彰显了人类的理性与尊严，赋予观者以庄严、恒久、崇高及强烈的艺术震撼，是乐山文化中最深邃的文化底蕴。乐山大佛所处的独特人文与自然环境，以及其展现出的"宏伟壮丽""独尊天下"的气概，无不凸显其作为"独一无二、珍稀罕见"的世界遗产特质，具备极高的历史意义、艺术价值及科学价值。它对于研究乐山乃至整个中国的佛教历史，都具有重要的参考价值（见图 10-15）。1982 年 2 月 23 日，经国务院公布为第二批全国重点文物保护单位。

图 10-15　乐山大佛

10. 麻浩崖墓

该崖墓群是依据红砂石崖壁开凿而成的，属于凿山为陵的横穴式墓葬形式，总计包含 339 座崖墓。墓葬的构造分为单室、双室以及多室等不同类型，其结构通常由墓道、墓门、甬道和墓室等部分组成。在平面布局上，它们采用的是"单室"制或"前堂后室"制的石构设计。

麻浩崖墓是乐山崖墓群中最为集中且最具代表性的墓葬，尽管早年曾遭受盗掘，目前大多墓室已空，但墓壁内外仍保存有丰富的石刻画像及题记。1940 年，学者杨枝高发现了麻浩 1 号墓，随后古文字学家商承祚先生及金陵大学中国文化研究所前来考察，通过拓墨鉴定确认其为汉代墓葬，自此麻浩崖墓声名远扬。其中，位于乐山崖墓博物馆 A 区的 M1 号崖墓是较为典型且雕刻尤为精美的代表。此墓朝东而背西，全长 29 米，宽 11 米，高 2.8 米，墓门高达 2.4 米，门额采用仿木结构建筑样式，上面阳刻有飞檐、瓦当、斗拱、禽兽、人物等精美的石刻画像。墓室内为前堂三后室布局，享堂宽度为 11 米，深度为 6 米，堂上三方阳刻有形式多样的瓦当图案，四壁及柱子上也都布满了石刻画像。尽管 M1 号墓葬本身缺乏直接的年代记录，但邻近虎头湾 B 区 M64 号墓中发掘出的东汉时期阴刻铭文"阳嘉三年"（134 年）却暗示 M1 号墓同属该时代。1940 年，早期研究崖墓的学者杨枝高在该墓室的壁上留下题记，赞誉道："遍访四川南北的汉代崖墓，此墓雕刻之精美堪称第一。"这组崖墓群凭借其精湛的雕刻技艺、多样的墓葬形式，不仅具有深厚的历史价值，还展现出高度的艺术价值，为探索汉代社会风貌、丧葬习俗及制度提供了珍贵的实物证据。1988 年 1 月 13 日，该墓群被国务院列为第三批全国重点文物保护单位（见图 10-16）。

图 10-16　麻浩崖墓

11. 离堆

汉代太史公司马迁在其著作《史记·河渠书》中提及"蜀守冰出离堆

以避沫水之害"，这段珍贵的文献记录正是乌尤离堆形成的历史渊源。在现今看来，这一工程或许显得作用有限，但在战国时期，无论是从经济角度还是从军事角度来看，它都占据着举足轻重的战略地位。作为蜀郡太守的李冰，深感保护这条关键航线畅通无阻的重要性，他巧妙地利用凌云山与乌尤山相接的地势，开凿了麻浩溢洪道。这一创举使得江水部分改道，绕过乌尤山蜿蜒流淌，从而将乌尤山造就为一座孤悬水中的岛屿，人们称之为"离堆"。"离堆"遗址坐落于乐山城东南方向大约940米的地方，被波光粼粼的江水四面环绕。其南北方向长约500米，东西方向宽约400米，整体高出江面约100米，占地面积约20万平方米。在这片承载着厚重历史的土地上，不仅留存有汉代的崖墓遗迹，还保存有从明代至近代的摩崖石刻，以及近代修建的乌尤寺、旷怡亭、尔雅台、普同塔等古建筑。这些宝贵的遗迹对于深入探究乐山地区的水利发展历程具有极高的史料价值（见图10-17）。2013年5月3日，该遗址被国务院正式公布为第七批全国重点文物保护单位。

图10-17　离堆

12. 首座受控核聚变实验装置旧址

位于乐山成都理工大学工程技术学院校园深处有我国首座受控核聚变实验装置的旧址。该旧址由主机大厅、中央控制室以及辅助大厅三大部分组成，其建设历程可追溯至1971年，占地面积达2560平方米，而总建筑面积则达到了2900平方米。主机大厅，作为该旧址的心脏地带，于1971年落成，采用了一层钢筋混凝土框架结构的设计，其建筑面积为1300平方米。大厅顶部设计为双坡屋顶，屋架则巧妙地运用了钢质三角形桁架结构，既稳固又美观。中央控制室同样于1971年竣工，采用了两层钢筋混凝土框架结构，建筑面积为 670 平方米，屋顶则采用了单坡设计。辅助大厅也是 1971 年的产物，它同样采用了一层钢筋混凝土框架结构，建筑面积达到 720 平方米，其屋顶设计与主机大厅相呼应，采用了双坡形式，并同样运用了钢质三角形桁架作为屋架。

这座旧址不仅承载着我国受控核聚变研究的早期记忆，更是当时亚洲地区开展此类研究的最大实验基地。作为我国受控核聚变研究的摇篮，它见证了我国在国际核聚变研究与交流领域的积极参与与贡献（见图 10-18）。2019 年 10 月 7 日，国务院正式将其公布为第八批全国重点文物保护单位。

图 10-18　首座受控核聚变实验装置旧址

第二节　乐山文物资源在乡村文化振兴中的作用

文物资源承载着中华优秀传统文化，对其进行科学保护、价值挖掘与利用，有利于盘活文物资源。从理论上来说，全国重点文物保护单位可开发成为具有全国影响力和知名度的旅游景区，实现乡村文化和旅游深度融合，助力乡村振兴。乐山大多数全国重点文物保护单位位于峨眉山和乐山大佛景区内，通过文化保护与旅游开发得到了充分利用。本书着重介绍三项全国重点文物保护单位在乡村文化振兴中的作用。

一、夹江千佛岩石窟在乡村文化振兴中的作用

（一）夹江千佛岩石窟价值分析

夹江千佛岩石窟位于夹江城西 2.5 千米的大观山沿江而立的石壁上，

特别是青衣江北岸一带，雕刻着壮观的摩崖造像。这些造像从东边的水文站开始，一直向西延伸至万咏岩，绵延长达 600 米。石窟的创建可追溯到唐代，大部分龛窟是在盛唐时期精心建造的，清代和民国时期也有少量龛窟被开凿出来。在摩崖造像中，最高的一尊佛像距离地面约 20 米，运用深浮雕技法在红砂岩壁上雕刻而成。该石窟仍有 162 个龛、2 470 尊佛像保存完好，展现出宏大的规模和卓越的艺术技巧。这些佛像和龛窟不仅展示了唐代佛教艺术的辉煌成就，也提供了研究当时社会生活、宗教信仰、艺术风格的宝贵资料，具有多重价值。

1. 文学价值

千佛岩自古以来就是风景名胜，历朝历代众多文人骚客到此游览，并创作许多描绘此地景观的诗词和题刻。题刻主要为明、清及现代题刻。明代嘉州太守郭卫宸游览了青衣江上的龙脑石并作诗一首："江头一块石，独立不能移。相彼波流者，谁将砥柱之。而渔网兢急，以济舟难迟。"现代著名作家马识途在此写下"万里秋风后径斜，泛舟泾口似归家"的诗句①。

2. 艺术价值

石窟艺术作为佛教艺术的重要组成部分，具有高度象征性的特征。千佛岩摩崖造像所供奉的佛像可分为五大类别：佛像、菩萨像、天王像、圣僧像以及其他类型的造像。这些造像不仅展示了卓越的雕刻工艺，而且在技术表现手法上，巧妙地融合了圆雕、高浮雕、浅浮雕、镂雕以及阴刻等多种技法，使得整个画面既完整又和谐，既兼顾了整体效果，也不乏细节的表现，将人物刻画得栩栩如生，同时融入地方特色，形成了独特的艺术风格，具有很高的艺术价值②。

千佛岩的题刻艺术，犹如一部跨越时空的书法史诗，汇聚了楷书、行书、草书、篆书、隶书等多种书法艺术形式，其中不乏书法界的璀璨明珠，令人叹为观止。这些石刻不仅记录了历史的沧桑，更展现了书法艺术的无穷魅力。在大自然的鬼斧神工与人文的匠心独运交织下，大楷字体犹如苍劲有力的山川，主要分布在振衣冈与天生桥的石壁之上，气势恢宏，

---

① 牟艳. 夹江千佛岩景区摩崖石刻的旅游开发价值探析 [J]. 乐山师范学院学报，2016，31（2）：78-83.

② 杨璨榕. 夹江千佛岩摩崖造像艺术研究及文创衍生设计 [D]. 成都：四川师范大学，2022.

笔力万钧。例如，天生桥旁的"万象庄严"与"名山巨川"石刻，用大楷书写，展现出了书法的豪迈不羁与大气磅礴，每一笔都仿佛蕴含着山川的雄浑与自然的韵律。而小楷字体则如涓涓细流，穿石而过，虽分布较为零散，却以其细腻温婉、精致典雅著称。它们往往用于较长的文字记载，如"重修千佛岩灵泉并记"与"右谕通知"等。小楷之精妙，在于其笔画间的细腻变化与整体布局的和谐统一，让人在品味中感受到书法的深邃与韵味。

3. 历史文化价值

夹江千佛岩摩崖造像体现了地方民间流行信仰：地藏菩萨、观音菩萨的单尊供奉以及二者组合供奉的出现、与阿弥陀佛同龛的非典型西方三圣组合，以及作为主尊来供奉的毗沙门天王，展现了地藏信仰、观音信仰和毗沙门天王信仰在此地的流行，同时也展现出民间信仰的世俗化与多样化发展。

4. 教育价值

在千佛岩万咏崖中有"振衣冈"三字，是明嘉靖二十二年（1543 年）四川巡按御史谢瑜好友张庭题写的，张庭手书被镌刻在嘉阳官道上而成。"振衣冈"三字的意义由谢瑜对张庭人品的赞扬，发展为对官员行为规范的要求，到今天具有了更为广泛的文化内涵①。

（二）夹江千佛岩石窟开发利用与乡村文化振兴

1. 东风堰—千佛岩景区开发

东风堰—千佛岩景区占地面积为 1.1 平方千米，东界为禅意小镇，西界为金像寺，南达依凤寺，北依大观山。该景区的核心资源包括我国首批世界灌溉工程遗产东风堰、国家级重点文物保护单位千佛岩石窟。此外，景区还有诸多景点，如藏羌彝文化产业园（又称禅意小镇）、聚贤街、千佛寺、万咏崖、古泾口、大观顶、水文化陈列馆等。

东风堰世界灌溉工程遗产的开凿历史可追溯至康熙元年（1662 年），已有 360 余年的历史，至今仍在滋润着夹江县的广袤土地，灌溉面积达 7 万余亩。它不仅承担着农田灌溉的重任，还具有城市防洪、水力发电、城乡工业、生活供水等多重功能。千佛岩石窟是开凿于隋代、兴盛于唐代的佛教艺术宝库，以 162 窟、2 470 尊佛像的宏大规模，密布于铁石关下栈道

---

① 张平，熊泽文，杨泽勇."振衣冈"所蕴涵的文化意义 [J]. 乐山师范学院学报，2020，35（1）：125-128.

的临江崖壁之上，蔚为壮观。这些摩崖造像多为民间自发镌刻，内容丰富多彩，艺术形象栩栩如生，佛像形态各异，生动传神，展现了古代工匠的高超技艺与虔诚信仰。"两山对峙，一水中流"，夹江县的自然风光与千佛岩的历史文明交相辉映，形成了独特的魅力，自古以来便被誉为"青衣绝佳之处"。为进一步提升景区文化内涵，夹江年画与夹江竹纸制作技艺两项国家级非物质文化遗产的传承人也已入驻景区。同时，收音机博物馆、水情教育基地、古玩收藏等特色展馆的设立，更是极大地丰富了景区的业态，让游客在领略自然风光与历史文明的同时，也能深入体验传统文化的独特魅力。

2021 年，东风堰—千佛岩景区获批国家 AAAA 级旅游景区，成为夹江县文旅产业发展的拳头产品，也是夹江历史文化展示的重要窗口和亮丽名片。

2. 聚贤街振兴

聚贤街位于东风堰—千佛岩景区内，据说是唐朝时期夹江的县城所在地。历史上，聚贤街是智者圣贤的聚会之地，它北靠青山、南濒绿水，街道两侧建筑多为明清风格的传统民居，居住着几十户人家。聚贤街作为历史上茶马古道的支线——青衣道上的重要驿站，是夹江地区历史文化的活化石，记录着夹江县的发展与演变。在东风堰—千佛岩景区创建国家 AAAA 级景区期间，聚贤街进行了基础设施改造和街区风貌改造，引入民宿等业态，街区风貌焕然一新。

3. 文创设计

市场上还没有与东风堰—千佛岩景区相关的文创产品，但是已有研究提出了依托千佛岩摩崖造像，提取佛像艺术元素，开发文创衍生产品：主题明信片、主题书签、张贴装饰画、日常生活用品等（见图 10-19）。这些文创产品是对千佛岩文物的创新利用，可制作成实物进行销售，既是流动的旅游宣传载体，也对传播和振兴地方文化具有重要意义。

图 10-19　千佛岩摩崖造像文创设计

二、井研雷氏民居在乡村文化振兴中的作用

（一）雷氏民居的价值分析

雷氏民居也被称为"雷家大院"，是川西南规模最大、最为典型、保存最完整的民居，有着川西南民居建筑"活化石"的美誉。

1. 建筑艺术价值

一位在民居建筑学领域拥有深厚造诣的专家曾如此赞誉雷家大院："其风格独树一帜，魅力非凡，足以与北方的乔家大院齐名，亦能同四川境内的刘氏庄园媲美，此言绝非虚夸。"还有一位享有盛名的学者，以一种独特的视角将三者进行了对比分析：若将乔家大院视为富豪之辉煌成就，刘氏庄园作为土豪之典范代表，那么雷家大院则无疑是文人雅士精神风貌的生动写照。

论及风水布局，雷家大院虽不敢说已达到登峰造极之境，但在国内也绝对是名列前茅的佼佼者。有传说称，雷家大院的大门上曾悬挂一副寓意深远的对联："引得江水做池水，借来真山为假山"，此联精妙地展现了中国传统建筑艺术之美。其中，"引得江水做池水"一句，江水指的是门前的茫溪河，被誉为井研的"母亲河"；而池水则是指雷家大院前方的荷花池，旧称随春园。乾隆三十九年（1774 年）之春，翰林院编修雷翀霄特意为其父建造了一处休憩之地，援引宋人"春来随意生"诗意，命名为"随春园"。园内遍植莲花翠竹，移花接木，依山势堆叠假山，山下建有"香光阁"，池中水域广阔，水中小洲上以乱石堆砌成台，台上建有"月到亭"。雷家大院建筑群大门朝西，背倚青山，面朝碧水，四周有高墙环抱，气势恢宏，远观犹如一座城堡。整个古建筑群占地逾 20 亩，建筑面积达7 000多平方米，采用四进四合院的布局，厅、堂、庭、院左右对称分布。院内共有房舍 120 余间，天井 12 个，柱、斗拱、横梁、门窗等雕刻精美且保存完好，尽显昔日雷翰林家族的雍容华贵。雷家大院采用中轴空间布局，左右对称，是中国传统民居的典型代表，深刻体现了中国传统住宅建设中"天人合一"的文化理念。

2. 历史文化价值

雷氏民居内有雷氏家族文化展示区、盐商王氏家族文化展示区、井研盐史展示区、"文革"历史馆、农耕文化展示馆等多个文化展示场所，是多种文化汇聚之地，具有较高的历史文化价值。

（1）雷氏家族文化/农耕文化。雷氏家族文化在展示馆中得以体现。据说，雷氏来源有两种说法，一说是来自方雷氏，一说是来自黄帝之臣雷公，二者都具有超然的力量和智慧，都曾协助黄帝治理天下。但各地的雷氏族谱资料显示，雷氏以方雷为得姓始祖居多。民间传说雷畅家有 9 个儿子，每个儿子都饱读经书且聪慧过人，成为翰林院学士，他还有一个女婿也做了翰林。因此，雷氏民居的耕读文化底蕴深厚，有"九子十翰林"之说。

（2）王氏家族文化/井研盐史。根据《井研县志》的记录，清朝道光初年，雷氏家族遇到困境，将他们的住所卖给了时任盐课提举司的犍为五通人王敬庭。王敬庭接手后，对这座建筑群进行了扩建，并更名为著名的大型盐商字号"槐盛号"。井研地区的盐业活动起源于汉代，到了唐宋时期达到了鼎盛。至北宋中期，该县境内已遍布数百口卓筒井。根据《四川省地名录丛书》第六十三册《四川省井研县地名录》的记述，井研全县至少有 56 个地名源自当地的盐井。井研县最高年产盐量曾达到 550 万千克以上，依靠马帮驼队，将这些盐销往今成都、眉山、自贡、宜宾、乐山等地。井研是世界上最早创造卓筒井的地方。

（3）"文革"文化。雷氏民居内随处可见"文革"口号和标语，这是一个历史时期的缩影。雷氏民居在"文革"中作为农场起到了特殊的保护作用。著名影星刘晓庆，在她17岁左右时，作为省上的文艺宣传队队员，曾经来到这里劳动锻炼了半年之久，就住在雷氏民居中。

（二）雷氏民居开发利用与乡村文化振兴

1. 雷氏民居景区

依托民居建筑的独特价值，2015年雷氏民居成功创建国家AAA级旅游景区。2019年，该民居被列入全国重点文物保护单位名录。近年来，井研县政府加强顶层设计，精心编制总体规划、古建修复详细规划，科学保护和修复故居，并成功打造为融农耕文化、民俗文化为一体的井研民居民俗博物馆。每年景区接待的国内外游客达10多万人次，成为国内外游客了解井研的重要载体。2023年，在雷氏民居外围的茫溪河两岸开展生态环境整治，新建了雷氏民居景区入口牌坊、跨茫溪河大桥、游客中心等景观和服务配套设施（见图10-20），极大地提高了雷氏民居景区的游览便利性，未来雷氏民居景区有望升级为国家AAAA级旅游景区，给地方社会经济的发展带来更大效益。

图10-20　雷氏民居新建设施

2. 民建村乡村振兴

雷氏民居所在地为千佛镇民建村，除了雷氏民居外，该村还拥有雷氏宗祠。雷氏宗祠占地面积1 000平方米，由宗祠主体建筑、天井、大厅及戏台等多个部分组成，是川南西地区罕见的民间宗祠活标本。2018年，民建村被授予了"四川最美古村落"的称号。井研县正致力于构建民俗旅游带，以雷氏民居为核心，规划并建设包括入口景观墙、迎宾广场、休闲广场、观景平台、文化展示墙等一系列辅助设施，旨在全方位提升千佛镇民建村的整体形象，将其打造成一个融合民俗风情、农耕文化展示、旅游观光、影视拍摄及文化活动等功能的乡村振兴示范村。

3. 千佛古镇保护与开发

千佛古镇距离雷氏民居 1 千米。千佛古镇自然风光旖旎，历史文化积淀深厚。千佛岩的开凿甚至早于乐山大佛，有"先有千佛，后有大佛"之说。千佛古镇蕴藏着丰富的历史文化遗迹，诸如汉代的崖墓遗址、盐马古道、古老的街道、桥梁、码头以及恐龙化石等，具备极高的观赏游憩价值。千佛镇党委和政府秉持"文化强镇区，文化育产业"的发展理念，积极探索和实践"公司+农业+旅游"的农文旅融合新路径，鼓励老街居民参与到投资建设及运营中来，共同培育出老豆花、藿香鱼、烟熏鸭、古街油炸串串、网红烧烤等特色美食，以及翰乡酒、柚子糖、台蜂蜜柚子茶等地方特色产品，打造出千佛古镇美食街①。此外，我们建议推进"唐宋明清古街区、寺院佛教文化区、购物娱乐区"等功能分区，复原白塔、牌坊、古码头、古桥、崖墓群等标志性文物遗址遗迹并转化为旅游产品，将千佛古镇建设为四川省内知名的历史文化名镇。

三、郭沫若故居在乡村文化振兴中的作用

（一）郭沫若故居的价值分析

郭沫若故居始建于清嘉庆年间，经过历代郭家人的经营与扩建，到郭沫若父亲郭朝沛经营家业时达到现今的规模。故居留下了郭沫若青少年时期的生活印记，也是郭氏家族历史传承的重要载体。郭沫若故居于 2006 年 5 月被国务院批准成为全国重点文物保护单位，这进一步凸显了其重要的历史地位和保护价值。郭沫若故居蕴含着丰富的文化内涵，包括郭沫若先生的生平事迹、文学成就、思想观点等。这些文化内涵是乡村文化振兴的重要资源，可以为乡村文化的繁荣发展提供有力支撑。

1. 建筑艺术价值

郭沫若故居地处闹市区，是一个城镇店铺与居住宅院相结合的民居形式，为中式穿斗木瓦结构平房，有三间铺面、四进三天井和一个后花园。故居独特的建筑风格：故居的大门门楣上方悬挂着"贞寿之门"匾额，这

---

① 直播四川联盟. 井研千佛镇 打好"组合拳"农旅融合显活力［EB/OL］.（2022-09-28）［2025-04-12］.https://baijiahao.baidu.com/s? id=1745181674706817133&wfr=spider&for=pc.

是清光绪皇帝在郭沫若祖母百岁之时所赐。大门右侧的"郭沫若故居"五个大字雄浑刚健，由启功先生题写。故居内还有多个牌匾和多副对联，如"传家有道惟存厚，处事无奇但率真"等，这些都体现了郭氏一族的良好家风和深厚的文化底蕴。复原与改造：为了更好地保护和利用郭沫若故居，当地政府对其进行了多次修缮和改造。特别是在纪念郭沫若120周年诞辰之际，沙湾区政府投资新建了郭沫若纪念馆与沫若文化苑，并对故居的后花园进行了复原改造。

2. 历史文化价值

郭沫若故居保存了大量跟郭沫若相关的文物和史料，包括他的生活用品、手稿、书籍等。这些珍贵的文物不仅展示了郭沫若的生平事迹和文学创作成就，还反映了当时社会的文化风貌和人们的生活状态。郭沫若故居不仅是一个历史遗迹，更是一个充满艺术氛围的地方。故居内的每一件文物都有着较高的艺术价值和文化内涵。

（二）郭沫若故居开发利用与乡村文化振兴

1. 郭沫若故居景区

2013年7月15日，郭沫若故居景区被全国旅游景区质量等级评定委员会评定为国家AAAA级旅游景区。2013年景区接待游客总量为25.86万人次，实现旅游综合收入69.44万元；2019年景区接待国内外游客83.54万人次，旅游综合收入为106.46万元。郭沫若故居景区是沙湾区的拳头旅游产品，也是郭沫若文化集中展示区。

2. 沫若文创园景区

沫若文创园景区位于乐山市沙湾区沙湾镇沫东段，是四川第一家、国内外较少的以戏剧为主题的文化小镇，是沙湾大渡河国家湿地公园和滇川国家旅游风景道（大渡河风景道）四川首段部分。该文创园分为沫若戏剧苑和戏剧专列两部分，占地面积1.2平方千米，总投资3.9亿元。

沫若文创园景区是乐山市"十三五"国家服务业综合改革试点"打造服务业四大特色产业集群"中"文化创意产业转型升级"的重点项目。沫若文创园景区秉持文化自信的原则，以"沫若文化"的活化利用为核心，选择"戏剧文化与亲子研学"为主题，打造成推广沫若文化的新舞台、儿童戏剧研学的新圣地与工旅融合发展示范区，使之成为川滇国家风景道上的璀璨明珠。沫若文创园景区的发展路径遵循"大师指引方向、政府搭建平台、企业实体运营、校地紧密协作、戏剧联盟共同推进"的模式，并已成功吸引了川剧大师陈智林、话剧名家董凡等人加入。此外,北京大学、中国人民大学、北京交通大学、中央戏剧学院、武汉大学、中国社会科学院大学、四川人民艺术剧院、乐山师范学院、四川艺术职业学院以及国际知名的英国皇家音乐学院、芬兰书米国际教育等机构,均在该小镇设立了实践教育基地。小镇一期工程的核心区域占地约 200 亩,建筑面积 2 万平方米,建设了沫若剧院、戏剧主题展览馆、研学旅行中心及戏剧商业街区,是一个融戏剧研学、亲子娱乐、特色餐饮、文化创意体验等多功能于一体的综合性文化旅游项目。而二期工程则独具匠心,利用 45 节绿皮火车车厢作为创意载体,巧妙融合沫若文化、戏剧文化、"三线"建设历史元素及老成昆线的历史记忆,创造出融餐饮、住宿、交通、娱乐、学习功能于一体的新型研学旅游模式,为游客提供独一无二的体验。

2020 年,沫若文创园景区成功申创国家 AAA 级旅游景区;2021 年,沫若文创园成功申创国家 AAAA 级旅游景区。

3. 演艺产品开发

沙湾区 13 个乡镇均成立了沫若文化艺术团,3 000 多名业余演员常年活跃在城乡,打造了"沫若大舞台"等文化品牌,利用郭沫若文化创作了许多优秀的演艺产品,丰富了城乡居民的文化生活。

2005 年,沙湾区推出的诗乐歌舞《沫若·女神》,标志着其开启了弘扬沫若文化、构建沫若文化品牌的道路。该剧构思精巧,由五个篇章、十一个小节构成,深刻凸显了《女神》诗集中的灵魂篇章《凤凰涅槃》,淋漓尽致地表现了郭沫若先生的奇幻想象,以及他那种抛弃旧我(涵盖个人与社会层面的自我)、重塑新我、勇于破旧立新的彻底革命精神[①]。

2012 年,大型励志音乐剧《沫若少年》在乐山首次公演。此剧由知名儿童剧编剧薛梅执笔创作,并由北京儿童艺术剧院国家一级导演、戏剧导演胡一飞亲自执导。整个剧目结构严谨,除序幕与尾声外,还包含了"求知""受辱""求真""背叛""幻灭"五个板块,生动地演绎了郭沫若青少年时期在家乡沙湾、乐山的生活与学习经历,以戏剧的方式深刻再现了这位文学巨匠的成长轨迹与心路历程。在艺术表现手法上,该剧巧妙地融合了乐山丰富的文化元素,诸如铜河号子的激昂、纤夫拉纤的艰辛、铜河花灯的绚烂以及嘉阳河川剧流派中的锣鼓小打等,为全剧增添了浓郁的地

---

① 四川郭沫若研究中心.《沫若·女神》剧评会纪要[EB/OL].(2007-05-15)[2025-04-12]. https://gmryj.lsnu.edu.cn/info/1008/1017.htm.

域文化色彩①。

2020 年，在四川省文化和旅游发展大会、国际旅游投资大会以及国际旅游交易博览会上，音乐剧《少年郭沫若》进行了首次公演。该剧由国内一流创作团队精心策划，并邀请了多位业界知名人士共同参与制作，主演则由本土的小演员们担纲。全剧共分为六个章节，时长约一小时，生动讲述了郭沫若 12 岁之前在沙湾度过的生活与学习时光，通过郭沫若成长历程的展现，深刻揭示了"铜河家风家训"的深刻内涵。音乐剧与当地文化风俗相结合，比如在剧中用了乐山沙湾大渡河段的铜河号子作为铺陈的场景音乐；利用乐山话具有入声字这个特点，创作了用乐山话部分演唱的歌曲《三字经》等②。首演非常成功，此后《少年郭沫若》成为沫若文创园景区沫若剧院常态化演出剧目。

---

① 四川乐山大型励志音乐剧《沫若少年》首演 [EB/OL]. (2012－11－15) [2025－04－12]. https://www.chinanews.com.cn/cul/2012/11－15/4332708. shtml.
② 四川沙湾沫若戏剧小镇开馆 [EB/OL]. (2020－09－21) [2025－04－12]. https://baijiahao. baidu.com/s？id＝1678427883907296498&wfr＝spider&for＝pc.

参考文献

[1] 高劲松，杨慧娟，付家炜，等. 数字人文视域下可移动文物时空数据模型构建研究 [J]. 数字图书馆论坛，2022（1）：37-46.

[2] 王云霞. 文化遗产的概念与分类探析 [J]. 理论月刊，2010（11）：5-9.

[3] 汤国华. 不可移动文物的移动保护 [J]. 建筑学报，2006（6）：28-32.

[4] 李翱. 不可移动文物的保护与利用 [J]. 文化产业，2024（4）：10-12.

[5] 孙延忠，乔云飞. 不可移动文物脆弱性的概念及内涵 [J]. 自然与文化遗产研究，2022，7（5）：26-31.

[6] 牟艳. 夹江千佛岩景区摩崖石刻的旅游开发价值探析 [J]. 乐山师范学院学报，2016，31（2）：78-83.

[7] 杨璨榕. 夹江千佛岩摩崖造像艺术研究及文创衍生设计 [D]. 成都：四川师范大学，2022.

[8] 张平，熊泽文，杨泽勇. "振衣冈"所蕴涵的文化意义 [J]. 乐山师范学院学报，2020，35（1）：125-128.